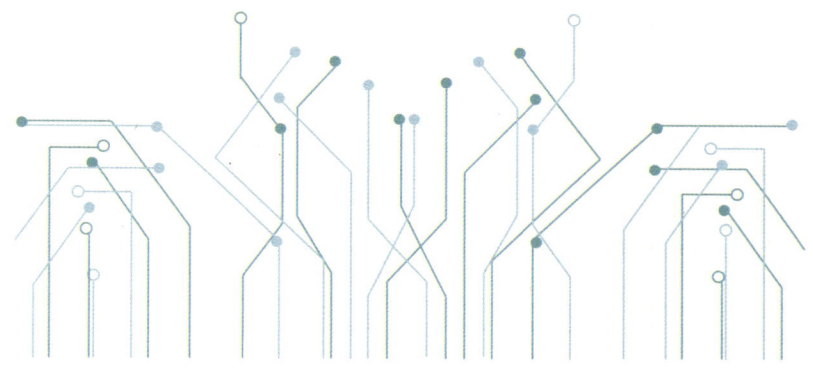

数字运营

方法和实践

王 巍　陈鹏宇　宋 冰　王 森　等著

电子工业出版社
Publishing House of Electronics Industry
北京·BEIJING

内 容 简 介

本书讲述了在"唯实惟先，集成创新；平台赋能，整体智治；数据驱动，安全为基；迭代完善，久久为功"等核心理念的指导下，按照"三张清单"、"大场景、小切口"、V 字模型、"一地创新、全局受益"及 RMC-E 等方法开展大应用、大数据和大运维的数字运营实践。这些数字运营理念和方法具有较强的普适性、通用性，不仅适用于政府领域的数字化工作，对企业的数字化转型来说也具有重要的参考价值。

未经许可，不得以任何方式复制或抄袭本书之部分或全部内容。
版权所有，侵权必究。

图书在版编目（CIP）数据

数字运营方法和实践 / 王巍等著．—北京：电子工业出版社，2023.12
ISBN 978-7-121-46813-1

Ⅰ．①数… Ⅱ．①王… Ⅲ．①数字技术－应用－运营－研究 Ⅳ．①F506-39

中国国家版本馆 CIP 数据核字（2023）第 231104 号

责任编辑：孙杰贤
印　　刷：北京市大天乐投资管理有限公司
装　　订：北京市大天乐投资管理有限公司
出版发行：电子工业出版社
　　　　　北京市海淀区万寿路 173 信箱　　邮编：100036
开　　本：720×1000　1/16　印张：18.75　字数：243 千字
版　　次：2023 年 12 月第 1 版
印　　次：2024 年 5 月第 2 次印刷
定　　价：75.00 元

凡所购买电子工业出版社图书有缺损问题，请向购买书店调换。若书店售缺，请与本社发行部联系，联系及邮购电话：（010）88254888，88258888。
质量投诉请发邮件至 zlts@phei.com.cn，盗版侵权举报请发邮件至 dbqq@phei.com.cn。
本书咨询联系方式：（010）88254268，sunjx@phei.com.cn。

序

党的十八大以来，党中央、国务院高度重视信息化对经济社会发展的驱动引领作用，加强顶层设计、总体布局，掌舵领航数字中国走深走实、行稳致远。近年来，全国各地都在抢抓数字化机遇，赋能经济社会高质量发展。2022年以来，国家接连印发推动数字经济发展的中长期规划、加强数字政府建设的指导意见、"数据二十条"等政策文件，特别是2023年印发的《数字中国建设整体布局规划》布局了"2522"整体框架，为数字中国建设提供了根本遵循。

数字化的本质是一场系统性的业务变革，它极其必要，又十分复杂。数字化涉及众多新理念，既需要对业务有深刻的理解，又需要综合运用多种数字技术手段。

在这样的大背景、大形势下，各地党委、政府相关部门都在积极开展数字化转型和改革，各地也纷纷成立了数字运营企业，为数字化建设和运营提供深度的技术支撑服务。面对新的机遇和挑战，持续积累和沉淀数字化工具、知识，不断提升数字运营服务能力，为数字政府、数字中国的建设提供更强的助力，是数字运营者的分内之事。

数字浙江技术运营有限公司（以下简称数字浙江公司）定位于"平台运营"，其使命是全力支撑数字化改革，奋力打造标志性成果。近年来，我们深度参与了"数字浙江"建设。基于实践，我们深刻认识到，如果缺乏对数字化宏观目标的清晰认识，缺乏对业务系统性变革的充分理解，就无法做好数字运营工作。同时，作为数字化的一线参与者，我们在逐步探索并了解全局的同时，有必要做好实践经验、理念和方法的总结与沉淀，一方面用于指导今后的数字化工作，另一方面为全国各地的数字化从业者带来思想碰撞与启发。

"横看成岭侧成峰，远近高低各不同。"数字化涉及制度、业务和技术等维度。本书的作者主要是来自技术一线的实践者，工作实践以技术为主并兼顾制度和业务，能力和认识有局限性，观点和认识存在不成熟之处，敬请读者不吝指教，提供宝贵的完善意见或建议，以便相互交流和学习、互促互进。在未来的数字化实践中，我们还将对相应的理念和方法逐步进行完善。

是为序。

本书作者

前　言

　　技术进步和制度变革是推动人类社会向前发展的根本动力。时代发展有其自身的规律，我们必须把握发展大势、抓住变革时机，奋发有为，主动作为。当前，数字技术突飞猛进，全球新一轮科技革命和产业变革汹涌而至，我们正站立在一个新的时代变革的十字路口。作为数字技术从业者，如何参与这场变革并贡献力量，是我们的时代选择。

一、建设数字中国是数字时代推进中国式现代化的重要引擎

　　解放思想、实事求是，40 余载改革图强，在党的领导下，中国的面貌发生翻天覆地的变化，实现从"赶上时代"到"引领时代"的跨越。过往的实践充分证明，实事求是的改革精神是在党的领导下文明古国的青春密码。

　　饱经沧桑、历久弥新。迈入新征程，《中华人民共和国国民经济和社会发展第十四个五年规划和 2035 年远景目标纲要》设立专篇，对"加快数字化发展　建设数字中国"做出重要部署。2023 年 2 月，中共中央、国务院印发《数字中国建设整体布局规划》，指出："建设数字中国是数字时代推进中国式现代化的重要引擎，是构筑国家竞争新优势的有力支撑。加快数字中国建设，对全面建设社会主义现代化国家、全面推进中华民族伟大复兴具有重要意义和深远影响。"数字中国建设已然成为

建设智慧强国的时代任务。

浙江省是吃"改革饭"长大的,改革是浙江精神的重要组成。浙江省经济社会快速发展的背后是一次次为发展闯关、为改革探路的漫漫征程。"干在实处、走在前列、勇立潮头"是对浙江精神的重要概括,无畏艰险更是浙江精神的内核——向改革要活力,向改革要发展,在发展中解决问题,在不断解决问题中发展,不断勇闯"无人区",不断攀登新高度。在数字化征程中,浙江省勇于改革,也进行了大量实践。早在2003年,浙江省便提出建设"数字浙江"的决策部署。此后,它成为浙江省发展蜕变的重要引领。浙江省持之以恒,将一张蓝图绘到底,积累起数字化发展的先发优势,显著提升了政府治理体系和治理能力水平。

"十四五"期间,浙江省最重要的任务包括高质量发展和建设共同富裕示范区、现代化先行省。示范和先行意味着没有现成的经验可以借鉴,浙江省需要自己探索。浙江省践行"以人民为中心"的理念,锚定数字化为现代化先行和共同富裕的"船"和"桥",聚焦于高质量发展、现代化先行和共同富裕,围绕群众、企业、基层最为迫切的需求、最期望解决的问题、最有获得感的领域,开发和形成为人民群众解决"痛点"、满足需求、提升体验的应用场景,撬动改革突破、制度重塑,提升政府治理体系和治理能力现代化水平,不断实现人民对美好生活的向往。

立足新发展阶段、贯彻新发展理念、构建新发展格局。我们作为数字技术从业者,既感到生逢其时、躬逢其盛,又深感责任重大、使命光荣。我们作为数字技术从业者,理应为时代的变革做出贡献;理应坚持"以人民为中心"和"实事求是",用数字技术服务于时代;理应自信数字化的重要性、必要性;理应坚定自己的思想和理念,不断提升技术能力,用新的数字技术和理念认知来武装自己。

二、数字化是迈向现代化的必由之路

数字技术是当今最先进生产力的代表,是全球新一轮科技革命和产业变革的核心驱动。当今世界正处于以数字化全面引领创新、以数字化为基础重构国家核心竞争力的新阶段,对数字化的重视超过以往任何时候。

数字化的必要性在于,它是现代化的必由之路。当前,我国已经开启全面建设社会主义现代化国家的新征程。数字化的核心作用是使决策更科学、使治理更精准、使服务更高效。一方面,数字化可以将分散、割裂的业务及其组织重塑为一体化的整体,依托对数据的采集、传输、分析利用,极大地提升各行各业的协同效率;另一方面,数字化可以实现基于一体化的个性化,带来精准的管理和服务。毋庸置疑,没有数字化就难以实现现代化。

数字化的系统性在于,它是一个多要素一体贯穿的复杂巨系统。党的十九届四中全会强调要"构建系统完备、科学规范、运行有效的制度体系,加强系统治理、依法治理、综合治理、源头治理,把我国制度优势更好转化为国家治理效能"。数字化是一项复杂的系统工程,是推动实现"四个治理"的重要手段。它的本质是一场业务变革,通过将理念、目标、组织、制度、流程、评价和工具等多个要素一体贯穿,实现治理的规范化、法治化和透明化，让需求和问题可以被感知，让管理和服务量化闭环可监督，让良币能够驱逐劣币。

数字化的复杂性和长期性在于，它是一个持续迭代、演进创新的过程。罗马不是一日建成的。数字化是一场漫长而特殊的征程，要"积跬步"才能"至千里"。数字化有其自身的发展规律。一方面，数字化成效凸显需要一个漫长的过程，要聚沙成塔、集腋成裘、乘胜追击、久久为功；另一方面，数字化要基于对业务和技术的双栈理解，需要业务团队和技术团队长期协同，是业务侧的流程再造、制度重塑和技术侧的迭代演进有机结合的过程。既然开启数字化征程，就要准备好打持久战，久久为功、持续演进。

数字化是一场深刻的变革，需要始终坚持党的全面领导，注重顶层设计和基层探索的有机结合、技术创新和制度创新双轮驱动，全方位推动制度变革、业务变革、模式变革。数字化的深入实施必须形成相应的组织保障。这种组织保障离不开数字化主体即业务侧的组织保障，通过理顺业务侧的生产关系，保障数字化工作的顺利推进。同时，由于数字化具有强技术属性，随着数字化推向纵深，组织保障中也需要一类新主体即数字运营者，根据业务需求提供技术支撑服务。

数字浙江公司正属于这样的一类新主体。2019年11月，在浙江省全面深化"最多跑一次"改革，深入推进政府数字化转型的大背景下，数字浙江公司成立，并有幸参与这次重要实践，成为持续服务浙江省政府数字化转型和数字化改革的数字运营者。自成立以来，数字浙江公司深度参与了"数字浙江"建设[①]，包括浙江省一体化智能化公共数据平台、"浙里办"、"浙政钉"、一体化数字资源系统（Integrated Resources System，IRS）等一系列重大平台或应用的开发建设、运营和运维实践。

实践出真知，数字化工作更要强调实战实效。我们站在数字技术从业者角度，基于近年在大应用、大数据和大安全等领域的相关实践，沉淀出一些技术运营管理理念和方法并汇编成本书，一方面用于指导日后开展与数字化相关的工作，另一方面供其他地区的数字技术从业者参考。

三、本书带来数字运营的理念、方法和实践

理念产生目标，组织承载战略，工具和方法支撑实践，制度和流程固化成果，运营推动迭代。本书分为两篇，共 8 章。为方便读者快速了解本书的全貌，我们将本书的主要内容简要介绍如下。

（一）第一篇：方法

第一章解析数字运营。数字化是一种时代背景下的自我变革。它是在数字化思维、数字化理念、数字化认知和数字技术支撑下的一场业务变革，可以实现决策科学化、管理精准化和服务高效化。数字化具有系统性、复杂性和长期性的特点。数字化战略的实施离不开必要的组织保障，需要业务和技术的双栈支撑。数字运营是数字化理念指导下的新实

---

① 自 2003 年以来，浙江省围绕"数字浙江"建设部署，一脉相承、一以贯之，先后实施了"四张清单一张网"改革、"最多跑一次"改革、政府数字化转型和数字化改革。

践，数字运营者是数字化的组织保障体系中的重要一员，是服务数字化的新主体。

第二章解析数字运营的核心理念。一是唯实惟先，集成创新。数字化是一项复杂的系统性工程，要求数字运营者从所面临的实际问题、用户的实际需求出发，通过调查研究、综合集成等手段，以业务为引领，以技术为支撑，持续地推动系统性重塑。二是平台赋能，整体智治。平台是支撑业务多跨协同的中枢，也是未来产生智能的基础。数字运营者要坚持平台化积累，依托平台实现"自身能力+平台赋能"的放大倍增效应，从而驱动组织-制度-技术的"统通融智"，实现整体智治的目标。三是数据驱动，安全为基。建立高质量的数据体系，从而驱动业务方进行执行与决策，自主形成高效协同，是数字化建设的破题核心。数字运营者必须坚持对数据资源进行全生命周期管理，实现数据驱动业务，同时坚持以安全作为所有数字运营工作的底线，长期推进专业化服务。四是迭代完善，久久为功。数字化是一个长期的过程，数字运营的对象是一个个数字化平台或应用，这些数字化平台或应用并不是静止不变的，而是一个个具有成长性的生命体。数字运营就是要在这些生命体的成长过程中提供数字化运营和运维服务，使数字化平台或应用在一次次迭代中趋向完美。

第三章概述数字化方法。在数字时代，数字运营是一个复杂的、系统的长期过程。数字化面临复杂巨系统的长期建设与短期成效、可继承性与可演进性、统筹安全与发展等诸多挑战。近年来，浙江省在数字化进程中形成"三张清单"、"大场景、小切口"、量化闭环、V字模型

"一地创新、全局受益"等数字化常用方法。基于上述方法,我们从技术角度对近年的实践经验进行总结和提炼,形成了一个用于解决"统通融智"问题的方法总结,提炼出 RMC-E 方法。

第四章解析 RMC-E 方法。其中,R 即规则化需求转换,其目的是为平台制定一定的规则,助力平台秩序的形成。我们总结出"1101"规则,即数据规则 One Data、应用规则 One Service、可靠性和安全性规则 Zero Trust、团队规则 One Team。M 即平台化模型设计,其目的是为平台规则的落地提供枢纽和载体。平台模型的搭建涵盖了业务、产品、技术等方面,并随着业务发展而持续生长。C 即受控综合集成,它是围绕业务目标和技术目标,长期自我完善的一系列行为,重点关注平台的"三段三责"。E 即迭代演进,它的关键是围绕 RMC 在不同的发展阶段进行大重构。

(二)第二篇:实践

第五章解析公共数据平台。公共数据平台是在数字化背景下,应对多跨协同场景中复杂多变需求的整体性解决方案。公共数据平台的特点是极其庞大和复杂。如何帮助公共数据主管部门规划建设、运营和运维好公共数据平台,是数字运营者当前面临的最大挑战。我们认为,着力建设一体化、智能化的高质量公共数据平台要求数字运营者采取新方法、新思路,从应用、数据、运维 3 个切入口着手,分别形成大应用、大数据和大运维。

第六章解析大应用的实践。本章选取浙江省"一网通办"、"互联网+监管"平台、"浙政钉"和 IRS 为大应用的典型案例，从数字运营的角度谈对这些大应用的核心认知，同时分析在大应用建设中如何更好地提供相应的技术支撑和业务支撑，以取得最优成效。

第七章解析大数据的实践。本章解析数据资源体系的定位、组成和数字运营在数据资源体系中的定位，数据资源体系的技术支撑，以及数据资源体系的业务支撑，并对大数据的未来进行了展望。要做好数据资源体系的技术支撑，就要打造数据供给工具、支撑数据运营和保障数据安全。要做好数据资源体系的业务支撑，就要夯实数据基础和促进数据利用。着眼未来，大数据将逐步进入数据转化为知识资产、数据可靠可信对外授权、数据全链路稳定保障、数据全链路安全保障和智能化阶段。

第八章解析大运维的实践。随着大平台和大应用的不断涌现，面对复杂的运行环境，以"整体、健康、智能"为核心目标的大运维体系取代传统的运维体系，成为推进数字化向前发展的必然要求。从数字运营的角度看，大运维体系的建立要围绕设计开发、测试鉴定、运营和运维3个阶段，基于运维业务和工具的有机融合，实现组织、资产、监测、演练、处置、知识、管理"七个在线"，推进数据驱动的智能化运维安全保障，系统性、全链路地解决大平台和大应用的脆弱性问题，实现"早治病、治未病"。

目 录

第一篇 方法

第一章 数字运营 4

第一节 新空间、新平台和新征程 4
一、在新空间中构筑新平台 4
二、构筑平台需做好顶层设计 7

第二节 数字化的本质是一场系统性的业务变革 8
一、数字化和若干相近词辨析 8
二、数字化的重要性和必要性 10
三、数字化的3个发展阶段 12

第三节 数字运营需要业务和技术的双栈支撑 14
一、数字运营是数字化理念指导下的新实践 16
二、数字运营者是服务数字化的新主体 20

第二章 数字运营的核心理念 24

第一节 唯实惟先，集成创新 24
一、唯实：数字化的出发点和落脚点 25
二、惟先：数字化孜孜以求的目标 26
三、以业务为引领，以技术为支撑 28
四、一体化顶层设计+系统工程 29

数字运营方法和实践

第二节 平台赋能，整体智治 30
 一、平台：数字化的核心解题思路 31
 二、赋能：释放数字化的核心价值 32
 三、整体：组织、制度和技术的耦合 34
 四、智治：既精准高效，又统分有序 35

第三节 数据驱动，安全为基 37
 一、从科层逻辑到平台逻辑的跃迁 37
 二、建立高质量的数据体系 38
 三、基于客观理解进行高效协同 39
 四、"安全是1，其他是0"的安全观 41

第四节 迭代完善，久久为功 42
 一、以"大场景、小切口"推动迭代 43
 二、以数字化运维推动业务安全发展 44
 三、以数字化运营推动业务持续优化 45
 四、理论结合实践，量变升维质变 47

第三章 数字化方法 50

第一节 管理工程方法 50
 一、SWOT 分析法 51
 二、5W2H 分析法 52
 三、PDCA 循环 53

第二节 软件工程方法 55
 一、经典的软件开发方法 55
 二、经典的软件开发模型 57

三、敏捷开发方法 61

　　　四、IPD 流程 64

　第三节　常用的数字化方法 65

　　　一、"三张清单" 66

　　　二、"大场景、小切口" 68

　　　三、量化闭环 70

　　　四、V 字模型 72

　　　五、"一地创新、全局受益" 75

　　　六、RMC-E 方法 77

第四章　RMC-E 方法解析 80

　第一节　Rule：规则化需求转换 81

　　　一、One Data：本体对象数字化归一 81

　　　二、One Service：业务过程数字化归一 84

　　　三、Zero Trust：可靠性和安全性零信任 86

　　　四、One Team：所需的数字化目标和制度 87

　第二节　Model：平台化模型设计 89

　　　一、业务模型 89

　　　二、产品模型 93

　　　三、技术模型 94

　第三节　Control Unit：受控综合集成 96

　　　一、"三责"：实用性、可用性、安全性 97

　　　二、"三段"：设计开发阶段、测试鉴定阶段、运营和运维阶段 100

　第四节　Evolution：迭代演进 102

XV

一、持续运营 103

二、持续运维 104

第二篇　实践

第五章　公共数据平台 108

第一节　公共数据平台概述 108

一、四横 110

二、四纵 117

三、两端 117

第二节　公共数据平台的挑战和对策 119

一、公共数据平台的三大挑战 119

二、建设一体化、智能化的公共数据平台 121

第六章　大应用 124

第一节　"一网通办"：支撑政务服务高质量供给 124

一、实现政务服务一体化运营 125

二、建设全省政务服务中台 126

三、优化组织流程和业务机制 131

四、支撑"一网通办"实现"七统一" 133

第二节　"互联网+监管"平台：助力监管业务规范化、精准化 140

一、创新监管方式是高质量发展的必然要求 141

二、形成全省统一架构，数字赋能监管 143

三、推动监管业务流程在线、监督在线 147

四、从"互联网+监管"迈向"大综合一体化" 154

第三节　"浙政钉"：建设统一、高效的移动政务协同平台 156

一、高效协同是实现数字政府的必经之路 156

　　二、在技术侧助力组织、沟通和业务在线化 157

　　三、在业务侧助力形成配套的运营服务体系 163

　　四、内外并进，进一步深化政务协同体系 172

第四节　IRS：开创政务数字资源供给侧结构性改革新模式 173

　　一、汇聚全省政务数字资源形成智能化总账本 174

　　二、摸"底数"、强支撑，高效配置数字资源 175

　　三、建立机制、明确规则，有效统筹数字资源 179

　　四、从IRS数字运营实践中获得的经验和启示 182

　　五、面向未来形成"四个全"的能力 184

第七章　大数据 186

第一节　数据资源体系的定位、组成和数字运营在数据资源体系中的定位 186

　　一、数据资源体系的定位 187

　　二、数据资源体系的组成 188

　　三、数字运营在数据资源体系中的定位 195

第二节　数据资源体系的技术支撑 197

　　一、打造数据供给工具 198

　　二、支撑数据运营 214

　　三、保障数据安全 216

第三节　数据资源体系的业务支撑 217

　　一、夯实数据基础：支撑全链路全闭环管理 217

　　二、促进数据利用：数据共享与开放创新实践 221

第四节　大数据未来展望 235

第八章 大运维 ... 240

第一节 大运维体系概述 ... 240
一、大运维体系是数字化的必然要求 ... 241
二、大运维体系的建立思路 ... 242

第二节 大运维体系的总体框架 ... 247
一、3 类对象：资产、组织、行为 ... 248
二、两大指标：可用性和安全性 ... 250
三、3 个阶段：设计开发、测试鉴定、运营和运维 ... 255
四、两大机制：全周期管控、全方位协同 ... 257

第三节 大运维体系的实施路径 ... 258
一、组织在线 ... 259
二、资产在线 ... 261
三、监测在线 ... 264
四、演练在线 ... 267
五、处置在线 ... 268
六、知识在线 ... 272
七、管理在线 ... 273

第四节 迭代完善 ... 278

后记 ... 281

第一篇

方法

第一章　数字运营

数字化是一种时代背景下的自我变革，目的是构筑新空间、新平台，创造新优势。它是在数字化思维、数字化理念、数字化认知和数字技术支撑下的一场转型或变革，可以实现决策科学化、管理精准化和服务高效化。数字化具有系统性、复杂性和长期性的特点。组织承载战略，数字化战略的实施离不开必要的组织保障。作为数字化进程中出现的一类新主体，数字运营者是数字化的组织保障体系中的重要一员，需要具备全局视野和跨界的创新能力，能够为数字化提供长期演进式的服务。

第一节　新空间、新平台和新征程

数字技术的蓬勃发展让我们身处的空间发生显著变化。原有的物理空间和新出现的网络空间正在逐渐融合成为一个新空间。在新空间中构筑新平台，不断创造新优势，是一场加速推进的数字新征程。

一、在新空间中构筑新平台

长久以来，有形的物理空间是人们司空见惯的认识和改造对象。在物理空间中，人、地、物、事、组织等要素众多，彼此之间的关系错综复杂，使得人们对物理空间的认识和改造充满了挑战。

随着数字技术的应用,物理空间中的管理和服务要素部分地实现了"在线",一些人、地、物、事、组织及其关系开始向虚拟世界迁移或产生映射,由此产生了无形的网络空间。

作为新生事物,网络空间既带来了挑战,又带来了机遇。一方面,它进一步增大了管理和服务的难度——在物理空间中行之有效的理念和方法可能在网络空间中失效,如果网络空间未得到有效的管理和服务,就会产生"真空",如移动互联网、社交媒体、平台经济等的兴起催生出一系列的监管新命题。另一方面,依托"三融五跨"①,在网络空间中最有可能形成经济、政治、文化、社会和生态"五位一体"的新格局(见图1-1)。

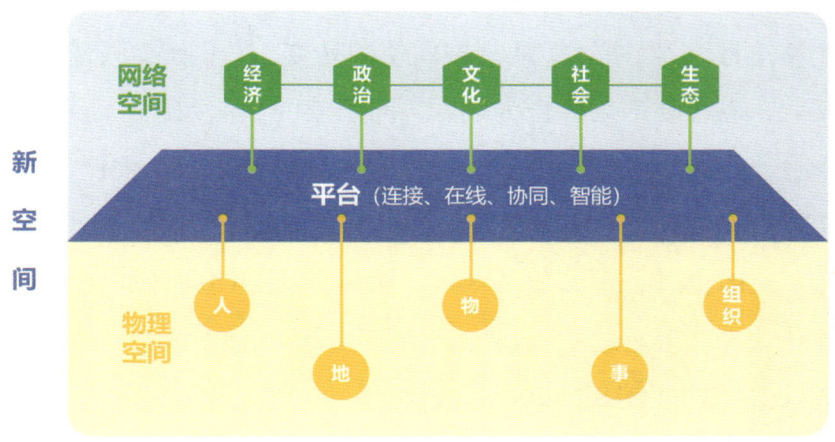

图 1-1 物理空间和网络空间融合成为新空间

毋庸置疑,物理空间和网络空间都是管理和服务现代化的发挥空间与用武之地。而在数字化的推动下,物理空间和网络空间正加速融合,通过新平台逐渐构筑出一个新空间。

---

① "三融"即技术融合、业务融合、数据融合,"五跨"即跨层级、跨地域、跨系统、跨部门、跨业务。

在这个新空间中，物理空间和网络空间相互交织、层层叠加。要对新空间开展高效的管理和服务，关键在于建设和运营好新平台——它是物理空间和网络空间实现连接、在线、协同、智能的新型基础设施，也是促进经济、政治、文化、社会、生态"五位一体"的数字化载体，更是支撑新空间管理和服务的抓手。

总体而言，平台为新空间的管理和服务带来3个方面的转变。**第一，从盲目向精准转变**。在新空间出现之前，原有的管理和服务往往是基于历史经验且主要在物理空间中进行的。但是，面对由物理空间和网络空间构筑的新空间中的超大规模对象和超级复杂关系，原有的理念和方式往往会盲目失焦、效率低下。通过构筑新平台，汇聚、融合物理空间和网络空间的数据，就有机会精准、高效地发现和处置问题，带来管理和服务的精准性变革。**第二，从割裂向协同转变**。工业社会强调专业分工、各司其职，也容易产生各自为战、协同困难的负面效应。在新空间中构筑新平台，是对工业社会分工协作机制的一种修正，既强调专业性，又重视协同性，做到统分有序，基于平台将复杂的分工协作流程进行简化和固化，从而提升管理和服务效能。**第三，从封闭向开放转变**。封闭意味着僵化停滞、缺乏适应新环境的内生动力。避免封闭的关键是通过平台形成耗散结构（Dissipative Structure）[①]，迈向开放型的管理和服务。具有耗散结构的平台是一个开放的生命体，当外界需求发生变化时，可以形成新的系统架构，具有自组织、自适应的能力。

[①] 1969年，比利时布鲁塞尔学派领导人伊利亚·普里高津（Ilya Prigogine）针对非平衡统计物理学的发展提出了耗散结构理论。耗散结构是指一个远离平衡的开放系统通过不断地与外界交换物质和能量，在外界条件的变化达到一定的阈值时，可能从原有的混沌无序的状态转变为一种在时间上、空间上或功能上的有序状态。参考自：王崧. 耗散结构论的理论价值及方法论意义探析[J].电子科技大学学报（社科版），2006，8（6）。

在数字时代，平台将沉淀并固化各种各样的业务流程、制度和知识，连接起物理空间和网络空间，使二者融合成为新空间，成为实现管理和服务现代化的关键抓手。

二、构筑平台需做好顶层设计

构筑好平台就抓住了管理和服务新空间的"牛鼻子"。构筑好平台的关键在于进行科学合理的顶层设计。平台并非一开始就存在的，它的形成需要具备一定的条件，它是随着业务需求变化而不断迭代演进的结果。因为有了顶层设计，各种要素资源才能实现协同，才能集聚成为平台。

顶层设计是平台之所以成为平台的核心所在。科学合理的顶层设计并非事无巨细、事事过问或事必躬亲，其要义在于站在战略全局和前瞻视角，聚焦于主要矛盾的主要方面，形成平台的标准和总控。

标准和总控的顶层设计的核心内容包括两个方面。**第一，出色的平台一定是由标准驱动的**。只有制定和实行统一的标准，不同的系统之间才能实现连通，来自不同系统的数字资源才能共享，跨系统的协同才能产生。**第二，总控让平台在动态平衡中演进**。只有建立起平台的总控，才能形成平台的合理秩序，兼顾强制性和灵活性，避免出现"一统就僵，一放就乱"的局面。例如，在建设浙江省一体化智能化公共数据平台的过程中，浙江省为公共数据、应用、组件等数字资源制定了相应的技术标准和业务标准，明确了相应资源的上架、流通和共享规则，并通过 IRS 实现了对省域政务数字资源的有效的统筹管理。

科学合理的顶层设计是平台高质量发展的蓝图，需要抓住"业务七寸"和"技术命门"，实现"神"聚而"形"序。为平台进行顶层设计的过程，是一个充分调动共建、共治和共享的各方力量参与谋划平台有序发展的过程。

综合而言，在数字技术的驱动下，物理空间和网络空间融合成为一个新空间，涌现出众多管理和服务新需求，这也意味着原有主要适用于物理空间的理念、工具和方法将在新空间中遇到阻碍。要支撑好新空间的管理和服务需求，就必须在理念、工具和方法上进行一次特殊的升级，在新空间中构筑一个具有连接、在线、协同和智能等多项功能的新平台，推动管理和服务能力的升维。构筑这个新平台的关键抓手是进行科学合理的顶层设计，以标准和总控驱动新平台迭代演进。

在新空间中构筑新平台是一场正在加速推进的、必须取得胜利的数字新征程。

第二节　数字化的本质是一场系统性的业务变革

数字化是全球正在进行的新一轮科技革命和产业变革的典型特征和实现方式。狭义的数字化是指将各种信息转变成"0"和"1"进行表达和传输，即使用计算机技术将模拟信号转化为数字信号的过程；广义的数字化不仅有技术侧含义，还有业务侧含义，即以数字技术为支撑，将业务、流程、组织等进行系统性重塑的过程。从广义的角度看，数字化的本质是一场系统性的业务变革。

一、数字化和若干相近词辨析

数字化有诸多的相近词，如数字、数据、信息化、网络化、智能化等。为了便于理解数字化，本节将一些相近词做如下辨析。

（一）数字化和数字、数据的关系

数字不仅是 0、1 等，还是模型表达和流程表达，更是业务变革主体生存和发展的能力。相对于传统文化，数字还是一种文化升级，即实现了数字文明。数据则是物理实体被数字化后的表现形式。从字面上看，数字化、数字和数据均包括"数"，它们都和信息技术密切相关，但是三者又有明显的区别。

第一，数字化描述的是对象、规则和过程。 数字和数据都是名词，它们都具有要素属性、资源属性，在形式上相对静态。在传统语境下，数字表示数的书写符号，如阿拉伯数字；数据是指数值，是经观察、实验或计算得出的结果。随着计算机的出现和应用，二者的范畴都发生了变化，数字不仅包括数据，还包括算法、组件等，而数据也包括了文字、图像、声音等经过数字化后所呈现的形式。数字资源的范畴要大于数据资源。相较而言，数字化是一个动词，它所描述的是对象、规则和过程，数字和数据都属于数字化中的具体要素。

第二，数字化的本质是业务变革。 数字和数据均是推进数字化工作的重要资源，数字化具有比数字和数据更为深刻的内涵。数字化并不是要素级的，恰恰相反，数字化要在大范围内把零散的资源要素进行整合——该连的连、该通的通、该合的合，甚至产生一定的智能。就本质而言，数字化是一场系统性的业务变革。它是在供给侧进行的，以用户为中心、以平台为支撑、以安全为底线的持续迭代演进的整体智治改革，其目的是形成新的竞争优势。

（二）数字化和信息化、网络化、智能化的关系

随着计算机对人类社会的深度渗透，涌现出一大批与信息技术相关

的新词语。在理解这些新词语时，我们要避免为了追逐新鲜而忽视其本身的内涵。为了理解数字化的含义，我们对比分析了信息化、网络化和智能化（见表1-1），便于大家更好地理解这四者之间的区别和关系。

表1-1　数字化和信息化、网络化、智能化的对比

词　语	含　义	说　明
数字化	从狭义上看，是指使用计算机技术将模拟信号转化为数字信号的过程；从广义上看，是指基于数字资源要素进行业务变革的过程	从数据到业务。具有很强的业务属性，技术和业务需要进行深度融合。它突出体现在平台化、一体化和智能化方面，这是它和信息化的典型区别
信息化	通过建设计算机信息系统，将传统业务中的流程和数据通过信息系统进行处理，从而提高工作效率	从业务到数据。一般以部门或单位实施为主，主要实现业务在线化，较少涉及跨部门、跨业务协同，技术和业务的深度融合还不明显
网络化	通过信息技术将分散、割裂的主体和信息系统进行整合融通，以流畅、充分的数据共享实现网络协同的过程	强调不同主体和信息系统之间的业务关联性，以在线协同实现整体性管理。它所实现的网络协同是数字化的一部分
智能化	基于充分的数据资源并结合特定的算法，使信息系统实现类似于人的某些智能的特征的过程	强调对态势进行全面感知并按照一定的逻辑进行分析、判断，实现预测、预警和辅助决策等功能。它所实现的数据智能是数字化的一部分

二、数字化的重要性和必要性

数字化要助力变革主体解决问题、赢得竞争。数字化是在竞争环境中创建新动能、形成新优势的不二选择，是分与合对立统一的社会工程。无论是对政府还是对企业来说，数字化都是一个遵循科学法则、可持续发展的业务重塑过程，从而形成持续的竞争优势。

数字化的重要性和必要性体现在以下3个方面。

（一）数字化助推治理现代化

治理现代化包括治理体系现代化和治理能力现代化，前者包括与治

理相关的一系列体制机制和法规制度等，后者是指运用一系列的体制机制和法规制度管理社会各方面事务的能力。对实现治理现代化来说，数字化是重要的支撑力量。**第一，数字化催生治理理念变革**。传统的治理理念以线下治理、"各自为政"、人工为主。数字化催生了新的治理理念，将线下业务转移到了线上，要求线上线下协同；将零碎、割裂的系统和组织关系进行整合，要求"三融五跨"、高效协同；将以人工为主转变为人机协同，甚至以智能化"大脑"辅助人类工作。**第二，数字化带来治理方式变革**。传统的业务相对单一，面对复杂、多跨的业务需求，数字化带来治理方式变革。它基于数据共享、网络协同，使得治理方式发生了极大的变化。**第三，数字化追求治理效率变革**。传统的治理方式效率偏低，而数字化基于实时数据共享、算法智能分析等，可大幅提升治理效率。

（二）数字化驱动高质量发展

当前，中国经济正由高速增长阶段转向高质量发展阶段，处在转变发展方式、优化经济结构、转换增长动力的攻关期。要实现高质量发展，数字化的驱动力就是必不可少的。**第一，发展数字经济，优化产业结构本身就是数字化**。数字经济是继农业经济、工业经济之后的主要经济形态，是实现经济增长的重要引擎。推动传统产业数字化转型升级，发展数字经济是实现高质量增长的必经路径。**第二，充分发挥第五大生产要素的作用，助力高质量发展**。数据已经成为继土地、劳动力、资本、技术之后的第五大生产要素。利用数据资源推动开发、生产、流通、服务、消费全价值链协同，促进数字技术与实体经济深度融合，激发数字生产力，推动高质量发展。**第三，数字化是实现高质量发展的重要抓手**。数字化可助力政府加快转变职能，发挥数字化在政府履行经济调节、市场监管等方面职能的辅助支撑作用，准确把握行业和企业发展需求，精准输出政策、要素、工具和数据，推动实现高质量发展。要实现高质量发展，就必须重视发展和使用数字技术。

（三）数字化助力实现共同富裕

共同富裕是全体人民通过辛勤劳动和相互帮助最终达到丰衣足食的生活水平，是在消除两极分化和贫穷基础上的普遍富裕。数字化和共同富裕紧密相关。**一方面**，数字化充分重视数据的基础性、创新性撬动作用，以科技创新和数字变革催生新的发展动能。以数字化驱动高质量发展，有利于解决现阶段人民日益增长的美好生活需要和不平衡不充分的发展之间的矛盾。**另一方面**，数字化是推进实现共同富裕的重要工具，是建设有效市场和有为政府的重要抓手。例如，以数字化手段掌握和提升居民收入，缩小"三大差距"[①]，发现和满足人们的需求，是数字化对共同富裕的特殊价值。

三、数字化的 3 个发展阶段

关于数字化的发展阶段，存在多种划分方式。例如，有业内人士将数字化转型划分为初始级、单元级、流程级、网络级和生态级 5 个发展阶段[②]。本书根据数字运营的实践，将数字化划分为初级、中级和高级 3 个发展阶段。这 3 个发展阶段是依次推进、逐级递升的关系，分别要实现在线、融合和智能，如图 1-2 所示。

---

① "三大差距"是指城乡居民收入差距、地区差距、城镇贫富财产差距。
② 周剑，陈杰，金菊，等. 数字化转型：架构与方法[M]. 北京：清华大学出版社，2020。

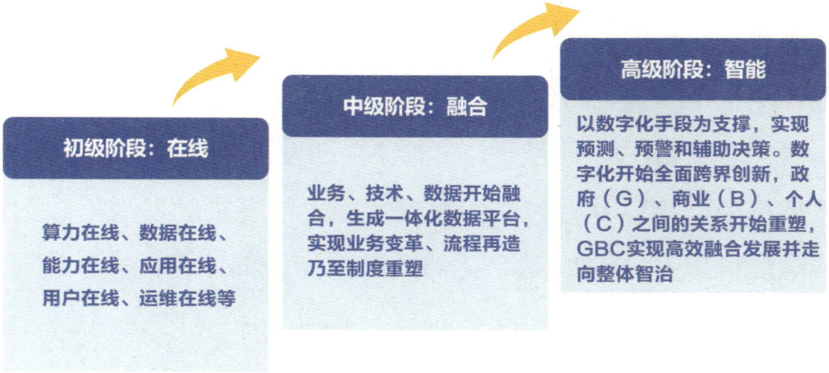

```
初级阶段：在线                中级阶段：融合              高级阶段：智能

算力在线、数据在线、        业务、技术、数据开始融      以数字化手段为支撑，实现
能力在线、应用在线、        合，生成一体化数据平台，    预测、预警和辅助决策。数
用户在线、运维在线等        实现业务变革、流程再造      字化开始全面跨界创新，政
                            乃至制度重塑                府（G）、商业（B）、个人
                                                        （C）之间的关系开始重塑，
                                                        GBC实现高效融合发展并走
                                                        向整体智治
```

图1-2　数字化的3个发展阶段

初级阶段：在线。在这个阶段，数字化要实现的是在线，包括算力在线、数据在线、能力在线、应用在线、用户在线、运维在线等。在线和不在线有着本质的区别，在线意味着实时、动态、关联，不在线则意味着延迟、静态、割裂。例如，媒体信息在线传播后，观众就能实时了解新闻动态；又如，公共数据平台实现数据在线后，不同系统之间共享流通的数据就从静态的转变为动态的，这对满足数据使用需求来说是一次质的飞跃。

中级阶段：融合。以在线为基础，融合要实现的是业务融合、技术融合和数据融合。数字化要以业务融合为引领，以技术融合和数据融合为支撑。"三融"生成一体化平台，以技术侧的一体化有效支撑业务侧的一体化。首先，实现业务融合是前提，需要优化业务流程、组织体系，实现业务变革、流程再造乃至制度重塑；其次，数字技术体系庞杂，在数字化中要将不同的技术进行有机整合、按需采用；最后，数据流是业务流的载体，要制定统一的数据标准，消除"数据孤岛"，实现数据的高效共享、利用。因此，数字化的中级阶段对理顺数字化主体的生产关系、消除体制机制障碍提出了更高的要求。

高级阶段：智能。 数字化进入高级阶段后，要进一步提质扩面并产生智能。在这个阶段，数字化要以数字化手段为支撑，实现预测、预警和辅助决策。例如，数字化要实现能够主动发现平台或应用的潜在风险问题，从事中、事后处置转变为事前预警；能够主动发现用户的需求，并精准地提供服务。此外，数字化对政府或企业的业务的介入程度更深，数字化开始全面跨界创新，政府（G）、商业（B）和个人（C）[①]之间的关系开始重塑，GBC实现高效融合发展并走向整体智治。

第三节　数字运营需要业务和技术的双栈支撑

所谓运营，是指围绕某个业务目标，对业务进行计划、组织、实施、控制和优化的循环往复的过程，它不断地进行PDCA循环[②]。数字化进程离不开运营——包括业务变革和数字运营（见图1-3）。

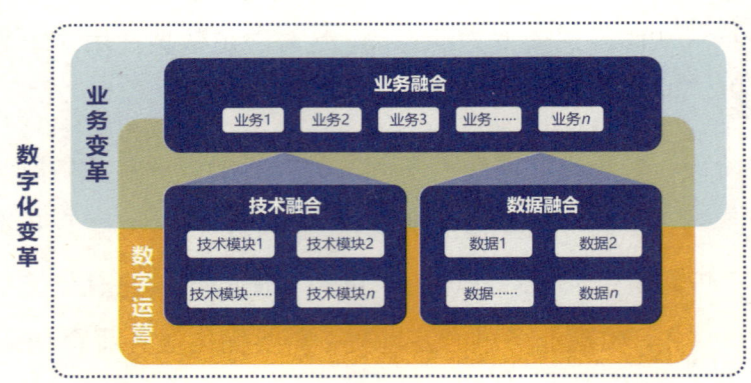

图1-3　业务变革和数字运营的关系示意

---

① G即Goverment（政府），B即Business（商业），C即Customer（个人）。
② PDCA循环是一种质量管理的方法，将质量管理分为Plan（计划）、Do（执行）、Check（检查）和Act（处理）4个阶段。PCDA循环由美国质量管理专家沃特·休哈特（Walter Shewhart）首先提出，后被戴明（Deming）采纳、宣传，获得普及，因此又称戴明环。

如图 1-3 所示，数字化进程主要围绕业务变革和数字运营，即业务融合、技术融合和数据融合"三融"实践开展。业务变革和数字运营并不是泾渭分明的，而是有一定的交集。

第一，业务变革是引领。业务变革以业务方自身为主体，所进行的是业务融合，同时涉及一定的技术融合和数据融合——数字化进程的主体也需要理解一定的技术原理和数据原理。业务变革需要业务和技术的双栈支撑，但以业务支撑为主。数字化一个是多跨、复杂和长期的过程，横向到边跨多个部门、纵向到底跨多个层级，数字化的组织保障必须具备多跨的组织和协调能力，既熟谙业务，又懂得一定的技术，还需要进行长期投入。因此，业务变革者要从一个临时组织逐渐演变为一个固定组织。

第二，数字运营是支撑。数字运营是指为漫长的数字化进程提供长期技术服务的活动，主要进行技术融合和数据融合，同时涉及一定的业务融合——数字运营者也需要理解业务。和业务变革一样，数字运营也需要业务和技术的双栈支撑，但以技术支撑为主。数字化需要依托数字技术把横向、纵向的业务进行整合。因此，除了业务变革者，数字化也需要既懂技术又理解业务的数字运营者来解决系统性、复杂性和长期性问题。

组织承载战略。业务变革者和数字运营者共同组成了数字化的组织保障体系，二者均需要具备解决系统性、复杂性问题的能力，同时要能够为数字化进行长期的持续投入，只不过在投入上各有分工和侧重。因此，具备业务和技术双栈能力的数字运营者是数字化的组织保障体系中的重要一员，是为数字化提供技术服务的一类新主体。

一、数字运营是数字化理念指导下的新实践

所谓理念,简而言之即理想和信念,是指人们相信什么事情必然发生,对目标具有坚定的追求。具备数字化理念,即相信数字技术可以进一步发展经济、支撑社会变革并带来更美好的工作和生活,相信通过数字化辅助业务可以实现更科学的决策、更高效的协同和更精准的管理。简而言之,数字化理念即相信数字助力生活更美好。

真正具备数字化理念的人凤毛麟角。现实情况是,大多数人只具备一定的数字化意识,但缺乏数字化理念。具备数字化理念的人会从骨子里对数字化有着坚定的信仰,相信并已经能在自身范围内受益于数字化。他们具有4个特征。一是具备在实践中形成的双栈知识。双栈知识是指业务知识和技术知识。数字化进程既需要业务支撑,又需要技术支撑,二者不可偏废。二是拥有非常丰富的数字化实践经验。数字化是一个漫长的过程,而宝贵经验的获得依赖于长期的实践过程,在不断地探索、验证、复盘、改进中完成迭代演进。唯有经历了丰富的数字化实践活动,才能产生深刻的思考并形成理念。三是能知行合一,而非叶公好龙。秉持坚定的理念要求能将理念内化为行动所依据的文化和习惯,不能思想和行动"两张皮"。只有知行合一,才能触及数字化的内核,避免蜻蜓点水、浮于表面。四是拥有坚定的数字化志向和使命感。数字化理念的形成源自内心深处对数字化的信仰,以坚定的数字化志向和使命感参与到数字化进程中,有决心、有勇气推动业务变革。

开展数字化实践需要数字化理念的指导。数字运营是在数字化理念尤其是数字运营理念指导下的一种新实践。

（一）对数字运营的深度辨析

在互联网行业，运营（Operation）一词由来已久。互联网将运营区分为内容运营、用户运营、活动运营、产品运营等多种类型。围绕用户，互联网行业将运营的目标提炼为拉新、留存、促活。拉新是为了获取更多新用户，增加流量；留存是为了将流量转化为有效用户；促活是为了增加用户黏性，提升用户活跃度。不难看出，互联网行业对运营的理解带有明显的消费行业的特征，是以用户驱动的、围绕满足用户需求而在业务侧进行的一系列行动。互联网行业的运营需要根据业务发展，不断地推进数字化平台或应用迭代升级。

数字化进程中的运营和互联网行业的运营存在差异（见图1-4）。在互联网行业的运营中，业务的主体往往为互联网企业自身，即业务和技术属于同一个主体。而在数字化进程中的运营中，业务方包括G、B、C等多种类型，它们和技术往往并不属于同一个主体，而是进行了必要的分工。例如，在数字政府的建设过程中，业务属于政府自身，其所需的技术往往依赖于数字运营者提供，数字运营者和政府在运营过程中要密切协同。

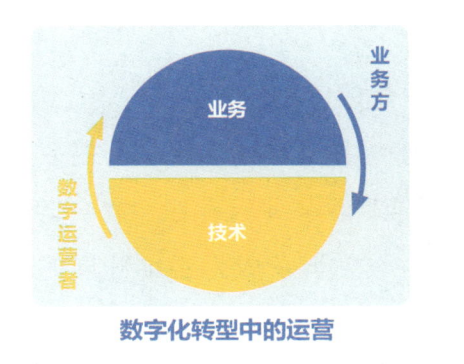

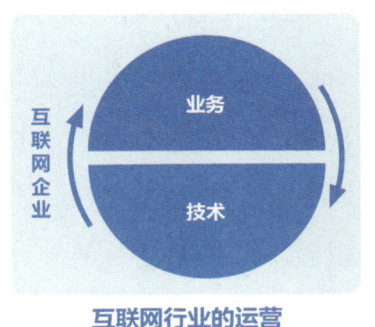

图1-4 数字化进程中的运营和互联网行业的运营的差异

技术支撑业务。需要注意的是，业务和技术的比例并不是对半开或恒定不变的，在数字化的不同发展阶段会有不同的情形。技术发挥支撑作用的前提是业务谋划、梳理已经足够清晰。例如，当改革主体自身的业务谋划、梳理不清晰时，数字化往往是"七分业务、三分技术"；当业务谋划、梳理较为清晰时，数字化往往是"三分业务、七分技术"。在数字化的不同发展阶段，主要矛盾和矛盾的主要方面处于动态变化中。

因此，数字化进程中的数字运营具有以下特点。一是它以实现一体化为目标。数字运营要站在全局视野的高度，对数字化工作进行相应的计划、组织、实施和控制。缺少这些步骤，数字化就会陷入"各自为政"的局面，缺乏统一和有序的组织、协调，变成一群技术开发单位各自开发、各自运营和运维。二是它提供的是业务和技术结合的双栈服务。它既需要对业务的深刻理解，又需要扎实的技术能力作为支撑。三是它需要大应用、大数据和大运维进行"三域协同"。数字运营要保障数字化的各板块业务能高效协同，各类应用得到不断优化，数据资源的高质量供给有保障，平台或应用的安全性、可靠性得到兜底保障，从而推动数字化平台或应用迭代演进。

（二）数字化进程需要数字运营

数字运营是数字化发展到一定阶段的产物。过去数十年，信息化、数字化长期以局域的单部门、单业务为主，对数字化应用的复杂性要求不高，加上"重建设、轻运营和运维"现象普遍存在，数字运营的需求并不明显。随着数字化逐步深入，数字运营成为必须开展的一项重要工作。

第一，推动业务从零散迈向一体化，需要进行科学的顶层设计。 数字化走向纵深，"各家自扫门前雪"的局面难以为继，各业务方原先零散的业务需要被有机整合，单一业务应用逐渐向多跨场景应用、综合应用演化，割裂的数字化应用亟待打通，跨层级、跨地域、跨系统、跨部门、跨业务的协同要求越来越高。因此，数字运营者需要协助业务主体统筹进行科学的顶层设计，明确业务规则、系统规范，制定相关的标准，实现数字化工作的规范化、有序化。

第二，数字化涉及众多技术开发单位，需要通过数字运营进行协同和协助管理。不同的技术开发单位在细分领域内具备较强的能力。但是，一个业务方的数字化任务或一个大型数字化项目往往被委托给多个开发商进行技术开发，这给数字化的统筹协调、规范管理带来新的挑战。不同技术开发单位开发的数字化平台或应用，其运营和运维的状态及要求不尽相同。要治理这种千头万绪的杂乱局面，就有必要赋权数字运营者开展专业化技术服务工作，协助业务方进行管理，从而规范不同技术开发单位的开发、运营和运维行为。

第三，数字化是一项长期的工作，平台或应用的持久演进要求有长期、伴随式的数字运营服务。数字化越深入，平台或应用对数字化的依赖性越强，遇到需求要及时响应，遇到问题要敏捷解决，传统的"问题发生第三天才处理"的模式已经失效。此外，已有的数字化平台或应用也需要以"小步快跑"的方式实现快速迭代、持续演进。传统单一项目制的数字化模式难以适应平台或应用的持久演进，数字运营者需要提供长期、伴随式的数字运营服务，通过与业务方保持密切沟通，做到积极响应、灵活行动。

总而言之，正是因为数字化的主体自身产生了新需求，才催生出数字运营这类新服务。数字运营是服务数字化的新主体必须具备的服务能力。

二、数字运营者是服务数字化的新主体

在漫长的数字化进程中,数字运营者作为一类新主体,提供的是实现整体智治所需的技术服务。数字运营者具有自身的核心能力——打造"1"。同时,数字运营者与传统的普通技术开发单位有所不同。

(一)数字运营者的核心能力是打造"1"

数字运营者颠覆了传统集成的理念,将零散的信息化体系进行有效整合并实现一体化。这是数字运营者的核心能力。打造"1"是指以技术支撑业务,通过数字化平台逐步实现一体化。因此,"1"既指一体化平台,又指一体化平台所蕴含的"1101"[①]——One Data、One Service、Zero Trust 和 One Team。

由于历史原因,信息化、数字化曾经历了分散建设、肆意生长的粗放阶段,导致各类系统应用彼此割裂、无序共存,带来一系列问题。例如,过去,不同业务部门在开发数字应用时往往单设服务入口,造成用户在办事时需要从不同端口进入,同时应用和应用之间的数据还不一定能共享,导致用户的体验较差。面对系统应用彼此割裂的情况,传统的方法是通过集成来实现打通,将不同组织的各类数据、应用、API(Application Programming Interface,应用程序编程接口)和硬件设备等联系起来,以便提高效率、提升敏捷性,其本身主要是从技术侧解决问题的。

随着数字化的推进,各类数字化平台或应用的架构愈加复杂、多样,仅靠技术侧被动地打通连接信息系统越来越力不从心,传统的集成方式无法理顺一堆"打结的毛线球"。这时,数字运营者就需要协助业务方

---

① 本书第 4 章将详细阐述"1101"。

站在业务全局的高度，辅助业务侧理顺协同关系、制定标准规范，同时在技术侧辅以必要的支撑，实现开发建设、运营和运维的规范化及有序化。例如，在政务服务领域中，通过数字运营，将不同的数字应用进行整合并设立统一的入口，形成内部数据的高效共享，让用户办事时面对的不再是一个个分散的部门，而是一个数据维度上的整体政府。

（二）数字运营者和各技术开发单位的关系

技术开发单位是数字化的重要参与力量。随着我国数字化的兴起，技术开发单位成长壮大起来并参与到数字化中。国家互联网信息办公室发布的《数字中国发展报告（2021年）》显示，2021年，我国软件业收入保持较快增长，信息技术服务收入增速领先，同比增长20%。

数字化要实现整体智治，就需要一个技术统筹者即数字运营者，按照业务方的要求开展"生态集成"工作，为生态提供服务。与数量众多的技术开发单位相比，数字运营者的作用在于为各技术开发单位提供服务支撑。

数量众多的技术开发单位是数字化的重要参与者。和各技术开发单位的相似之处在于，数字运营者也向数字化的主体提供深度的技术支撑服务。但是，数字运营者要从技术全局角度为各技术开发单位提供服务支撑，推动实现数字化工作的一体化，而非要替代技术开发单位。数字运营者的服务和组织方式包括两种：一是做好平台运营并一体化地提供高质量的数字资源，赋能各技术开发单位所承担建设的不同系统应用；二是提供普适性要求较高的运营和运维工具及抓手，支撑实现一体化的运营和运维。

数字化工作需要资金、人力上的巨大投入。数字运营者要实现的目标是，推动业务方的数字化平台或应用以更集约、更生态、可运营、可持续的方式迭代演进。因此，数字运营者需要通过协助业务方统筹制定科学的顶层设计，制定统一的开发建设标准规范、运营规范和运维规范，让不同的技术开发单位能够在统一的要求下围绕一个业务目标，做到规范开发建设、运营和运维。

　　面向未来，为了适应新发展阶段，作为一类新主体的数字运营者，需要遵循相应的数字运营理念，有效地开展数字运营。

第二章　数字运营的核心理念

　　理念源于实践，又指导和引领实践。通俗地说，理念就是理想和信念，即人们相信什么事情必然会发生。数字运营理念是在长期数字运营实践中所形成并遵循的一系列观念，是经过反复验证后逐步建立的一套思想体系，背后彰显着数字运营的价值观。基于近年来参与众多数字化项目的实践经验，我们总结出数字运营的核心理念：唯实惟先，集成创新；平台赋能，整体智治；数据驱动，安全为基；迭代完善，久久为功。数字运营的核心理念既相对独立又密切关联，是对数字运营理念的凝练表达，对于指导开展数字运营具有重要意义。

第一节　唯实惟先，集成创新

　　数字化是一项长期而复杂的系统性工程，要求数字运营者从所面临的实际问题、用户的实际需求出发，通过调查研究、综合集成等手段，持续提升业务竞争力。唯实惟先是指在尊重客观规律的基础上，多找新办法、开创新局面，在竞争中创造新优势。它既是数字运营的内生动力，又是数字运营孜孜以求的目标。集成创新既要在主动寻求最佳匹配要素的优化组合中产生"1+1>2"的效应，又要集合多方智慧和经验并用于指导实践，不断提升认识和解决复杂问题的能力。

一、唯实：数字化的出发点和落脚点

唯实即踏实务实、实事求是、实战实效。坚持一切从实际出发，是数字运营的出发点和落脚点。在数字化中，"实"蕴含3层意义。

数字化要致力于解决"实际问题"。经济社会是一个复杂巨系统，其运行容易出现多种问题：一是盲目性，实质是心中无"数"，体现为现状不清，没有量化准确的"底数"，模糊而定性地表达要素和关系，对问题认识不清，缺乏对系统性根因的认识；二是脆弱性，体现为"一统就僵，一放就乱"，工业文明的责任心和网络文明的可能性发生巨大冲突，缺少规则就会乱套；三是割裂性，最大的浪费是宝贵的历史经验未能得到继承，历史、现状和未来未能用"一张蓝图绘到底"，不是"一茬接着一茬干"，个人能力无法沉淀为平台性资源。针对这些问题，数字化要通过制定新规则、新框架，处理好统分关系，实现秩序和活力的对立统一，使经济社会在新的规则框架内"统而不僵，放而不乱"，从割裂走向连通，从零散走向整体，从点状创新走向全面推进。

数字化要坚持"实事求是"，探寻客观规律。在数字运营中，"实数"是"实事"的前提，数据是推进工作的重要资源和基础，是数字世界的"实事"；人们必须通过广泛的调查研究才能获取、记录对应问题的真实数据，这个调查研究的过程就是"求"；"是"则是具有普遍意义的一般性方法和规律。例如，近年来受到广泛关注的基于深度学习的蛋白质结构预测模型 AlphaFold2，随着测定蛋白质结构的实验方法的不断改进、世界各地科学家提交数据并反复审核检验，逐步构建了包括20万个蛋白质核酸准确结构的核心数据集 PDB（Protein Data Bank，蛋白质结构数据库）。PDB 使得大量高质量蛋白质结构数据可供研究，有效提高了训练数据的质量和预测算法的准确性，为全世界多个蛋白质科研项目的研究提供了重要的支撑。

数字化要坚持"实战实效",着力解决真问题。数字化成果最终需要在实际业务中得到检验,数字化要以用为大,力戒"数字化形式主义"。坚持实战实效,需做到以下3点。一是坚持以用户为中心,满足简单、易用这一用户的核心需求。用户无须纷繁复杂、流程烦琐的设计,因此我们要在操作设计上遵循极简主义,不断做减法。二是要考虑到用户的多样性,治理端、服务端都必须注重用户体验,实现供给侧、需求侧和平台侧的多角色用户的彼此高效协同。三是要重视满足关键用户的需求,为关键用户的工作提供决策辅助,这有助于判断数字化成果是否在战略层面走在了正确的道路上。此外,数字运营还需要日积月累,珍惜数字化平台或应用在使用中所暴露出的短板和不足,做到"打一仗进一步",推动工作质量和效率螺旋式提升。

二、惟先:数字化孜孜以求的目标

先,意在先机、先行。如果说唯实是路径,惟先就是目标。数字化也要不甘平庸、不甘跟跑,奋勇争先、敢为人先,以便捕捉先机、做先行者。

勇于当先,"宁越位,不缺位"。诞生于工业文明的科层制管理体系对社会运行产生了深远的影响,如严格组织制度下的分工、绩效分配、考核体系等,在提高行政效率与贯彻政策执行方面取得了巨大的成功。但这种层级制的压力型组织结构也在一定程度上抑制了组织中个体的创造力、责任与担当意识。在数字时代,高度稳定的科层制组织越来越难以适应复杂多变的外部环境和及时满足公众的需求,在面对数字化的社会发展与异质化的社会需求时显得无所适从。数字化带来的新要求是组织的结构和职能回归本质：以公众需求为导向，以追求效率最大化为目标，要能从局部看到整体。对数字运营者而言，要有"宁越位，不缺位"的担当和勇气，敢破敢立、敢闯敢干。

谋于预先，成为"事前诸葛亮"。数字化平台功能性发展的终极阶段是人工智能，这是一种接近于人的某些智能的状态。数字化平台的智能体现在进行全面态势感知、预测、预警并辅助决策等方面。预测、预警是指要从历史和现状中判断未来，辅助决策的前提是能够掌握整体态势。数字化发展的智能主要依靠平台智能来实现，依赖于一个基本前提——平台能够高质量地运行，所采集和输出的数据真实有效，从而全面、准确、及时地进行态势感知与分析。数字资源标准不一、系统之间彼此割裂、秩序混乱的平台，不可能产生智能。因此，我们需要专门的保障团队进行持续的数字运营服务，从而维持平台高效、安全地运转，实现对人的能力的延伸。

敢于争先，"没有走在前列也是一种风险"。站位决定身位，视野体现格局，"取法于上，仅得为中；取法于中，故为其下"[1]。"取法于上"意味着高位入局、高举高打。在数字时代，在互联网的任何一个细分领域内，只有成为领先者，才能更好地生存。这对数字运营者提出了一种挑战，要想有一番作为，就先得站得高一些、看得远一点，锚定更高的目标去冲。只有敢与最强的争，有同一流的对手一较高下的勇气，才能突破极限、超越一流，取得国内领先甚至令世界瞩目的成绩。浙江省从资源小省到经济大省，再到成为共同富裕的探路先锋，就是始终以忠实践行"八八战略"、努力打造"重要窗口"为主题和主线，以推进"两个先行"为目标任务，坚持干在实处、走在前列、勇立潮头，在一点

---

[1] 出自唐太宗李世民撰写的《帝范》。

点奋斗、一步步创造中发展起来的。此外，"取法于上"还意味着不甘于现状、不甘平庸，勇于自我颠覆、自我逼迫、自我重塑。"井无压力不出油，人无压力轻飘飘"，要有"没有走在前列也是一种风险"的意识，从而自觉拉高标杆、加压奋进，做到强者愈强。

三、以业务为引领，以技术为支撑

集成创新（Integration Innovation）的理论最早可以追溯到1912年[①]。政治经济学家熊彼特（Schumpeter）在《经济发展理论》中提出，创新是"建立一种新的生产函数"，即实现生产要素和生产条件的一种新组合，以实现对生产效能的提高[②]。20世纪90年代，马可·伊恩斯蒂（Marco Iansiti）提出技术集成的概念，标志着集成创新理论初步形成。21世纪初，迈克尔·H. 贝斯特（Michael H. Best）在《新的竞争优势：美国工业的复兴》中提出系统集成理论，标志着集成创新理论的进一步完善和广泛使用。

数字运营的集成创新包括业务和技术的双栈支撑——业务和技术同属于一个大的系统，它们分别是这个系统的组成部分，彼此又深度融合，呈螺旋式上升和发展。

需要注意的是，业务和技术之间存在一种主从关系：业务是根本和引领，要回答干什么、谁来干、怎么干等核心问题；技术是支撑业务的工具和抓手。只有先明确了业务逻辑，技术逻辑才能合理、清晰。因此，锚定梳理业务变革的思路是数字化的前提，进而才是明确技术方案，"操其要于上，而分其详于下"。只有梳理好业务并形成清晰的业务架构，才能建立与之匹配的技术架构。例如，浙江省在推进"一件事"集成改

---

① 何卫平，刘雨龙. 集成创新理论的研究现状评析[J]. 改革与战略，2011（3）：183-186.
② 熊彼特. 经济发展理论[M]. 何畏，易家详，等译. 北京：商务印书馆，1990.

革时，按照系统集成、协同高效的要求，从用户需求出发，将多个"单项事"集成为"一件事"，通过数据归集"一件事"目录清单、整合再造"一件事"办理流程，以及强化数据共享，实现了政务服务从"单项事最多跑一次"到"一件事最多跑一次"的转变。在"一件事"集成改革中，前期的目录清单、流程再造属于必不可少的业务工作，实现数据共享的数字技术只是必要的支撑工具。

基于业务和技术的特殊关系，数字运营者必须具备"业务+技术"的双栈能力。一方面，政府或企业等业务方自身是推动数字化工作的主体。业务属于变革主体自身，业务变革必须由数字化的主体自身推动。浙江省多次提出"推进政府数字化转型、建设数字政府是一场刀刃向内的政府治理革命"，所表达的也是这个道理。另一方面，数字运营者是数字化进程中的重要参与力量。数字化需要扎实的技术能力作为支撑，需要技术人员协助业务方理顺协同关系、制定标准规范，从而实现开发建设、运营和运维的规范化及有序化。例如，浙江省在数字化改革实践中，往往通过组建专班的形式，迅速抽调各地各部门的业务、技术人员组成专班，使与指挥、执行相关的所有信息都通过专班来流转，从而快速响应和落实重大战略、重大任务或重大改革。

四、一体化顶层设计+系统工程

系统论认为，系统是一个包括诸多要素的整体。数字运营所面对的也是一个个复杂巨系统，从实践来看，当资源、技术、组织、知识、管理、服务等要素就绪时，就需要进行科学合理、自上而下的一体化顶层设计，充分把握各要素之间的内在联系和辩证关系，站在整体和全局高度，明确长期目标，实现战略解码，在组织内统一思想、统一目标、统一语言、统一行动，避免出现碎片化、分散化、单打独斗、创新成果相互抵消等不利局面，从而更好地谋划平台有序发展。可见，顶层设计是集成创新的关键所在。

在数字化实践中，数字运营者可通过制定业务大图、数据大图、产品大图、技术大图等，用系统化思维谋划顶层设计蓝图，对数字运营中相关的总体目标、阶段目标、协同关系、资源要素、推进节奏和组织保障等做好具体安排，结合 V 字模型、IPD（Integrated Product Development，集成产品开发）流程等系统工程方法，持续地推动系统性重塑。

当然，顶层设计不是"一刀切"，不是面面俱到、大包大揽，而是要注重激发部分的活力。在推进数字化时，我们需要考虑不同业务主体、不同地域的差异化需求，需要在整体的顶层设计之下，做到因地制宜、具体问题具体分析。

第二节　平台赋能，整体智治

平台是连接物理世界和网络世界的中间枢纽，是物理世界一切人、地、物、事、组织实现连接和在线的载体，是网络世界经济、政治、文化、社会、生态"五位一体"综合治理的连接体。在数字时代，平台赋能是数字化工作的基本信仰。数字运营者可依托平台支撑业务多跨协同的中枢地位、沉淀的高质量资源、强大的技术支撑及资源整合能力，实现"自身能力+平台赋能"的放大倍增效应，从而驱动组织-制度-技术的"统通融智"，实现整体智治的目标。

一、平台：数字化的核心解题思路

对于数字化平台，我们可从狭义和广义两个层面来认识。从狭义上说，平台即公共数据平台，其本质是对数据等数字资源的集成和共享，实现数据在线。例如，浙江省一体化智能化公共数据平台，统筹规划和建立以基础设施、数据资源、应用支撑、业务应用体系为主体，以政策制度、标准规范、组织保障、网络安全为支撑的"四横四纵两端"架构体系，实现全省公共数据、应用、组件、算力等数字资源的集约管理，以及数字资源的高效配置和供给，推动公共数据跨层级、跨地域、跨系统、跨部门、跨业务有序流通和共享。从广义上说，"政府即平台"。蒂姆·奥莱利（Tim O'Reilly）于2009年首次提出了"政府即平台"（Government as a Platform）的观点，认为平台思想是可主导政府所有程序实现完整规范化的对策，技术人员和业务人员都需要掌握的关键技能之一是要汇总公众意见或公共行动产生的数据，从而发现新的治理模式。

目前，世界各国政府普遍采用的组织结构——科层组织在提高行政效率与贯彻政策执行方面取得了巨大成功。但是，在面对信息化的社会发展与社会需求时，传统的科层制政府存在制度上的回应迟滞与无力等问题。在数字化背景下，基于"政府即平台"理念的政府组织变革开始成为消除科层制弊端的重要举措。

政府的本源即促进社会集体的协同；政府的定位就是把一定区域内的所有资源尽可能地承载为一个整体，并实现协同。在"政府即平台"理念下，政府组织变革要以满足民众需求为中心，提供通用共享平台设施，构建场景化综合应用；围绕综合性需求，把原有组织的职能由固化的定义转变成标准化和虚拟化的模块，通过多跨的流程再造和数据智能混合编排，形成随需应变、柔性的组织交付；把刚性组织变成具有弹性的无边界组织，从而打破层级和职能藩篱，形成敏捷的业务平台；辅以技术型的数字化平台，即公共数据平台进行支撑和运行，实现直接扁平化地驱动组织中的个体做事，以最高标准模块的集约共享创造组织的更高效能。

得益于数字技术的发展与应用，政府作为平台的价值属性和功能属性正逐步显化。例如，我国的一体化在线政务服务平台等都是较为典型的平台型政府实践形态。打造平台型政府有效推动了信息公开化、服务标准化、互动便利化、响应敏捷化、治理协同化等，能够使政府的治理属性变得更加可感可知，并有利于吸纳社会力量共同参与、合力推动数字化工作。平台型政府已经成为数字政府建设进程中一种重要的实践方向。

二、赋能：释放数字化的核心价值

所谓赋能，是指赋予更大的做事的可能性空间。在数字化中，平台赋能包括 3 个层面的能力，从而实现互动、互补、互信和互惠。

一是连接互动。它是数字化平台的基础。平台是一个资源中心：一方面，平台需要通过连接汇聚资源；另一方面，平台需要通过制定相应的标准规范，实现数字资源的标准化、解耦化，让高质量的资源可以随时被申请、释放和使用。平台不仅要供给高质量的资源，还是多用户、多角色、多场景、多系统、可协同的复杂体系。无论是不同应用、不同系统之间的连接，数字资源的上下游协同，还是业务上的控制与被控制、指挥与被指挥，都需要可靠、安全、高效率、高集成的全连接网络。没有连接，系统和应用之间相互割裂，数据无法共享、业务无法协同，所谓的平台就不复存在。

二是网络协同。平台基于统一标准和规则框架下的连接，为跨层级、跨地域、跨系统、跨部门、跨业务的协同提供了支撑。在缺少平台支撑时，传统的业务协同往往是点对点、单线或者小规模进行的，而在面对复杂问题时，必须依靠平台才能开展复杂的多跨协同。例如，对危险化学品的安全监管需要覆盖生产、经营、使用、运输、废弃处置等环节，包括生产安全、物流管控、公共安全、环境安全、特种设备安全等众多应用场景，涉及应急管理、公安、交通、生态环保、市场监管等跨层级的多个业务部门，只有依托数字化平台才能实现一体化协同联动的全生命周期安全监管。

三是数据智能。它是平台功能性发展的高级阶段。实现数据智能的基本前提是平台实现连接互动后高质量地运行，产生了"活"的数据：一方面，大量高质量的数据在线，可以随时被使用；另一方面，这些高质量的数据不断地被记录、分析、处理，形成决策并用于指导业务，同时在指导业务的过程中又产生更多数据，形成数据回流，不断反馈和优化决策，形成数据反馈闭环的正循环，并在不断的正循环中产生智能。

于整体而言，数字化就是平台、应用和机制的贯通。"通"带来透明性，让数据助力所有组织看清业务真相；"通"带来协作性，让网络助力所有组织高效协同；"通"带来洞察性，让智能助力所有组织掌握规律。推进数字化需要让应用的"深井"越来越少，让数字资源层和应用支撑层的能力中心越来越多；需要让封闭的流程系统越来越少，让开放和弹性的专业服务越来越多。只有对历史进行反复的抽象和总结，才能洞察未来、掌握趋势，实现真正的平台赋能。

三、整体：组织、制度和技术的耦合

整体智治是指政府通过平台，广泛运用数字技术推动治理主体之间的有效协调，实现精准、高效的公共治理。它在是数字化背景下，提升政府治理体系和治理能力现代化水平的普遍目标性认识。整体是系统集成的整体，强调对部分的统筹协调和整体功能的最大化发挥。

打造整体智治的现代政府是提升公共治理有效性的重要路径选择。我国曾经开展的大部制改革、浙江省开展的"最多跑一次"改革，都是整体政府取向的重要实践。整体、未来的政府具体体现为政府部门以整体政府的形态接收需求信息，同时使政府以外的潜在治理主体参与到公共治理之中。整体政府是组织、制度、技术3个层面的耦合体。

一是组织层面。治理是一个系统工程，涉及众多治理主体，碎片化组织结构和治理方式给政府的高质量治理带来种种问题。随着数字化的深入推进，出现越来越多的多跨场景，任何单一的治理主体都无法高质量地推动和实现多跨场景落地，组织需要对职能交叉重叠、目标和手段相互冲突导致的功能碎片化与公共服务裂解性进行重新梳理，通过跨层级、跨地域、跨系统、跨部门、跨业务的整合和协同，重塑业务流程和层级关系，减少信息和资源流动层级，实现扁平化、网络化运作。

二是制度层面。组织内部的协同建立在横纵交叉、内外互动的制度框架基础上，因此良好的制度设计是提升整体治理效能的重要保障。一方面，数字化的堵点往往发生在技术规则和组织既定管理规则之间的融合过程中，且往往通过不同治理主体之间的权责关系的矛盾来体现。因此，作为职能履行的内在要素，通过法律法规、政策文件等明确部门分工和权责边界，是起到关键性作用的变量。另一方面，由顶层制定统一的标准规范，将标准化贯穿于治理全过程，是提高系统整体效能、工作质量与工作效率的重要方法。

三是技术层面。从数字运营的角度看，组织和制度的整体与协同最终都需要落到技术上，通过各类技术工具来实现。对整体政府来说，技术赋能可以推倒"数据烟囱"、消除"数据孤岛"，是实现跨层级、跨地域、跨系统、跨部门、跨业务互通的关键路径。数字技术实现了组织的各层级各系统的联通和能力复用，向下对接资源、向上支撑业务，是实现整体的关键支撑。

四、智治：既精准高效，又统分有序

整体智治的政府是一个涵盖多要素、多主体、多连接的复杂体，既要基于数字化平台供给一体化高质量资源，提供"三融五跨"的中枢服务，又要逐渐产生智能。智治是整体政府追求的目标。它是基于整体，对数字技术的广泛运用，实现治理的精准高效、统分有序。

"智"即要让公共治理行为精准高效地回应特定公共治理需求。一方面，整体组织的扁平化管理模式减少了治理供给与治理需求之间的信息不对称。数字技术突破了信息传递的空间限制，实现治理主体可在不踏入实际治理场景的情况下，及时发现治理需求。例如，浙江省"互联网+监管"平台运用物联网、人工智能识别、大数据分析等现代技术进行实时监控，推进非现场监管建设，实现违法线索自动发现、风险预警信号自动触发。另一方面，"智"实现了部分替代治理主体的能力。在传统治理模式下，治理主体需要在掌握一定真实有效的信息和数据的基础上，具备分析、判断、决策等能力。技术的运用、数据的归集共享、算法模型的设计可以辅助治理主体更精细地梳理需求、整合资源、提供服务，将原本完全基于人工判断的工作，部分地交由技术完成。例如，浙江省"一网通办"推出百余个高频"智能秒办"事项，在申请人通过浙江政务服务网、"浙里办"App等渠道提交事项申请后，相关业务部门通过数据集成和共享，将审批流程由过去的人工审批变为系统审批，实现审批零人工、零等待。

"治"即科学合理的治理要建立在统分有序的基础之上。"统"和"分"是持续共生发展的关系。整体政府强调的是秩序、标准，基层改革和应用创新强调的是活力。构建整体智治的政府要协同推进顶层设计+基层创新，避免陷入"一统就僵，一放就乱"的恶性循环，最终基于数字化平台实现互动、互补、互惠、互信；在进行整体顶层设计的同时，驱动整体中的各部分保持积极性，鼓励自下而上的创新。例如，浙江省在推进数字化改革的过程中，既在顶层设计中要求全省统筹推进，又鼓励基层创新，并将普适性强的基层创新做法通过"一地创新、全省共享"的机制上升为全省行动。

整体智治的实现离不开持续的数字运营服务。数字化本身具有强技术属性，作为数字化的主体，业务方的优势领域在于业务而非技术，因此业务侧和技术侧有必要各司其职，将平台的数字运营交由专业团队负责，由其提供贴身式的服务，从而敏捷应对各种状况。数字化平台架构可能难以满足不断变化的新环境的需求，加上平台本身的复杂性，因此平台需要专业化的数字运营服务。数字化需要久久为功，平台想要持续稳定，就离不开数字运营。

第三节 数据驱动，安全为基

数据驱动是所有数字化实践的破题核心，其实质是数据定义业务。数字运营者应坚持以本体对象为中心，建立高质量的数据体系，从而驱动业务方进行执行与决策，自主形成高效协同。同时，数字运营者应坚持以安全作为所有数字运营工作的底线，以"5A+3S"的理念提升可靠性、提供安全性保障。

一、从科层逻辑到平台逻辑的跃迁

科层制是在工业革命过程中，组织不断扩张和发展而形成的典型现代治理结构。马克斯·韦伯（Max Weber）在 20 世纪初提出了科层的概念。他认为，科层的核心理念就是将职务、职位与治理权限和规则明确划分并设立正式的制度，注重考量相应职务活动匹配对象的专业性而非人格特征，以便更好地发挥组织运行的理性与有序，统一指挥，提升效率，同时有助于面对外界不确定因素的干扰。在各国的治理实践中，科层也是政府运转的基础固定结构，小到业务部门架构，大到国家治理层级，都尤为明显："科"代表承担不同职责的各部门，如纵向的条线；"层"代表从高层到基层的各管理层级，如横向的块状。因此，研究者将之形象地称为条块制。无数条横纵交错线划分出众多权力格子，在面对超大规模的复杂治理需求时，科层体系可能出现僵化现象。

在数字时代，促进政府组织结构变革势在必行，重点方向是实现从科层逻辑到平台逻辑的转变，即依靠科层建立基础体系，依靠平台解决问题。前文提到平台的种种功能与特征，将科层制嵌入平台的核心意义在于彻底扁平化。平台是资源、标准、流程等多要素的综合体，这就意味着原有的科层组织需要以解决具体问题为目的进行合理分工，整合和协调资源、复用共享，在部门之中破除壁垒，产生新的连接、互动与秩序，使组织更加开放且富有弹性，使协同管理更加高效。

科层组织形成了常规治理机制的基础，平台在很大程度上补充与优化了科层的治理逻辑。在数据的驱动下，科层常态化组织转变为平台任务型组织，既能按原部门职能运作来解决常态化规律性的事务，又能在应急状态下提供运转平台，进行动态治理，实时展现并进行统一指挥。例如，防汛防台是应急状态工作，包括小流域山洪、地质灾害、山塘水库河网、安全生产、海域安全、城市内涝和城市运行安全等众多场景，若单靠原科层组织模式，应急管理、公安、交通、医疗等多个业务部门各管自己的"一亩三分地"，则不能解决场景问题，只有依托平台才能实现防汛防台的快速响应、高效指挥。将平台嵌入科层内部，可以推进逻辑优化、组织结构多元化重组，进而实现更显著的变革。

二、建立高质量的数据体系

数据已成为当代的核心生产要素，要充分发掘和释放其价值，并对其他要素资源产生放大、倍增作用，就必须建立高质量的数据体系。随着经济社会的高速发展，每时每刻发生的具体事件及其所产生的数据都在不断增加。高质量的数据不同于这些以某个具体节点、事件为中心的散乱的数据，而是以本体对象为中心的真实反映，是对世界的客观理解，是具有指导意义的数字孪生。例如，城市的一条道路，它的修建时间、承建单位、完整名称、实时流量、日均流量、高峰时间范围、事故数量等围绕其全生命周期产生的事件信息都被记录下来，在形成高质量的数据后，就能清晰、客观地描述该条道路的情况，相当于在网络世界也存在一条同样的道路，并实现了对其本体特征的掌握。

只有高质量的数据才可以驱动业务。目前，普遍存在的人工统计、口径不一、逐级报送等是导致数据质量低的主要原因，尤其是在应急处突等多跨协同业务场景中，传统的来回出函寻求协助查询或共享某数据，或者面临不同的数据需求就要不断地重新开发，导致效率低下、资源浪费和难以形成闭环。建立高质量的数据体系，要从组织、制度、流程、技术等方面建立相应的数据体系，在数据采集、治理、管控和使用等方面，建立统一、完整的标准和模型并精准实施，不断提高数据资源体系的质量，将在物理世界执行的事件，在网络世界以数据留痕，以盲人摸象的方式尽可能摸索出真实、客观的世界。

从数字运营角度来说，要提高数据的质量，就要制定统一的数据模型标准，定义、指标、来源归口都要具备唯一性，可具象、精准地描述数据内容。例如，浙一医院、浙大一院、浙江大学医学院附属第一医院都是指同一家医院，如果统一各类简称、别称，数据就容易遗漏或者重复，无法做到精准。数据治理、数据标准等相关制度和规范的建立，有助于所有在平台上的组织、角色明确职责且按照统一要求严格执行。同时，高质量的数据还要覆盖所有的业务过程且拥有多个场景化管理目录，如针对危险品运输，围绕人、企、货、车四大主体，对装、运、卸，隐患排查，限制车速等多场景进行管理，将所有流程事件都囊括进来，拥有一个稳定且全面的数据资源体系。

三、基于客观理解进行高效协同

认识决定行动。基于高质量的数据，对世界的统一客观理解得以形成，同时在建立相应的制度后，各组织角色便开始自主地开展高效协同工作。

协同是管理学中的概念——协调的重要延续。研究者概括此概念是从"协作—协调—协同"演化而来的：协作强调各独立劳动组合的搭配，协调强调通过劳动要素合理分配来实现资源和效率最大化，协同则在协调的基础上更进一步，追求在合作后产生新的结构和功能[①]。在前文提到的科层组织中，尤其是不同政策及区域的组织，涉及履行公共服务、经济调控等协同治理职能，要实现横纵沟通协作、资源和信息共享并达到高效协同的状态，从数字运营的角度看，就需要以高质量的数据为支撑，统一对事件主体的基本认识，在平台上重塑各模块角色、职责与功能，从而驱动执行与决策。

浙江省的政务服务2.0建设就是高效协同的生动实践，以一体化智能化公共数据平台为底座，围绕用户本体，将出生、上学、就业创业、置业等多场景分域贯穿，建立办件事项数据模型，建立高质量的数据体系。一是统一标准规范，3600多个事项标准全域相同，全网统一控制，1891个数据接口统一材料，538套系统统一对接。例如，对于省、市、县3级均办理的城乡居民基本养老保险参保登记事项，全省使用1套申报表单，所有数据字段描述统一、材料清晰。二是各组织在平台上自主驱动完成事项的流转，如"出生一件事"联办，公安、卫健、医保、人社部门使用统一标准的数据同时为该用户主体进行审批和办理，提速增效。三是在平台上演化出新型组织与角色，政务服务2.0的规划、建设、运营、运维、评价五大环节覆盖61个省级部门、11个地市，以及数字运营、平台建设单位，形成了管理者、事项定义者、事项执行者、平台

---

① 潘开灵，白烈湖. 管理协同理论及其应用[M]. 北京：经济管理出版社，2006.

建设者、运营和运维者五大新功能角色，形成了一体化组织的高效协同状态，实现了一盘棋推进实施。

四、"安全是1，其他是0"的安全观

安全是开展一切数字运营工作的基础，是一项贯穿数字化全生命周期的专业服务，我们要坚持业务与安全并重发展。如果用一个数字衡量服务的价值，安全就是开头的那个"1"，服务就是"1"后面的那串"0"。如果没有"1"，那么后面再多"0"也无法体现服务应有的价值，此即"安全是1，其他是0"的安全观。同时，"1"也要分"三段"，要做好"三段三责"——"三段"即设计开发阶段、测试鉴定阶段、运营和运维阶段，"三责"即实用性、可用性、安全性保障3种责任。

安全工作仅靠运维过程中的技术保障是不够的，它贯穿了应用系统的全生命周期，每一段都有各自的使命和职责：首先，在设计开发阶段，要围绕实用性、可用性和安全性制定明确的转维规范清单，不能让应用、系统带"病"进场；其次，在测试鉴定阶段，要从性能测试、功能测试、渗透测试、漏洞扫描等方面要把"病"检查出来，推动整改，消除风险；最后，在运营和运维阶段，要清晰地掌握生产环境、资产、人员、行为等各类对象的情况，一旦发现"流血"，就快速"止血"。3个阶段的主体都要实现对事件、风险的举一反三，从制度、技术、能力方面进行全面整改，才能全链路确保安全工作顺利进行。

围绕"三段三责"，我们需要重点关注3S和5A。其中，3S是指服务等级指标（Service Level Indicator，SLI）、服务等级目标（Service Level Objective，SLO）和服务等级协议（Service Level Agreement，SLA）。三者之间紧密关联，SLI是对内的产品服务质量的评价指标，用于衡量

服务的可靠性，针对服务中的每个监测对象、资产，都应该构建并确定可量化的细化指标，如访问量、响应时间、错误率、饱和度等。SLO 是可靠性目标，也是对内的产品目标，由 SLI 衡量定义，有时也用作 SLA 的保障，如功能分类分级、约定目标周期、明确服务目标值等。SLA 则是对外部客户的服务承诺，包括相应的 SLO 不达标的处罚措施，因此需要通过缩小 SLI 与 SLO 之间的差距来消除风险，才可实现 SLA。

5A 指身份认证（Authentication）、授权（Authorization）、访问控制（Access Control）、行为审计（Auditable）和资产保护（Asset Protection）。具体来说，身份认证主要包括账号及认证两部分，确保发出请求的主体真实、具象、合法且唯一，以便保障每次访问或调用的安全性；授权即通过身份验证后，明确此主体被授权本次访问的内容及权限，拒绝超过权限范围的违规访问行为，需要对权限进行分配与及时变更；访问控制是一种防御措施，主要对非合法主体的访问、合法主体的非授权访问或滥用资源进行判断及拒绝；行为审计通过建立日志中心、审计规则、进行风险识别，记录关键信息并追溯数据血缘，对主体行为进行审计，及时发现问题源头；资产保护是对应用层、数据层、基础资源层等资产的立法保护，以及以限速、限流等技术手段进行恶意行为的预防监控，可实现保密性、完整性、可用性保障。

第四节　迭代完善，久久为功

在数字化的过程中，我们需要以发展的眼光审视并解决问题。数字运营的对象是一个个数字化平台或应用，这些数字化平台或应用并不是静止不变的，而是一个个具有成长性的生命体。这些生命体交织着复杂的业务逻辑和技术逻辑，处于不断地迭代演进中。因此，数字运营就是要在这些生命体的成长过程中提供数字化运营和运维服务，既追求业务最优化的高线，又牢牢守住可用性和安全性的底线，理念结合实践，使数字化平台或应用在一次次迭代中趋向完美。

一、以"大场景、小切口"推动迭代

场景最初是指戏剧、电影中的场面，是指在一定的时间、空间内发生的特定任务或因人物关系所构成的具体生活画面。在数字时代，场景涵盖了人、地、物、事、组织等多个要素，可以超越时空进行跨界设计，通过数字技术去构建全新的服务。

场景研究决定改革行为的格局。从数字运营的实践看，改革主体应站在更高的战略视角对场景进行梳理和识别，聚焦于"大场景"，在一个点上努力向下扎根、向上生长并成长为参天大树。"大场景"的识别要坚持"以用为大、实战实效"的原则，着重解决重大问题、满足重大需求，在重大业务中设定"战场"，推动数字化平台迭代完善。例如，在数字政府建设中，国家所需、用户所盼都是重大需求的来源；在企业数字化转型中，以数字化手段提升生产、营销效率，提升产品和服务的质量等都是需求来源。

基于"大场景"的识别与研究，下一步需找准牵一发动全身的"小切口"，按照"最小必要"的原则优先入手。在创业领域有一种精益创业理论，它提倡企业进行验证性学习。美国硅谷的创业者埃里克·莱斯（Eric Ries）在其《精益创业》一书中提出，在开发产品时要先做出一个简单的原型——最小可行产品（Minimum Viable Product，MVP），向市场推出极简的原型产品，然后在不断地试验和学习中，以最低的成本和有效的方式验证产品是否能满足用户的需求，并灵活调整方向。和MVP相对应的是机械论指导下的火箭发射模式创业，在火箭发射前一定要想清楚全部内容，要确保万无一失，否则就得承受昂贵的失败。和创业所面临的复杂形势一样，数字化工作千头万绪，每一次迭代更新都犹如一次创业，无法在一开始就将所有的细枝末节一次性思考周全。因此，数字运营应找出符合业务发展战略方向的最重要和最紧急的事项、功能、区域等作为"小切口"，列出最小可行单元，在不断地探索、验证、复盘、改进中推动数字化平台迭代演进。

二、以数字化运维推动业务安全发展

随着数字化的不断创新与演进，以往点状、单体的应用趋于一体化，一个多跨协同综合应用往往是由数以百计的系统在平台上彼此依赖而存在的，牵一发而动全身。业务要高效、稳定地发展，安全是根本。如何保障业务的实用性、可用性和安全性，成为变革主体必须解决的重要难题。如果把所有系统的物理拓扑和功能拓扑都完全展现出来，就会发现它们如同人体的器官、神经系统、血管网一样错综复杂。任何一个独立系统的开发者都无法完全理解自己所依赖的复杂环境，任何一个系统的独善其身都无法保障整个平台牢不可破。

因此，以单个体业务系统为对象的传统运维方式已经无法保障业务发展的安全，运维能力的半径亟待拓宽，数字化运维应运而生。数字化运维不是"头疼医头，脚疼医脚"，其核心是具有主动发现、快速处置、快速优化的功能，推动平台运行风险可感知、可防控，从亡羊补牢变为未雨绸缪。

在具体实践过程中，数字化运维不仅需要形成高可用性的技术框架，打造资源管理、规则管理、监控配置、风险处置、预案管理等一系列的统一运维管理工具，还需要从全局视角建立一套完善的运维体系，包括运维指标、工作体系、制度流程、考核评价4个方面。**一是围绕3S定义运维指标**。在和外部客户确定SLA后，内部应按照约定的目标周期、服务目标值、功能分类分级等制定SLO，并进一步参照访问量、响应时间、错误率等维度细化出SLI。例如，设定对客户承诺的SLA为"每月度服务可用性<99.9%，扣除当月50%的服务费"，那么对内的SLO可以制定成"每月度服务可用性>99.9%"，SLI则可以细化为"每周99%的响应时长<100毫秒，每周服务响应率>95%"。**二是形成快速响应的矩阵型工作体系**。在为每个重点应用配置专门的运维负责人统筹工作的同时，还需设立功能运维专家、性能运维专家、网络运维专家、云平台运维专家、系统架构运维专家、服务调控运维专家等关键运维角色，实现从单兵作战到整体协同，一旦出现故障问题，就能第一时间拉通责任人，快速开展预案执行、"止血"定因工作。**三是建立统一的运维制度流程**。从人员管理、故障管理、资源管理、事件管理、红线管理、系统管理等全方面制定运维制度流程与标准规范，让所有操作都有依据、有条理、有章法，实现全周期运维闭环管理。**四是建立考核评价体系**。重点围绕故障影响范围、故障影响时长、监控有效性等开展运维考核评价，并根据评价结果进行约谈、奖惩。

三、以数字化运营推动业务持续优化

业务变革不是一蹴而就的，有了基础的架构，还需持续推进业务治理工作，疏通业务开展过程中的堵点，从而进入持续迭代和优化的良性循环。运营在其中起到了"迭代发动机"的作用，通过指挥与控制人、事、器，对变革过程进行调优，追求的是从旧有状态到目标状态的提升，"三分建设、七分运营"的说法并不为过。数字化运营的核心是以需求侧、用户为中心，围绕业务高质量发展的目标，发现并闭环解决业务开展过程中存在的非量化、不细化、不闭环、无管理等问题，持续推动工具完善、流程再造、制度重塑，从而让业务发展得更好。

具体而言，数字化运营主要从4个方面提供新解法。**一是目标可量化**。运营所需的内生动力是管理，管理的依据是科学的指标体系，因此首先要分解和细化目标形成指标体系，从依赖模糊经验、抽象文字管理向基于数据的精确管理转变，用数字化度量的方式定义业务现状、职能履行情况、新的任务目标、工具的表现状态等。在建立指标体系时，应遵循 SMART[①]原则。相反，抽象、未量化、缺少时限约束的指标无法对责任主体产生鞭策作用。**二是各方齐关联**。业务优化的目标离不开组织和流程支撑，我们要清晰地定义每个业务环节的角色、组织、步骤、任务等，并固化成工作体系，从各部门单打独斗向多关联主体一体协同转变，实现高效协同、快速反应，像流水线一样向前行进。**三是成果要沉淀**。在变革过程中，我们要及时复盘，将运营成功的部分进行管理，先僵化，再优化，最后固化下来，沉淀出一系列制度和理论成果，指导和驱动业务有序运行。**四是结果要评价**。用数字化评价业务结果是检验、反哺目标的重要方式，科学、精准的评价让变革具备强大的内驱动力，因此我们要让评价体系充分发挥激励先进、鞭策落后的指挥棒作用，推动业务在实践中小步快跑、迭代完善。

---

① SMART 分别指具体的（Specific）、可量化的（Measurable）、可达成的（Attainable）、相关的（Relevant）和有时限的（Time-bound）。

四、理论结合实践，量变升维质变

数字化是一个理论和实践螺旋上升的过程。 在漫长且艰辛的数字化征程中，我们需要通过一次次的实践形成理论，又要在实际业务中不断地验证、复盘、优化理论。因此，我们必须将理论与实践相结合，将数字化理念转变为行动自觉，同时在实践中不断检验和迭代理念。

数字运营是数字化理念指导下的新实践，在数字化持续迭代、演进创新的过程中，数字运营要做好准备打持久战，久久为功。一方面，数字运营要在时间和资源都有限的前提下，打赢每一场仗，做到"打一仗进一步"，通过实践去磨炼平台，使其实用、好用，以小步快跑的方式推动取得阶段性胜利；另一方面，数字运营要总结每次实践的经验或教训，珍惜数字化平台在使用中所暴露出来的短板和不足，及时采取措施补齐短板、弥补不足，否则努力只是低水平勤奋。在总结经验时，我们既要重视总结数字运营中的业务问题和需求，又要梳理技术上的短板，还要复盘体制机制上的不足，消除生产关系上的堵点，内化形成产品体系、服务体系、知识体系，推动数字化工作朝着既定目标螺旋上升。

数字化是从量变到质变的升维过程。 事物发展是量变与质变的统一，没有锲而不舍的量变，就不可能有水滴石穿的质变。例如，在任何一个领域内想成为专家，往往都要经过 1 万个小时的"锤炼"[①]，按照每天工作 8 小时、一周工作 5 天计算，那么至少需要努力 5 年。但正是因为长期坚定地为之付出，普通人才有可能逆袭成为卓越非凡的"天才"。

数字化的演进路程也是如此，需要量的日积月累，才能实现质的飞

---

① 马尔科姆·格拉德威尔. 异类[M]. 苗飞, 译. 北京：中信出版社，2014.

跃。量的积累需要脚踏实地的扎根精神，以浙江政务服务网为例，政务服务从可办转变为好办、易办，是因为坚持长期性演进——几千个政务服务事项的全域同标、几千个数据接口的"数据高铁"提速、几百套办件系统的统一对接、5个端的同源发布、好差评全闭环、几千个指标的预警监控、近万个问题的业务运营等，最终才打造出统一表单、统一共享、统一收件、统一对接、统一评价、统一体验、统一运维（"七统一"）的"一网通办"浙江省模式，实现质的跃升。

第三章 数字化方法

在数字时代,数字运营是一个复杂的、系统的长期过程。面对数字化进程中的严峻新挑战,数字运营需要运用一定的工程方法。本章列举了一些经典的管理工程方法、软件工程方法和常用的数字化方法,在充分借鉴和吸收上述方法的基础上,结合大量数字化创新实践经验,从数字运营的视角总结和形成具备实战实效的 RMC-E 方法。

第一节 管理工程方法

管理渗透于人类社会发展的方方面面。一般认为,管理是指在特定的环境条件下,以人为中心,通过计划、组织、指挥、协调、控制及创新等手段,对组织所拥有的人力、物力、财力、信息等资源进行有效的决策、计划、组织、领导、控制,以期高效地实现既定组织目标的过程[①]。管理工程方法是指在工程的全生命周期中使用的管理方法的集合,回答了工程怎么管的问题。

经典的管理工程方法有很多,有一些方法和工具非常简明、朴素和实用。下面列举了在实践中常用的 SWOT 分析法、5W2H 分析法和 PDCA 循环 3 种经典的管理工程方法,它们分别代表了方向性、基本方法性和

---

① 孙永正,等. 管理学[M]. 2 版. 北京:清华大学出版社,2007.

具体实践流程性。

一、SWOT 分析法

SWOT 分析法是哈佛商学院的安德鲁斯（Andrews）于 1971 年在其《公司战略概念》一书中首次提出的[1]。SWOT 分析法（见图 3-1）是指一种综合考虑企业内部条件和外部环境的各种因素，进行系统评价，从而选择最佳经营战略的方法[2]。

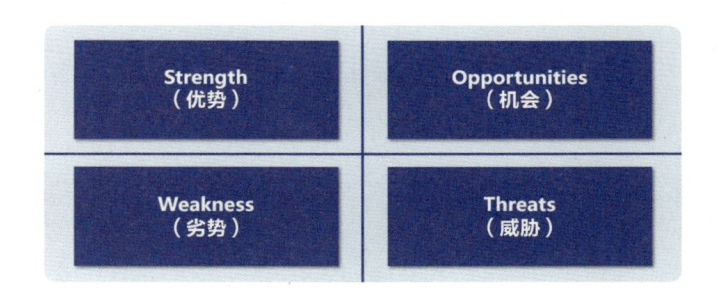

图 3-1 SWOT 分析法

SWOT 分析法主要分为以下几个步骤。

一是分析环境因素 SWOT。运用各种调查方法，结合 SWOT 分析法分析内部能力因素与外部环境因素。S 为优势，即企业所特有的能够提升竞争力的能力，包括业务、技术、资源、组织等多个方面的优势。W 为劣势，即企业所缺少的会使其处于劣势的因素。O 为机会，包括市场机会、潜在发展机会等。T 为威胁，即对企业造成威胁的外部因素。

二是构造 SWOT 矩阵。将梳理出的各种因素根据轻重缓急或者影

---

[1] 倪义芳，吴晓波. 论企业战略管理思想的演变[J]. 经济管理，2001（6）：4-11.
[2] 张沁园. SWOT 分析法在战略管理中的应用[J]. 企业改革与管理，2006（2）：62-63.

响程度等进行排序，构造 SWOT 矩阵。

三是制订行动计划。扬长避短，利用机会因素，消除威胁因素，立足当下，着眼未来，为企业制订一系列行动计划。

二、5W2H 分析法

5W2H 分析法（见图 3-2）又称七问分析法，被广泛用于企业管理和技术活动，对于制定决策和执行性的活动措施非常有帮助，同时有助于弥补考虑问题时出现的疏漏。

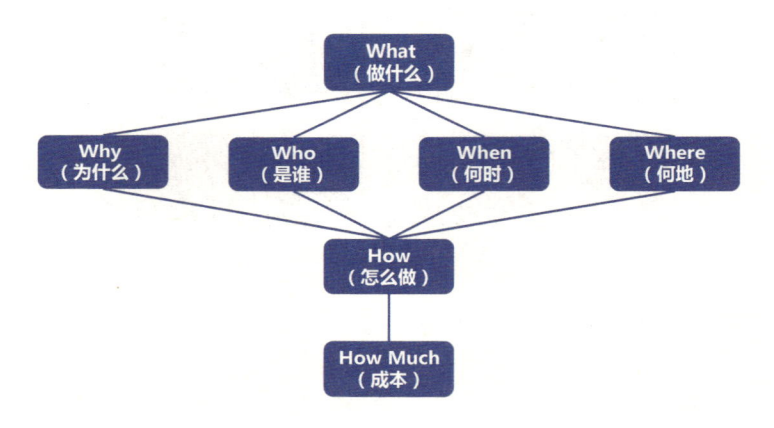

图 3-2　5W2H 分析法

具体而言，What 主要回答做什么等问题；Why 主要回答为什么做、目的是什么、是否有必要等问题；Who 主要回答由谁来做、每个环节的负责人是谁等问题；When 主要回答什么时候做、关键时间节点有哪些、周期是多长等问题；Where 主要回答在何处做、从何处入手等问题；How 主要回答怎么做等问题；How Much 主要回答要做到什么程度、成本是多少等问题。

5W2H 分析法的核心作用是明确方法，在回答这些问题的同时可以准确界定、清晰表述问题，提高工作效率；有效掌控事件的本质，抓住事件的主骨架，从事件的本质去思考；使思路条理化，杜绝盲目性；全面思考问题，从而避免在流程设计中遗漏项[1]。可以说，5W2H分析法能够帮助人们形成一整套有实操价值的具体执行方法，从而解决具体问题。

三、PDCA 循环

PDCA循环（见图3-3）最初由美国质量管理专家沃特·休哈特提出。20世纪80年代，PDCA循环在日本盛行，随着日本产品品质获得世界各国的认可，PDCA循环逐渐受到重视，成为人们所熟知的管理方法。

作为提高产品质量、改善组织经营管理的重要方法，PDCA循环是质量保证体系运转的基本方式，全过程可分为4个阶段、8个步骤[2]。PDCA循环的4个阶段如下。一是计划阶段。计划阶段往往包括资料收集、现状分析、目标确定、计划制订、活动规划等内容，计划是一切的开始，也是一切的基础。在计划阶段，我们要找出主要的问题与主要问题的主要因素，并在此基础上明确具体目标与计划。二是执行阶段。在执行阶段，我们要执行计划和措施，并对整个执行过程进行记录与监督，以保证计划正常推进。三是检查阶段。在检查阶段，我们要根据计划的要求，检查执行情况，评估效果，对比执行结果与预定目标，总结执行的效果，评估实施方案的有效性。四是处理阶段。处理阶段包括两个主要步骤：总结经验、巩固成果，将成效好的部分转化为标准，进行继承；将没有解决或新出现的问题转入下一次循环，周而复始，螺旋上升。

---

[1] 石爱芬，李莎. PBL教学法在护理查房中的应用[J]. 中国当代医药，2013，20（28）：148-149.
[2] 依华. 抓住质量管理活动的规律[J]. 中国质量技术监督，2008（9）：68-69.

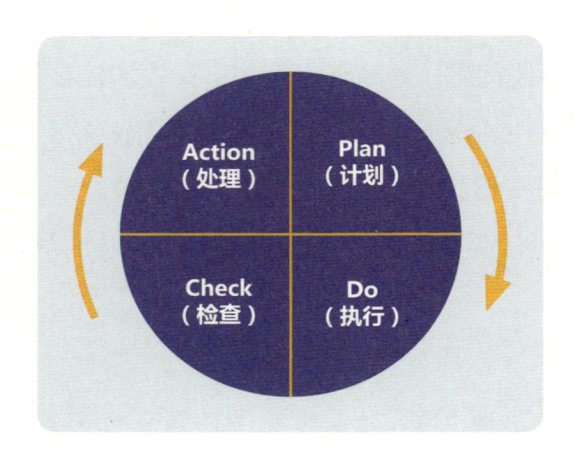

图 3-3　PDCA 循环

　　PDCA 循环对应的 8 个步骤为找出问题—分析原因—确定主因—制定措施—执行计划—检查效果—纳入标准—梳理与处理遗漏问题。在数字运营过程中，我们往往都是遵循以上 8 个步骤有序推进项目的。与 SWOT 分析法、5W2H 分析法不同，PDCA 循环是全面质量管理的基本程序，是标准化运转、大环套小环、周而复始、螺旋上升式提高的系统[①]。PDCA 循环建立起了覆盖从事前、事中到事后的全生命周期管理流程，从而不断发现、分析和解决业务问题，推动业务迭代和优化。PDCA 循环为我们在推进具体的项目时指明了可行的路径。

　　PDCA 循环具有 3 个特点。一是适用范围广泛，适用于所有问题、所有对象。企业或者机构可以针对某个具体的问题运用 PDCA 循环进行有效的优化；个人可以运用 PDCA 循环改进自身的思想方法与工作步骤，提升个人的工作效率与能力。二是它是无尽循环的，每个阶段都互相制约、互为补充。在 PDCA 循环理论中，每个循环都是大环套小环、一环扣一环，既互相制约又互为补充的。上一级的循环是下一

---

① 曹书民，杜清玲. PDCA 循环在企业绩效管理系统中的运用[J]. 价值工程，2008（6）：103-106.

级循环的依据，下一级的循环是上一级循环的落实和具体化[1]。三是它是螺旋式上升的。PDCA循环"每打一仗进一步"，每次循环就解决一部分问题，取得一部分成效，沉淀一部分新的能力与经验。在这样的基础上，再进行第二次PDCA循环，使服务能力和水平不断地螺旋式上升。

第二节 软件工程方法

软件工程中的许多方法值得数字运营学习和借鉴。《计算机科学技术百科全书》将软件工程定义为应用计算机科学、数学、逻辑学及管理科学等原理，开发软件的工程。软件工程借鉴传统工程的原则、方法，不断提高软件质量、降低开发成本和优化算法性能。

软件工程方法是指在软件的全生命周期中使用的一套技术与管理的方法的集合，回答了软件开发怎么做的问题。

在软件工程时期，众多软件开发方法与软件开发模型应运而生，在几十年的时间里为无数从业者指明了前进的方向。在实际的项目场景中，人们往往不会单独地运用某一种开发方法或模型，而是综合运用多种开发方法或模型，在熟悉其各自的原理、特点与使用范围的基础上混合应用，以便实现效益最大化。

一、经典的软件开发方法

经典的软件开发方法主要包括结构化法、面向对象法等。

---

[1] 杨洁. 基于PDCA循环的内部控制有效性综合评价[J]. 会计研究，2011（4）：82-87.

（一）结构化法

结构化法是强调开发方法的结构合理性，以及所开发软件的结构合理性的软件开发方法，也称新生命周期法。其基本思想是根据用户至上的原则，采用系统工程思想和工程方法，自始至终以结构化、模块化为原则，自上而下地对系统各模块进行分析与设计，精益求精。该方法适用于软件开发全过程，其核心和基础是结构化程序设计理论。

结构化法把一个复杂的系统进行拆分，化繁为简，严格区分不同的开发阶段，且每个阶段都有明确的任务与目标成果。其系统开发的过程追求工程化、文档化、标准化。结构化方法是基础且使用最广泛的方法，在航天技术、国防科技领域及诸多民用领域均取得了许多成功的经验[1]。

（二）面向对象法

面向对象（Object Oriented）法认为，客观世界是由各种对象构成的，每个对象都有自己的内部状态和内在运行规律。该方法有一个核心的概念——类，即对具有相同数据和相同操作的一组相似对象的定义，可以通俗地理解为是对具有相同属性和行为的一个或多个对象的描述。类表现了对事物的抽象的逻辑过程。面向对象技术中的关键机制是关于类的封装性、多态性和继承性[2]。

面向对象法是基于数据抽象的类的组合的自下向上的开发方法，主要包括标示对象和定义类—组织类之间的关系—在类层中构造框架—建立可复用的类库和系统总框架 4 个基本步骤。与传统的软件设计

---

[1] 汤铭端. 软件工程与软件可靠性第二讲 结构化方法[J]. 质量与可靠性，2001（2）：1.
[2] 尹锋. 软件工程方法述评[J]. 长沙大学学报，2005，19（5）：89-93.

方法相比，面向对象法具有模块化、可拼装的特点，能够显著地提高软件的生产率、可靠性、易重用性、易维护性，尤其适用于大型软件系统的开发。

二、经典的软件开发模型

经典的软件开发模型包括瀑布模型、原型模型和增量模型等。

（一）瀑布模型

1970年，温斯顿·罗伊斯（Winston Royce）博士借鉴其他工程领域的思想提出瀑布模型，认为软件开发应有完整的周期，并将软件开发过程分成若干阶段，像瀑布一样，从上往下依次有序推进，只有完成一个阶段才能进行下一个阶段。

瀑布模型也称生命周期法，包括6个阶段：可行性研究、需求分析和规范、设计、编码和单元测试、集成和系统测试、运行和维护，如图3-4所示。每个阶段都有明确的定义，先定义后设计，先设计后编码；每个阶段都有非常清晰且易于理解的目标，以及明确的文档产出。瀑布模型有利于大型软件开发过程中人员的组织和管理，有利于软件开发方法和工具的研究与使用，可有效提高大型软件开发的质量和效率[1]。

但是，瀑布模型也存在一定的局限性。该模型假设所有用户需求都可以在项目之初被完全准确地定义。但事实上，用户需求往往是动态变化的。由于该模型没有包括任何纠错机制，各阶段不重叠，新阶段只能在前一阶段完成后才开始，因此难以灵活地适应用户需求的变更，易造成开发成本较高、效率低下等问题。

---

[1] 张友生，李雄. 软件开发模型研究综述[J]. 计算机工程与应用，2006（3）：109-115.

```
可行性研究
   ↓
需求分析和规范
   ↓
  设计
   ↓
编码和单元测试
   ↓
集成和系统测试
   ↓
 运行和维护
```

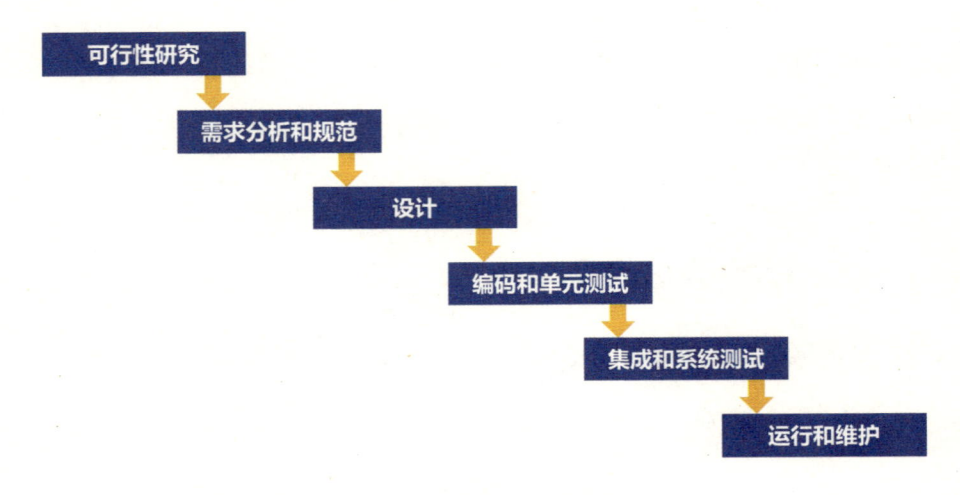

图 3-4　瀑布模型的 6 个阶段

（二）原型模型

原型模型的诞生是为了降低需求不明确所带来的各种风险。在开发真实的系统之前，通过构建出一个可以运行的软件原型，使需求方与开发团队达成共识，从而在需求得到确认的基础上开发令需求方满意的软件产品。

按照目的和方式，我们可以把原型模型分为快速原型模型和原型进化模型。快速原型模型的目的很明确——在软件分析与设计阶段快速确定需求方的真实需求，或对设计进行快速的试错与验证。一旦需求或设计得到确认，快速原型模型就会被抛弃。快速原型模型可以有效地解决用户需求模糊不清和用户需求不断变化的问题[1]。快速原型模型如图 3-5 所示。

---

[1] 高禹，毕振波．软件开发过程模型的发展[J]．计算机技术与发展，2008（7）：84-85．

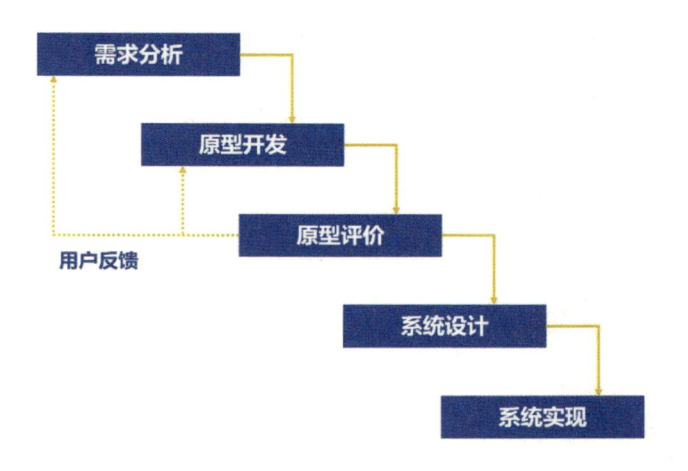

图 3-5 快速原型模型

与快速原型模型不同的是，原型进化模型开发的原型不会被抛弃，而是会根据需求方的反馈进行不断的调整，使其逐步接近并实现最终的开发目标，满足需求方的需求。原型进化模型从核心功能开始，根据新需求逐步增加新功能，并反复进行修改与调整，不断发布新的软件，最终开发出令需求方满意的软件产品。但原型进化模型也有一定的局限性：由于缺乏有效的管理规范，管理者难以把握开发进度，因此原型进化模型难以适用于大型软件项目。原型进化模型如图 3-6 所示。

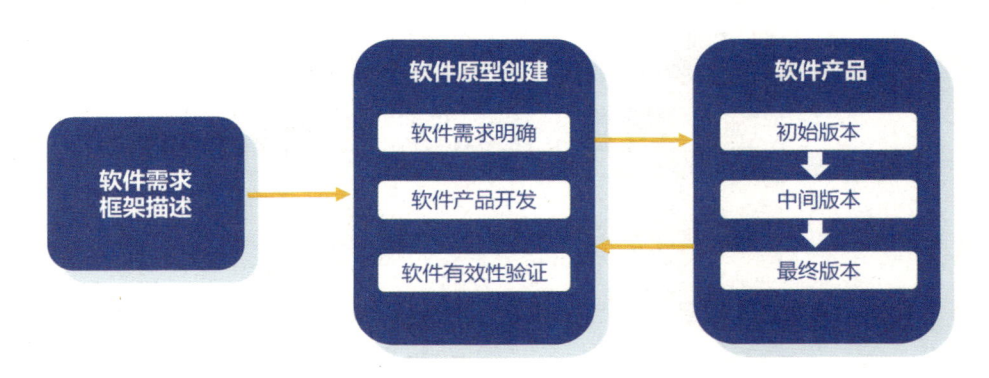

图 3-6 原型进化模型

(三)增量模型

增量模型把待开发的软件系统模块化,将每个模块都作为一个增量组件,从而分批次地分析、设计、编码和测试这些增量组件。

增量模型也称渐增模型,继承了瀑布模型的基本组成和原型模型的迭代特性,最大的特点是将待开发的软件系统模块化和组件化。增量模型采用随着时间的推进而交错的线性序列,每个线性序列都产生软件的一个可发布的"增量"[1]。

当使用增量模型时,第一个增量往往是核心的产品,满足了基本的需求,但很多补充的特点还未发布。用户对每个增量的使用和评估都作为下一个增量发布的新特点和功能。这个过程在每个增量发布后都不断地被重复,直到产生最终完善的产品。增量模型强调每个增量均发布一个可操作的产品。[2]采用增量模型的软件过程如图3-7所示。

图 3-7 采用增量模型的软件过程

---

[1] McDermid J, Rook P. Software Engineer's Reference Book[M]. Florida: CRC Press, 1993.
[2] 张友生,李雄. 软件开发模型研究综述[J]. 计算机工程与应用,2006,42(3):109-115.

三、敏捷开发方法

20 世纪 90 年代，随着应用软件开发的兴起，传统重量级软件开发方法不再适用于新的开发场景，由此发展出许多敏捷型软件开发方法[①]（简称敏捷开发方法），如极限编程（Extreme Programming）、Scrum[②]、动态系统开发方法（Dynamic Systems Development Method，DSDM）等。

针对软件开发过程中的变动，敏捷开发方法强调两个基本原则：重视当前的代码和有效的团队沟通协作[③]。敏捷开发方法的策略是在整个项目过程中降低变动的成本[④]。这类方法主要适用于中小型项目。在实际开发中，我们也常常会先将大型项目拆分为多个小型项目，再使用敏捷开发方法。这里着重介绍极限编程、Scrum 和 DSDM。

（一）极限编程

极限编程是一种工程实践，适用于需求快速变动的中小规模开发团队。极限编程的主要特点是重视测试极端并将其作为开发的基础，采用渐进的迭代开发过程。例如，在开发日程表中安排 12 个左右的迭代，每个迭代过程均用时 1~4 周，每次迭代结束都会发布一个更好的过渡版本。极限编程还将注意力集中在当前版本的迭代上，所有设计都围绕当前的这次迭代，而不管将来的需求。这种设计过程的结果是纪律性和适应性的高度统一[③]。

---

① 敏捷型软件开发方法（Aglie Software Development Approaches）也称轻量级的软件开发方法。
② Scrum 是一种迭代式增量软件开发方法。
③ 李航. 敏捷型软件开发方法与极限编程概述[J]. 计算机工程与设计，2003（10）：116-118，121.
④ Highsmith J, Cockburn A. Agile software development: the business of innovation[J]. Computer, 2001, 34(9):120-121.

(二) Scrum

Scrum 是当今被广泛应用的敏捷开发方法之一。它是一个用于开发和维护复杂产品的框架,是一个增量、迭代的开发过程。它具有明显的优势:把用户作为开发团队的一部分;能够频繁提交可以工作的中间增量产品;可以不断更改项目需求以适应用户需求的变化;无须制订详尽的计划和编写冗长的文档……这些都使得团队更加灵活自如,能够自由地自我组织和自我管理,从而使得团队更加积极主动、实现敏捷创新[1]。

Scrum 的开发过程是以 Sprint[2]为增量的迭代开发过程,一般一个 Sprint 适宜的迭代周期是 1~4 周。在 Sprint 开始时,团队从已按优先级顺序排列好的产品订单中选择适合本团队的项目,与项目负责人沟通需求并生成同样按优先级顺序排列好的 Sprint 订单,同时保证在本次 Sprint 结束前做完。团队在每个工作日都要收集并汇报彼此的任务进程和余下的任务量。在一个 Sprint 结束时,团队会展示最终的项目成果,并收集来自团队之外的反馈,用于下一个 Sprint 的自我提升[3]。Scrum 的开发过程如图 3-8 所示。

(三) DSDM

DSDM 定义了项目开发和管理过程中的一些方法和原则。作为一种迭代和增量方法,DSDM 主要基于快速应用程序开发(Rapid Application Development,RAD)方法,通常能够在 6 个月之内交付产品。其实施

---

[1] Martin R C. 敏捷软件开发:原则、模式与实践[M]. 邓辉,译. 北京:清华大学出版社,2003.
[2] Sprint 意为短跑冲刺,是指 Scrum 团队完成一定数量工作所需的短暂、固定的周期。
[3] 陈国栋,罗省贤. Scrum 敏捷软件开发方法实践中的改进和应用[J]. 计算机技术与发展,2011(12):94-99,104.

过程主要包括 5 个阶段：可行性分析、业务分析、功能模型迭代、设计与构造迭代、实施迭代[①]，如图 3-9 所示。

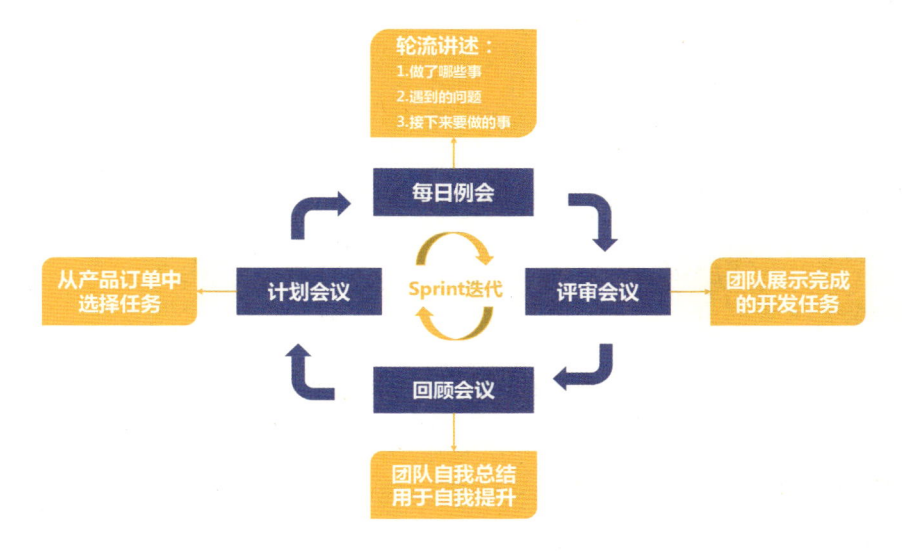

图 3-8 Scrum 的开发流程

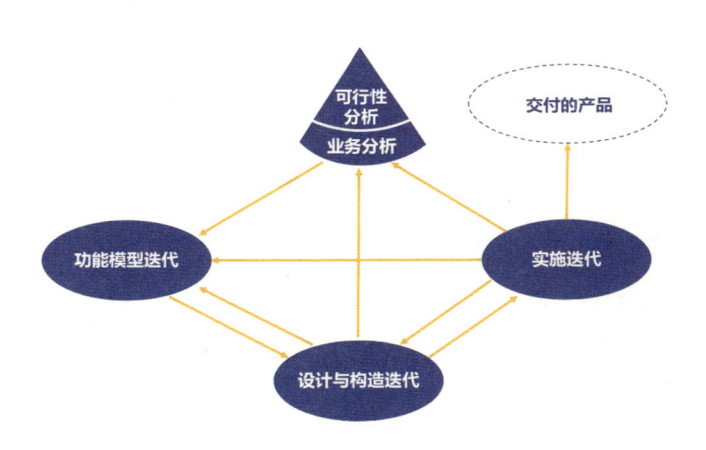

图 3-9 DSDM 的实施过程

DSDM 的原则可以归纳为两点：强调人和人之间合作的因素、以敏

---

① 刘广聪，陈平华. 基于 DSDM 的敏捷软件开发方法[J]. 现代计算机（专业版），2005（6）：13-16.

捷性应对变化。DSDM 作为敏捷开发方法的一种，具有快速迭代的特点，强调与用户的积极交流、频繁交付和完全的系统测试[1]。

四、IPD 流程

IPD（Integrated Product Development，集成产品开发）起源于 20 世纪 80 年代美国出现的 PACE（Product and Cyde-time Excellence，产品及周期优化法）理论[2]，是对业界众多成功的产品开发项目的总结和提炼，能够体现新产品开发项目中的组织、流程、工具等多个要素。

IPD 的框架是 IPD 的精髓，继承了代表业界最佳实践的诸多要素，是所有产品开发流程的基础。IPD 的框架包括异步开发、公用基础模块、跨部门的团队、结构化的流程、项目和管道管理、用户需求分析、项目投资组合 7 个方面[3]，如图 3-10 所示。

图 3-10　IPD 的框架

---

[1] 刘广聪，陈平华. 基于 DSDM 的敏捷软件开发方法[J]. 现代计算机（专业版），2005（6）：13-16.
[2] 迈克尔·E. 麦格拉思. 产品及周期优化法在产品开发中的应用[M]. 徐智群，朱战备，等译. 上海：上海科学技术出版社，2004.
[3] 朱瑞萍. IPD——一种集成的产品开发模式[J]. 市场研究，2003（12）：41-42.

IPD 属于一种集成式的产品流程，适用于相对稳定的产品。它的核心理念包括：把新品开发作为投资决策来进行管理；基于市场的开发方式；跨领域协作，跨部门协同；采用异步开发模式，缩短产品开发时间；共用基础模块（Common Building Block，CBB）的使用及结构化的流程[①]，这些对提升开发效率有很大帮助。

在近几年的数字运营实践中，数字运营者主要采用 V 字模型、敏捷开发方法，同时吸收了 IPD 流程的严谨性等宝贵的经验并加以适应性改造，持续迭代和优化，形成团队的开发流程的管理规范。

第三节 常用的数字化方法

经典工程方法中的管理工程方法和软件工程方法为实施数字化系统工程提供了诸多有价值的借鉴。数字化不是我们的目标，而是数字时代解决问题的重要抓手。掌握数字化方法有利于我们更高效地找到解决问题的最佳路径，通过结构重建、流程再造、系统重塑，实现从定性到定量、从宏观到微观、从不确定到确定的转变，进而产生新知识、发现新规律、获得新认知、培养新能力。

常用的数字化方法主要有"三张清单"、"大场景、小切口"、量化闭环、V 字模型、"一地创新、全局受益"、RMC-E 方法等。常用的数字化方法之间的关系如图 3-11 所示。

---

① 上海格尔．格尔软件：注重集成产品开发理念[J]．信息安全与通信保密，2006（7）：53．

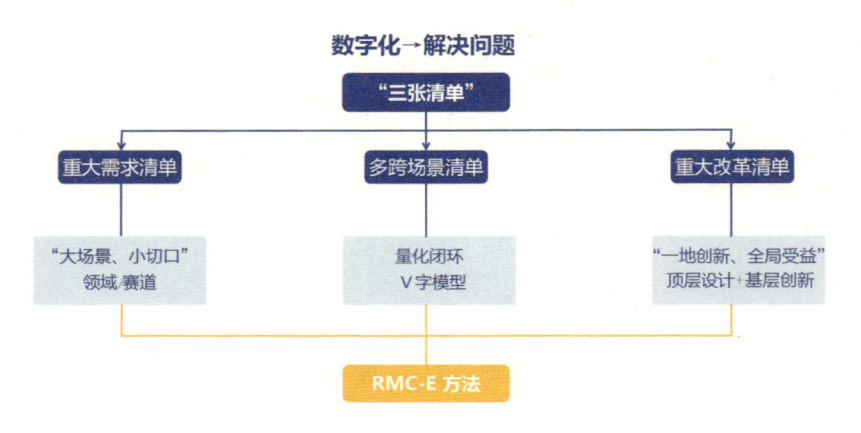

图 3-11 常用的数字化方法之间的关系

一、"三张清单"

"三张清单"是指重大需求清单、多跨场景清单和重大改革清单。

重大需求清单要求从问题和需求出发,核心是以用户为中心。从用户的视角来看,新出现的诉求叫作需求,已有的未被满足的需求叫作问题。梳理清单的第一步是从多个渠道收集用户需求,数字化场景往往会面对各类用户,并要协调多角色高效运作,因此深切认知并理解各类用户的"痛点"、难点、堵点是至关重要的一环。梳理清单的第二步是分类梳理重大需求,从需求紧迫性、共性、重大任务的支撑度等维度进行分类,并分析需求之间的关联性、耦合性。

多跨场景清单要求从需求的满足出发,摸清现状,明确场景解决方案、基本架构,提出急用先建的"小切口"子场景,并明确责任对象;还要注重强化顶层设计和系统集成,梳理清楚业务逻辑,明确增量开发、迭代升级的类型。

重大改革清单主要用于提炼出改革项目,并明确改革任务。改革项目需要围绕需求的满足和多跨场景应用的实现,以改革破题为核心,找准切入口。改革任务需要围绕改革项目,从法律法规突破、政策制度供给、业务流程重塑、数据开放安全等方面提出。

(一)"三张清单"之间的关系与价值

多跨场景清单的提出要以重大需求清单为基础。重大需求定义了多跨场景,多跨场景的谋划需要立足于重大需求,不从需求出发的多跨场景将脱离实际,且往往很难取得预期的成效。重大改革清单源于多跨场景清单。要从多跨场景的构建中找到改革的突破口,形成重大应用。此外,改革突破支撑着多跨场景的落地。"三张清单"之间的关系如图 3-12 所示。

图 3-12 "三张清单"之间的关系

就本质而言,场景即 Solution,而改革即 Solution 所涉及的组织、机制、流程等。因此,"三张清单"是一种宏大的叙事方法,也是一个严密的逻辑体系。它叙述出了整个数字化的总路径,即先从重大需求出发谋划多跨场景,再从场景应用构建中找到改革突破口,形成改革方案,根据改革方案进行数字化应用开发,形成重大应用。重大应用就是改革成果的集中体现。

(二)"三张清单"的运用实践

在数字化实践中,运用"三张清单"方法有利于数字运营者快速形成构建重大应用、推动制度重塑的逻辑主线,从而体系化、规范化地推进数字化，并快速取得成果。

以浙江省推出的全国首个平台经济数字化监管系统——"浙江公平在线"为例。随着数字经济的发展，平台经济领域存在垄断及不正当竞争等违法违规风险，给政府监管带来巨大的挑战。"浙江公平在线"切实运用"三张清单"方法，厘清重大需求清单、多跨场景清单和重大改革清单。在重大需求上，"浙江公平在线"立足于提升治理能力的需求，聚焦于解决头部平台企业端滥用市场支配地位、平台经济交易主体端交易行为不规范、监管端监管不到位等具体问题。在多跨场景上，"浙江公平在线"对重点平台、重点行为、重点风险等实施广覆盖、全天候、多方位的在线监测和靶向监管，建立平台经济风险防控体系，形成全链条在线闭环监管机制，推动平台经济实现整体智治。具体场景有"二选一"垄断行为监管、"纵向垄断协议"行为监管、"大数据杀熟"行为监管等。在重大改革上，"浙江公平在线"的重大使命是建立健全平台经济治理体系，基于此要推进相关法律法规突破、体制机制创新、政策制度供给等。

经过一年多的探索，"浙江公平在线"以监管手段创新、监管模式创新和监管机制创新，构建了事前、事中、事后全链条在线闭环的平台经济治理模式。至 2022 年年底，"浙江公平在线"实现监测覆盖平台 500 个、平台经营商家 2012 万个、产品 10 亿件，累计发现并处置风险线索 68 647 条。

二、"大场景、小切口"

"大场景"即"国之大者、省之大者"。我们在谋划场景应用时，要紧扣"国之大者、省之大者"这个主题，结合自身的使命与定位做好场景选择。例如，2023年2月，中共中央、国务院印发了《数字中国建设整体布局规划》，指出："建设数字中国是数字时代推进中国式现代化的重要引擎，是构筑国家竞争新优势的有力支撑。"

"小切口"即要践行急用先行、实战实效的原则，结合实际，由"小切口"入手解决具体的问题，从而牵引"大场景"的建设。"大场景、小切口"方法的核心是找准牵一发动全身的"小切口"，从而推动复杂、集成的改革转变为简单、具体、可执行的任务。

（一）"大场景、小切口"的价值

数字化应用往往需要持续地运营和运维，但同时数字化资源的稀缺往往制约着地方的数字化发展。因此，如何将有限的资源投入到最有价值的场景建设中至关重要。"大场景、小切口"解决的是如何选择建设场景、合理分配资源的问题。

选择"大场景"有利于贯彻和落实重大任务，从上到下拧成一根绳。"小切口"是在"大场景"的范畴内的，立足于解决"大场景"中的某个具体问题。由"小切口"入手，既可以实现小步快跑，快速验证业务逻辑，并根据成效不断调优，又可以逐步实现由点及面，牵引"大场景"的建设。

（二）"大场景、小切口"的运用实践

数字化工作千头万绪，很难将所有情况都一次性考虑周全。因此，在数字化实践中，通过"大场景、小切口"以点及面、以微观场景应用撬动大领域变革，是数字运营者的常用做法。

以安吉县"安心养"场景应用为例。安吉县隶属于浙江省湖州市，是浙江省高质量发展建设共同富裕示范区首批试点地区之一。面对老有

所养这个全社会一直以来持续探索的"大场景"命题，安吉县结合基层实情，选择了养老机构的"小切口"，谋划"安心养"场景应用。该应用的核心功能是实现了"一人一床一码"，即老人在申请入住养老机构时可实时查看机构的床位情况，一键申请、秒办入住手续，实现了养老机构、老人、政府三方受益。对养老机构而言，可以如实公布其床位数与服务情况，有利于养老服务的宣传；对老人而言，办理入住手续更加便捷、高效；对政府而言，可以对养老机构形成更及时、有效的监管，也助力实现了补贴的精准投放。在这样成功的"小切口"之上，安吉县也持续探索着解决更多的具体问题，实现由点及面，助力打造老有所养的和谐社会。

三、量化闭环

量化闭环是实现高效管理、科学管理的方法。

一是量化。量化体现的是精确，所有要素均需要有具体的表现值，实现各要素的目标指标化。人是所有要素中最为重要的一个，任何一项任务的完成都离不开人。从执行视角看，执行好工作任务，需要量化执行者的任务、责、权、利。这样，执行者才会有源源不断的自驱力去完成好任务，甚至产生创新的火苗。从管理视角看，做好全流程管控，需要量化组织流程、各类规则等，做到心中有"数"、处变不惊、张弛有度。简而言之，要量化的是指标体系、工作体系、评价体系和制度体系。这四大体系组成了一个闭环的管理体系。

二是闭环。闭环也称反馈控制系统，通过比较系统输出值和期望值，产生偏差信号并对系统进行控制，使输出值尽量接近期望值。管理学中的 PDCA 循环也是一种闭环，目标是改善业务。闭环的本质是运营，是一个不断朝着目标行动、反馈、监测、修正，并产生相应控制的过程。闭环的关键是要明确 Why（为什么要做）、What（做什么）、How（怎么做），并进行相应的监测和修正。其中，Why 即要明确价值，What 即要设计好架构，How 即要明确方法，监测和修正是要不断地接近目标。

三是量化闭环。量化闭环是目标—行动—反馈—测量—修正—再行动循环往复的过程。这个过程需要一个控制者（一般由组织领导者担任）依托量化的规则，对具体行动形成控制，从而实现闭环，如图 3-13 所示。

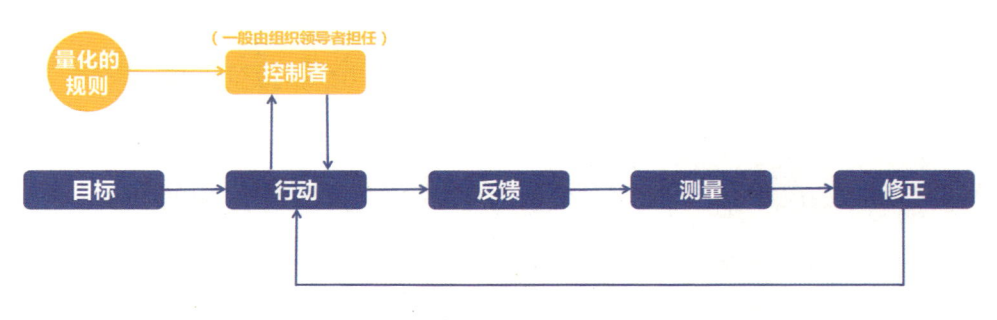

图 3-13　量化闭环

（一）量化闭环的价值

量化闭环是破题的核心思路，是实现数字化强有力的抓手。它既为管理者提供了统揽全局的方法和路径，助力实现科学管理、精准治理，又为执行者明确了切实的任务与目标，激发内生动力，鼓励创新变革。

（二）量化闭环的运用实践

在数字化实践中，量化闭环是助力数字运营者实现高效管理、科学管理的重要方法。

以浙江省"浙运安"危货（危险货物）运输智控平台为例。面对驾驶员超速难以遏制、"两外"车辆难监管、挂靠经营历史存在顽疾、行业监管不闭环、部门协同乏力等难点和"痛点"，浙江省交通运输厅着力建设"浙运安"危货运输智控平台。该平台的定位为危货运输行业数字化改革和长效治理的重要载体，目标是要提升治理能力的实时性和精准性，实现闭环管理。

"浙运安"危货运输智控平台贯彻量化闭环的方法，创新"一码三闭环"机制，实现了对象数字化、过程数字化与规则数字化。"一码"指的是安全码，至 2022 年年底已实现省内未获驾驶员安全码 100%覆盖，累计注册 1.9 万人，月活约 1.7 万人。"三闭环"指的是实现人、车、企全要素闭环，装、运、卸全过程闭环和多部门全方位闭环。

过去，危货运输主要以事后管理为主，而且实施的是一种分散式的粗放监管。如今，在"浙运安"危货运输智控平台的助力下，浙江省实现了危货运输的事前、事中、事后全过程管理，并形成了联动闭环的管理服务，实现精准预防、精准处罚。在该平台上线后，季度同比案件查处量增加 289%，车辆超速次数减少 95%，亡人事故数减少 50%。

四、V 字模型

V 字模型是一种传统的软件开发模型，是对瀑布模型的继承和演进，能够清晰地表示开发和测试的各阶段，自上而下地逐步求精，各阶段分工明确，便于把控整体项目，一般适用于传统信息系统应用的开发。V 字模型大体包括 9 个阶段：可行性研究、需求分析、总体设计、详细设计、编码、单元测试、系统测试、验收测试、运行与维护，如图 3-14 所示。

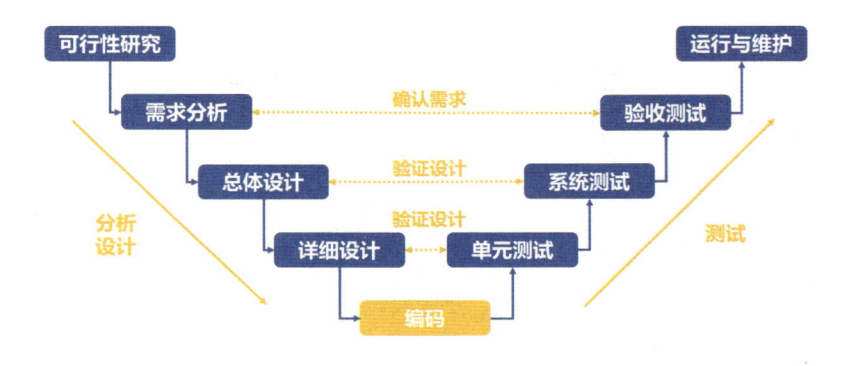

图 3-14　V 字模型

浙江省在数字化改革中运用 V 字模型的理念，梳理出进行业务梳理和数据集成的一种基本方法——V 字模型。V 字模型包括业务协同子模型和数据共享子模型。业务协同子模型包括定准核心业务、确定业务模块、拆解业务单元、梳理业务事项、确定业务流程、明确协同关系、建立指标体系、汇总数据需求。数据共享子模型包括形成数据共享清单、完成数据服务对接、实现业务指标协同、完成业务事项集成、完成业务单元集成、完成业务模块集成、形成业务系统。

V 字模型在浙江省数字化改革的过程中发挥了深远的作用，各级部门结合具体的业务场景，实现了下行任务分解和上行综合集成，重点突破了 3 个关（见图 3-15）。

一是任务细化的标准关。其核心是梳理出重大任务细化清单、核心业务细化清单、堵点与难点细化清单。首先，从政府重大任务出发，将重大任务拆解成最小任务项，输出重大任务细化清单。一定要将重大任务拆解至明确的任务执行单，最终形成任务树、指标体系和协同关系。其次，对接、梳理核心业务，建立指标体系，确定核心业务的数据需求及数源系统等，输出核心业务细化清单。最后，发现改革过程中的堵点与难点，输出堵点与难点细化清单。

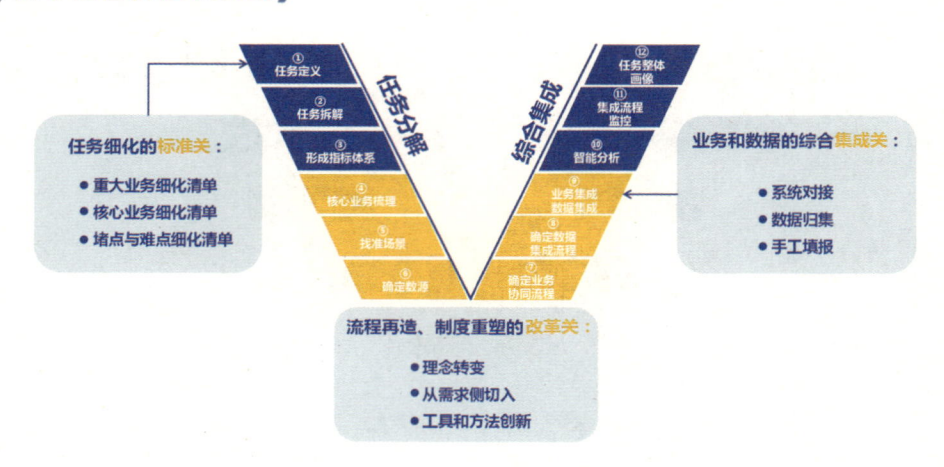

图 3-15　数字政府系统任务开发的 V 字模型

二是流程再造、制度重塑的改革关。 首先，挖掘更大场景、重构核心业务，可以从频率高、权重大，贯通性和联动性高，指标和指数关联度高 3 个方面度量指标体系，从而挖掘出更大的场景；其次，从企业和群众的需求出发，找到大牵引的改革切口，做到急事即改、重事大改、难事巧改；最后，加强工具和方法的创新，构建算法模型，实现数据驱动改革。

三是业务和数据的综合集成关。 其核心是通过"物理集成""化学集成""生态集成"推动实现质量变革、效率变革和动力变革。以杭州市的"亲清在线"平台为例，杭州市每逢春节都需发放非浙籍人员春节留杭过年补助，因此要汇集各级各部门的惠企政策，对接社保、金融、财政多个系统。对于 2021 年的春节补助，浙江省实现 80 多万人 8 亿多元快速兑付到个人账户（这是业务和数据相辅相成实现的"物理集成"）其中 2.85 万人在行程变化后主动退款（这是将个人行为数据与信用体系相结合，实现业务和数据融合的"化学集成"的结果）；基于此，触发构建由政府、个体、群体多元主体参与信用体系建设的社会共治生态，即最终实现了"生态集成"。

（一）V 字模型的价值

V 字模型是实现数字化系统重塑的重要手段和工具，提供了由宏观到微观的方法和路径，回答了怎么做的问题。其关键是通过自上而下的分析，制定多跨协同的系统方案；通过自下而上的集成，实现集成、运行、验证全过程管理；以数据流为主线定量化协同关系；组建专班研讨集智攻关，抓牢关键，锚定目标，持续迭代升级。

（二）V 字模型的运用实践

在系统设计与分析中，V 字模型是被广泛应用的一种重要方法，其本质是设计出一个体系，推动宏观任务的实现。例如，假设某省级单位的全年重大任务之一是力争全年为企业减负 2500 亿元以上，运用 V 字模型将这一任务逐级拆解，可以将该任务拆解为减免税收、减免政府性基金、降低用工成本、降低用能成本、降低物流成本等子任务。对于每项子任务，我们可以再拆解出具体的完成方式和策略，并明确对应的协同关系，明确责任人、指标体系、数据需求和数源系统。例如，实现降低用能成本的具体方法之一是降低大工业用电价格，就需要确定对应的减负目标金额，与电力企业的相关系统对接，明确企业侧与政府侧的数据需求，谋划好业务协同、数据集成、业务集成各流程，并进行全流程监控，从而推动各业务人员朝着实现一个共同的目标持续努力。

五、"一地创新、全局受益"

自上而下的顶层设计和自下而上的基层创新是实现一个复杂巨系统数字化的加速器。"一地创新、全局受益"即要重视并激励"点"的实践创新，对于"点"上成功的优秀案例要进行充分的宣传、提质扩面，从而促进全局的一体化进步。

数字运营方法和实践

以浙江省为例，除了在思想和理念上形成"一地创新、全局受益"的浪潮，浙江省还通过建设 IRS，实现全省数字资源的统一配置、统筹管理，推进各领域政务应用系统的集约建设、互联互通、协同联动。基于 IRS 资源一本账，浙江省运用应用共享"六步四类法"，即针对不同类型的应用和各地的实际情况，通过应用浏览—应用学习—沟通协商—共享申请—资源调度—落地推广的 6 步流程，以省（市）统建、SaaS（Software as a Service，软件即服务）化部署、解耦组件、私有化部署 4 类方式开展共享，切实推动区域优势转为全省优势，快速实现"一地创新、全省共享"。

（一）"一地创新、全局受益"的价值

"一地创新、全局受益"解决的是面对一个成功的应用如何助力其提质扩面、效能最大化的问题。"星星之火，可以燎原"，"点"上的成功往往凝聚了基层大量的实践经验，而各地的数字化建设除了因自身实际的不同而存在大量特殊性，还存在大量的共性问题与需求。例如，如何做好网格化管理、如何切实实现老有所养等。

"一地创新、全局受益"一方面有利于激发基层的创新动力，基层直面大量的群众需求与问题，而这些正是能够孕育出破题之道的优质土壤；另一方面，有利于避免重复建设，推动全局的资源配置最优化。

（二）"一地创新、全局受益"的运用实践

自浙江省推进数字化改革以来，各地涌现出很多"一地创新、全局受益"的实践案例。例如，针对政务服务"个人住房公积金贷款"事项，义乌市充分结合本地实际，积极向省建设厅申报其创新做法，最终实现了"一地创新、全局受益"。在提升前，申请人要填写 5 张表单，提交

身份证、户口本、结婚证、发票、购房合同、贷款保证合同、银行卡等 10 余份材料，跑窗口 1 次，平均要 10 天时间才能办理完成。在提升后，申请人仅需填写 4 个字段，即可全程网办、1 天办结。又如，宁波市建设宁波市危化品全链条安全风险智控场景应用，在规划阶段通过 IRS 充分查询相似应用，通过依托"浙江省危险化学品风险防控大数据平台""宁波市应急管理综合应用""宁波港口危险货物安全监管信息系统"等存量应用中的电子运单管理、运输管控、问题发现闭环处置、危险货物管理功能等模块，快速建立宁波市危化品跨部门的联合监管处置流程，建设"危化品道路运输安全风险智控系统"应用，不仅大大减少了建设费用，还使建设周期从一年缩减到 6 个月。

六、RMC-E 方法

随着数字运营实践的深入，我们逐渐意识到，当前最关键的问题不是缺少实现局部功能的技术资源或者先进的高科技手段，而是亟须形成实现一体化和智能化所必需的一整套方法论。因此，我们既吸纳经典的管理工程方法、软件工程方法和常用的数字化方法的精华，又将这几年的实践经验进行总结和提炼，形成了一套人人都可以上手、偏流程性的数字运营方法——RMC-E 方法，也称"统通融智"法。

（一）四要素的本质

RMC-E 方法包括四要素：Rule（规则化需求转化）、Model（平台化模型设计）、Control Unit（受控综合集成）和 Evolution（迭代演进）。其核心目的是实现"统通融智"，推动业务更好发展。

R 的本质为统。没有规矩，不成方圆。R 阶段要解决谁来立规则、立什么规则的问题，着眼的是顶层设计。R 是"统"，为"通"和"融"

奠定了理论、制度和技术基础。R 并不是一个文档，而是会落地为产品，提供的是战略目标管理、组织体系管理和工作体系管理、工作流程管理和评价体系管理。

M 的本质为通。在制定规则的基础上，我们需要一个连接的中枢——模型。M 阶段要解决谁建立中枢、业务的中枢是什么、平台的中枢是什么的问题，是在搭建一个工具级的数据中枢，是实现业务通、系统通、数据通和用户通的基础，是一个重大的核心枢纽。

C 的本质为融。在拥有中枢之后，我们需要从业务发展和安全两个方向形成技术控制和业务控制。C 阶段要解决谁来管理、如何做好发展与安全的管理的问题，其重点是要关注平台的"三段三责"。C 是要结合好"三段三责"，从技术和业务两个方面不断地发现问题、分析问题和解决问题，实现熵减，实际上控制的是人的迭代循环。

E 的本质为智。E 是指持续演进，做好持续的运营和运维。这种演进与 C 中的小迭代不同，而是要产生跨代式的大演进跃升。例如，从网络协同阶段跃升到智能阶段等。

（二）RMC-E 方法的价值

RMC-E 方法解决的是在数字时代，技术团队如何融入业务团队的问题。RMC-E 方法为技术团队和业务团队的融合提供了一种方法，使二者能够紧密协同，把技术和业务两套机制转变为一套机制，将原本外部的辅助性工具转变为内部的融入性"基因"组成。

RMC-E 方法是不断循环的过程，每次循环所沉淀下来的 R、M、C 都是可继承、可发展的，因而可以促进整体生态的有序螺旋式上升。RMC-E 方法也是一个复杂的过程，从顶层设计到关键的基础设施，到长期的连接在线,再到跨代性的演进提升,都需要一个稳定的、专业的、长期合作的团队进行支撑。它不是要打造可以在短期内一蹴而就的产品,而是要建成一个长期运营和运维的生态。除此之外,RMC-E方法还具有很强的跨界性,需要在技术层面和业务层面不断地跨界、融合、共创。其跨界性与长周期性意味着,它对人员素养的要求很高——需要专业的双栈型人才且能够长期扎根于业务和技术土壤,守正笃实,久久为功。

第四章　RMC-E 方法解析

基于近年来参与众多数字化项目的实践经验，我们认为，数字化的目的就是要更高效和更科学地发现、分析与解决问题。在实现数字化后，一个团队就获得了公共数据平台的赋能——公共数据平台通过将碎片化、低质量、非标准的数据进行高质量治理，能够以数字孪生的方式助力团队发现和分析问题；通过数据共享和流程再造，让多跨协同更为高效，再辅以智能，使团队解决问题的能力显著提升。

如何建设公共数据平台，为科学化、规范化、效能化解决问题进行赋能？我们认为，需要重点抓住以下 4 个要点，精练为 RMC-E 方法，如图 4-1 所示。

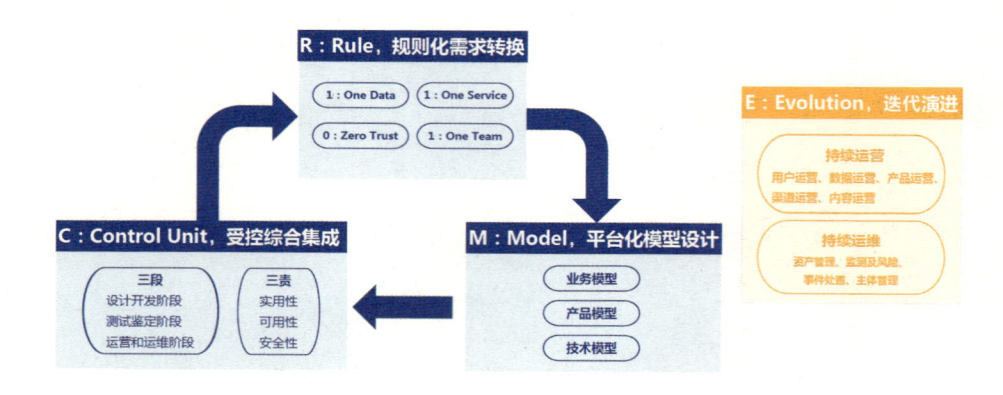

图 4-1　RMC-E 方法

第一节　Rule：规则化需求转换

信息化中会产生很多问题，其本质是提出的需求不准确、不全面。当需求提出的质量差时，可能能够满足单一系统的功能性需求，但会出现可用性、安全性等方面的问题。例如，A、B、C系统各自能满足一些功能性需求，但它们之间无法协同，原因是A、B、C系统在整体上未能遵守一定的顶层设计规则；又如，一旦用户量增加，A、B、C系统就"垮"了，原因是系统需求未考虑到压力和可用性，未考虑到水平竞争、单点依赖；再如，一个系统在运行时产生数据被盗问题，这说明它未考虑到安全上的需求。

如果要建一个平台，这个平台是服务于所有人、所有场景的，那么要形成的需求实际上是平台之上的需求。没有规矩，不成方圆，要提出这种平台之上的需求，就必须基于需求加上相应的规则，要基于一定的规则提出增量的需求。从范畴上看，原来的规则一般是各组织在一个小范畴内制定的小规则，而基于平台的规则必须是所有人都必须遵守、强制性的规则，对于不遵守规则的行为，需要进行相应的处罚。

我们总结出"1101"规则：数据规则One Data、应用规则One Service、可靠性和安全性规则Zero Trust、团队规则One Team。

一、One Data：本体对象数字化归一

我们把平台必须遵守的数据的规则称为One Data。

数据是对本体的描述和记录。世界是由各类本体组成的，如人、地、物、事、组织等。本体的属性和关系都可以由数据来描述和记录。但长久以来，支撑我们工作的信息系统多为各自为营的"竖井"开发模式的

产物，即当每个部门需要信息工具支撑时，其付诸实践的方式都是按照自己的思路各自建立门户、应用和数据库，形成一个个独立的系统，各系统间彼此割裂。在各自为营的"竖井"开发模式下，数据被归集后往往不完整、不标准、不准确、不及时，主要表现在以下几个方面。

一是异构。不同人描述和记录本体的视角不同，采用的模型也会不同。这种异构常常导致不同主体对相同本体的认识和表达不同，进而难以形成协同。

二是异主。数据生产者要把控数据的流动性，基于安全、可控的考虑，需要有一套机制来对数据分场景授权，让正确的人在正确的时间和正确的地点，以正确的方式获得正确的数据。异主的数据如果没有建立共享的授权和受控机制，就不可能产生流动性。

三是异域。异域即数据在不同的地域和技术环境中。空间上数据的共享需要一个流通的网络，整个网络要在可用性和安全性上一体化满足数据加工和共享的各种需求。

四是异质。数据往往是不标准、不完整、不及时和不准确的，没有质量保障的数据只会给洞察世界带来"噪声"。数据是人通过工具记录而产生的，归根结底，异质是由于人们观察世界的理念、方法和工具不同而导致的。

过去，人们放大了大数据的作用，认为将一些低质量的数据凑在一起就能解决大问题。经过多年数字化实践，我们认为，面对大量低质量的数据，只有智商和数字素养极高的人才能从中发现蛛丝马迹；异构、异主、异域和异质的数据并不能帮助我们实现现代化。数字化离不开数据底座的支撑，要高质高效地解决问题，就得依靠高质量的数据。One

Data 可以有效地解决大数据开发和治理中的"数据孤岛"、重复建设、数据歧义等问题。

One Data 即遵守一套数据规则建立的一个标准的、高质量的数据资源体系。每一条数据都只采用最权威的来源，所有数据都经由一个平台高效流转，各业务都在共享同一套数据技术和资产，进而支撑流畅的多跨协同。

实现 One Data，其核心在于基于统一定义、标准建模、规范开发和工具保障的 One Data 标准，建立统一的数据公共层，在设计、开发、部署和使用方面保障数据口径的规范和统一，实现数据资产全链路关联，输出标准数据。以下几个方面的工作可以有效地助力实现 One Data。

制定和遵循本体模型标准。模型标准化是为了让我们能够以科学的方法认识本体并能够达成共识。它也是实现协同的基础。

编制数据字典。数据字典是描述数据的信息集合，其目的是对数据项、数据架构、数据流、数据存储、数据处理逻辑等加以定义和说明，并实现描述的规范和统一。例如，身份证在数据库中的字段名称可能是"身份证""居民身份证""中华人民共和国居民身份证"等，实际都是指同一种证件，字段代码都是"001"。通过数据字典形成一组严格一致的定义，从而最大限度地解决歧义和交流不畅等问题，是数据互通的基础。可以说，数据字典是系统的基础语言库。

实施元数据管理。元数据是描述数据属性的信息。元数据就像一个人的户口簿，有了户口簿，我们不仅能了解此人的出生年月等基本信息，还能了解他的亲属关系，这些信息就构成了对此人的详细描述，是描述这个人的元数据。例如，图书馆的图书目录包括图书的名称、编号、作者、主题、简介、摆放位置等信息，可以帮助图书管理员管理和快速查找图书。元数据如同图书目录，能够帮助数据管理员管理数据。通过元数据管理尽可能减少冗余、重复的元数据信息，可有效提升数据的完整性、准确性，同时为数据治理工作打好基础。

制定数据治理标准。通过制定统一的数据使用标准、建立统一的数据清洗规则体系和数据质量评估模型等，支撑数据治理工作规范、有效地进行。

形成数据质量评估整改机制，实现多元动态治理。当数据在标准、完整、准确、及时等方面出现问题时，就需要对数源进行无依赖的压力传递。没有高效的运行机制，所有高质量的数据理想都是空想。

二、One Service：业务过程数字化归一

数据是按规则对本体的描述和记录，可以增强确定性，因此数据的变化是由 Service 产生的。Service 是可以实现一定功能、一定增值的行为和活动，这些行为和活动能够被集成、整合，实现前后衔接。

（一）One Service 是功能的标准化和集约化

数字化要求我们以用户为中心优化和重塑业务流程。当应用在面向最终用户时，如果它是以用户（包括服务对象和执行层）为中心的，那么所有的 Service 一定都是被整合的。例如，服务和监管，从权力侧视角来看是两件事，而站在企业和群众的视角，服务和监管都是整体政府工作的一部分，应该是场景化的、融合为一体的。

One Service 就是将所有的行为和活动都标准化，基于规则实现"统"，在网关上能够通过一系列的接口，使所有应用都可以被整合、被

定义。

在实现 One Service 时，有两个步骤必不可少。

一是业务的标准化。有了标准才有可能使车同轨、书同文。在具体的业务领域，只有制定统一的业务标准，定义彼此间互通的信息格式，才能实现业务规则统一、互联互通。例如，在政务服务领域，对面向群众的全省事项办理规则进行统一，是实现全省通办的基础；在监管领域，实现全省同一监管事项、执法检查规则的统一，是实现"互联网+监管"的基础。

二是功能的集约化。在标准统一后，按照标准将服务能力以 API 的方式进行包装，通过业务协同和数据共享网关、一些强制组件，实现数据在一个平台上流转，进而基于数据支撑分布式执行单元实现在线协同，实现功能的集约和可复用。

在完成上述步骤后，经平台流转产生的数据就是标准化、可复用而非复制的。因此，可以说，高质量的数据是 One Service "下的蛋"。

（二）One Service 是量化闭环的

量化闭环是实现高效管理、科学管理的方法，也是实现 One Service 的有力抓手。

量化是为了让执行者有清晰的责、权、利，并能帮助决策者科学评价激励，让执行者有源源不断的自驱力去履行职责。闭环则是通过在行动中不断地监测和比较系统输出值和期望值，不断地进行修正，以期改善业务。

所有的功能都被标准化和集成后，必须服务于量化闭环，才能实现数据流与业务流的协同优化。就本质而言，One Service 通过量化闭环的方法实现了 One Data。

三、Zero Trust：可靠性和安全性零信任

Zero Trust（零信任）的雏形源于 2004 年成立的耶利哥论坛。该论坛提出要限制基于网络位置的隐式信任，并且不能依赖静态防御。2010 年，约翰·金德瓦格（John Kindervag）正式提出了零信任这个术语，明确了零信任架构的理念。他认为所有网络流量均不可信，应该对访问任何资源的所有请求都进行安全控制。

美国国家标准与技术研究院编写并发布的特别出版物《零信任架构》[1]，被业界认为是零信任架构的标准。该书指出，传统安全方案对授权用户开放了过多的访问权限。零信任的首要目标就是重建信任，基于身份实现细粒度的访问控制，消除越权访问的风险。该书对零信任安全做了如下定义：零信任安全提供一系列概念、理念、组件及其交互关系，以便消除针对信息系统和服务进行精准访问判定所存在的不确定性。此定义指出了零信任需要解决的关键问题：消除对数据和服务的未授权访问，强调了需要进行细粒度访问控制的重要性。

与传统的只关注边界防护、对授权用户开放过多访问权限的安全方案相比，零信任的核心思想是永不信任、持续验证。对公共数据平台来说，信任是建立在高质量的技术和服务体系保障基础之上的。只有基于零信任的原则，建立高质量的技术和服务体系，让公共数据平台变成一个值得信任的支撑体，平台之上的业务才可能变得简单。

---

[1] Rose S, Borchert O, Mitchell S, etc. Zero Trust Architecture[M]. Gaithersburg, MD: National Institute of Standards and Technology, 2020.

我们认为，高质量的技术和服务体系要实现实用性、可用性和安全性 3 个基本目标，即"三责"。实用性要求以零信任的原则审视系统的价值，明确目标指标体系，量化闭环，实战实效；可用性要求以零信任的原则审视系统的健康度，系统在正常合法使用时要健壮、稳定；安全性要求以零信任的原则审视系统的授权和控制，遇到异常非法访问要阻断。

同时，实用性、可用性和安全性这"三责"要贯穿系统的设计开发阶段、测试鉴定阶段、运营和运维阶段这"三段"。落实在公共数据平台这个复杂巨系统上，我们还需按照平台的"四横两端"架构进一步细化上述"三段三责"。

四、One Team：所需的数字化目标和制度

数字化需要聚焦一定的工作目标，由相应的组织按照一定的制度、流程要求实施，并通过评价不断激发组织优化业务的内生动力，最终建设一支现代化团队，即 One Team。

我们认为，数字时代的 One Team 要具有以下特征。

一是有共同的目标。愿景、使命和价值观都很清晰的同路人才能组成团队，否则仅仅是乌合之众。人性是非常复杂的，但相同点是趋利避害，如果没有内心认同的共同目标，有的人就会以秉性驱动行为，把公权转换为私利，甚至将组织带向消亡。

二是有能实现目标的人才。这里所说的人才指的是有知识和技能的人才，能够解决实现目标路径上的问题；人才之间要互补、互惠和互信，形成一支专业化的人才队伍；领导者、管理者和执行者要各就各位，"兵在精而不在多"。创业之所以艰辛，往往就是因为缺乏合适的人才，从而

反反复复掉入别人早已踩过的坑中,用时间和资本去填补人才的缺口。

三是有精准的定位。定位并不是一件容易的事,我们非常容易被表面上的机遇诱惑,忘记自己的核心使命。从宏观到微观,从战略到组织和干部,定位是在洞察的基础上做减法、增压强。定位的精确往往需要基于系统模型优化的形式,结合近期目标路径的节点及一段较长时间的趋势透视,进行综合研判。

四是有合理的授权。团队是解决问题的,对于能够发现问题并积极解决问题的人,需要在战略和战术上充分授权;对于不能发现问题但乐于也善于解决问题的人,需要在战术上充分授权;对于能发现问题但不乐于解决问题的人,需要在战略研究上充分授权;对于既不能发现问题,又不乐于解决问题的人,需要立即更换他。解决规律性的常见问题,需要规范作业行为,固化必要权限和流程;解决个性化的偶发问题,则要给予灵活处置权限,但必须明确原则并详细记录。

五是有清晰的计划。计划是指对目标进行科学的分解,形成子任务,并组织子任务之间的衔接和协同。量化闭环是计划设计的关键,决定了能否将任务落实,并实现目标。

六是具备数字素养。数字素养即掌握和运用数字技术、理念和方法,快速发现、分析和解决问题所需的知识和能力。掌握数字技术,目的是知道什么可为、什么不可为;掌握数字理念,目的是让自己用先进的理论指导实践,快速洞察本质、明确方向;掌握数字方法,目的是让自己能够在历史事件中总结具有普遍意义的一般性方法,从而具备善作善成的能力。

人类的进步主要体现为在历史实践中找到具有普遍意义的一般性方法,先将其提升为理论,再将理论落地来指导实践。数字化就是通过把具有普遍意义的一般性方法注入云和端，使其成为团队的平台性支撑，支撑团队目标一致、人才就绪、定位精准、授权合理及量化闭环，让团队更合情、合理、合法地运行，在正确的定位上实现目标。

在数字时代，数字运营者要以"1101"为规则和指引，将业务和技术融为一体，形成一支覆盖规划、建设、运营、运维全生命周期的团队（One Team），围绕以本体对象为中心的高质量的数据（One Data），做好业务与数据环流（One Service），基于零信任（Zero Trust）的原则，从"5A+3S"出发，做好安全性、可靠性保障，实现"三段三责"。

第二节 Model：平台化模型设计

如果说规则是一个人的基因，模型就是骨架。对平台而言，规则的落地需要以模型作为枢纽和载体。规则促进了秩序的形成，实现了"统"，而模型则基于规则实现"通"。模型是连接系统的中枢，并随着业务发展而持续生长。平台模型的搭建涵盖了业务、产品、技术等方面。

一、业务模型

业务的本质是一种体现了某种增值的服务。业务一定是人一点一滴做出来的，需要生产资料、生产关系、劳动者围绕价值的实现形成一个系统。但是，这个系统可能存在问题，这就需要做出相应的改变和优化，这种改变和优化需要模型的支撑。

（一）业务模型包括的4个体系

设计业务模型的本质是用数字定义业务，是一种系统重塑的方法。业务模型包括指标体系、工作体系、制度体系、评价体系，最终通过一个泳道图的形式，为业务的数字化制定一个清晰的阶段路径，为行业实现数字化提供一个解决路径的参考模型。

指标体系。指标就是实现目标的方向和动力，是所有人的KPI（Key Performance Indicator，关键绩效指标）。抓住核心指标就是抓住业务的核心矛盾：业务问题是什么？问题的根源是什么？业务要实现什么价值？可以做哪些系统性重构？需要在组织、制度、流程、工具等方面做出哪些改变？……掌握核心指标，有助于凝心聚力解决关键问题。

工作体系。业务是人做出来的，现代化的企业建立在专业分工的基础上。同样地，数字化涉及众多角色，必须明确每个角色的工作内容、工作职责、协作关系，并建立一个规范的体系，体系中的每个角色都职责分明，每个人对自己的职责负责，才能保证相互间的协作可以顺利进行。

制度体系。业务包括相关的制度和流程。依托制度体系制定标准，通过支撑沉淀各类制度、规范，形成数据标准、业务标准、技术标准和保障机制，可以促进业务的一致性建设。

评价体系。业务包括反馈和控制体系，通过评价的方式检验目标，并通过不断地反馈和修正来反哺目标，实现量化闭环，从而保障业务运行的正向发展。

（二）业务模型要实现"五通"

在进行业务模型设计时，我们要充分考虑以人为中心。业务模型的关键是"通"——它不是一成不变的封闭系统，而是一个有机的能力平台，具有持续的生长性。业务模型的功能设计要站在业务全局高度，以用户为中心去赋能业务，而不仅仅是从支撑业务的角度进行功能设计。

在收到来自各业务方的需求后,我们需要对这些需求进行过滤和判断,并结合业务目标及对整体业务的理解,将通用、共性的部分进行抽象建模,形成可复用的能力。业务模型就是在不断的业务运营过程中实现沉淀、丰富,进而完善的。

业务模型要实现"通",就必须牢牢把握标准通、系统通、数据通、体验通、管理通 5 个方面。

标准通。它是指在具体业务领域,通过制定统一的业务标准、数据标准,实现业务标准一致、互联互通。标准通主要是为了实现业务规则的统一。标准通具有较强的业务属性,不同业务领域的业务标准及规则不同,业务标准及规则需要根据业务特点来梳理和制定。

系统通。它是指实现跨部门、跨层级独立业务系统间的互通,一般以 API 通过数据流的方式实现系统互通。系统通是实现整体智治、高效协同的基础。系统不通,业务就难以成为一个整体,也就无法进行业务协同。以"出生一件事"为例,过去,在婴儿出生后,家长需要分别跑卫健、公安、人社等多个部门才能办理出生医学证明、户口登记、社保卡等事项。针对这一难题,浙江省以用户为中心,为群众提供"一件事"服务,通过部门间协同及数据共享,实现群众资料一次提交、多事项办理,以"出生一件事"场景为出发点设计业务流程,定义"一件事"的业务及协同流程,一次性收取相关办事材料,并按流程分发给对应部门的业务办理系统进行办理。由此,浙江省基于"出生一件事"实现了系统通。

数据通。它是指通过批量数据归集的方式,将各业务系统中的数据汇聚在一起,并按照统一的标准进行数据治理、加工,以便支撑跨部门间的数据共享及数据分析。数据通是打通各"烟囱式"系统,发挥数据聚合效益最直接的方式。数据通主要满足两种业务场景的需求。**一是跨部门的数据共享**。通过数据归集、汇聚的方式,实现跨部门数据共享,可以更好地统一数据标准,为业务协同提供数据支撑。**二是开展大数据分析和利用**。通过数据归集的方式实现数据沉淀,加强数据分析和利用,从而真正发挥大数据的价值。"烟囱式"系统的数据分散,数据格式、标准不统一,通过数据层打通、数据格式转换、数据清洗等工作可以高效地统一数据标准,提升数据质量,从而以高质量的数据支撑业务的科学决策、促进业务创新。

体验通。它是指从用户视角出发,对供给侧的服务进行整合、重塑,从而实现服务侧的好用、易用。体验通是平台建设成效的直观体现,也是提升用户体验的关键。实现体验通需冲破多重关卡,如单点登录(Single Sign On,SSO),即用户通过一个入口只需要登录一次,即可访问入口内所有的服务,而无须进行二次登录,这就需要建设统一的用户中心,以便统一用户注册、登录、信息管理、组织管理并提供 SSO 能力,支持外部系统便捷地接入,实现二次免登录;同源发布,即保证用户无论通过哪个渠道使用服务,其服务的界面友好性、功能完整度等使用体验都是一致的。此外,平台还可通过智能搜索、智能问答、智能导服等方式,帮助用户快速定位、找到相应服务。

管理通。它是指通过发挥目标、计划、协调和控制等职能,实现业务稳定及发展的双重目标。管理通可以分为运营管理和运维管理,从专业所长和侧重点来看,前者是为了促进业务的发展,后者是为了保障业务的稳定性。一是以运营管理支撑政府推进工作。政府主要通过管理驱动,以办文办会、考核"晾晒"等手段推进工作,因此要以数字化的方式准确、清晰和高效地掌握当前工作的具体指标、问题和任务推进情况,驱动政府决策科学化、社会治理精准化和公共服务高效化。运营管理主要包括效能监督、任务驱动、问题闭环3个部分：在效能监督中，通过建立指标体系，以指标展示分析形式方便领导决策和指挥；在任务驱动中，基于业务战略目标形成任务清单、任务计划及任务评价指标，并分解至各部门协同处理，以便确保有效、高效地实现目标；在问题闭环中，通过及时收集问题反馈形成问题清单，倒逼业务及系统改进，不断提升用户体验。二是以运维管理保障平台和应用安全、稳定、高效地运行。在数字化背景下，面对由多个系统组成的大平台及平台上衍生的各类应用，传统单个业务系统的运维已经不能满足需求，而需要形成整体运维。运维通主要包括运维规范建设、运维指标制定、运维组织保障、运维工具建设。围绕事前加强预防、事中及时预警、事后举一反三，打通运维全流程环节，制定面向各独立业务系统的标准化运维规范，并建立相应的运维评价指标体系，明确运维组织保障体系，建设统一的智能运维平台。

　　数字化是一项需要长久聚焦于关键领域的工作。业务模型必须贯穿一个较长时间的周期，才能形成战略目标，在一个点上努力向下扎根、向上生长、向外开枝，成长为参天大树。

二、产品模型

　　产品模型是用于满足业务需求的工具，主要回答什么人用它做什么事的问题。一般来说，产品模型要用来描述所有的场景、角色，以及所具备的功能。

　　一是明确场景、角色和行为。场景是数字化创新的需求源头，业务场景可用于帮助识别和理解用户需求，从而得出业务需求。我们可以通过时间维度、任务维度去拆分场景，但不能直接把业务架构中的组织、制度、流程作为核心,而是要以用户为主、以用户需求为中心,对用户在场景中的行为加以确认。在互联网环境中,用户习惯都已发生了各种改变,我们要顺应这些改变,目前还存在的"痛点"和"痒点"就是出发点。

二是明确流程。产品模型是围绕数据的流转来设计的,要明确谁能操作这些数据、操作数据的前后流转顺序是什么。业务流程是以用户为中心进行流转的,而数据流是隐藏在表象之下的另一个流程,厘清数据流可以帮助我们更清晰地划分模块。因此,设计产品模型工作的本质是梳理数据流,界面只是数据的窗口或入口。如果梳理得顺,那么未来产品会做得非常顺畅,用户需要的功能可以快速实现,产品的稳定性也很高,同时可以有效支撑几年甚至十几年的业务发展。

三是实现数据驱动。在确定好场景、描述对象的类型,并厘清数据流后,产品模型还需以本体对象为中心,将数据抽象为 One Data,从而通过数据驱动执行流和决策流,形成面向不同角色和场景的微服务。

四是要具备实用性、可用性、安全性等属性。产品模型要清晰地描述整个产品边界范围内的结构关系,将功能做到标准化、互相独立,使上下游产品的功能边界清晰,架构分层明确、合理;同时要明确目标指标体系,健全工作体系和制度体系,持续量化评价。

此外,产品模型还要与平台的架构设计相适应,平台的架构需要在产品模型上得以具象化。

三、技术模型

技术模型是实现业务模型、产品模型的具体技术路径。从类型来看,技术模型可被细分为数据架构、应用架构和部署架构。这 3 类架构各具特性并需要满足相应的要求。

数据架构。它通过一套数据架构来完整地描述与业务相关的实体、关系、流程、事件、规则等要素。科学合理的数据架构模型需要满足以下 3 种特性：一是**完整性**，要能在数据层面完整地表达业务模型和产品模型；二是**稳定性**，要在一定时间内保持相对稳定，不因产品的功能增/删/改、流程调整而推倒重来；三是**可拓展性**，可以根据业务变化而灵活拓展，但不破坏原有的数据架构。此外，数据内容本身还要符合**标准性**、**一致性**和**高质量** 3 种特性；在数据存储和流转时要满足**安全性**要求，敏感数据需要被加密或脱敏存储；在数据处理过程中，要满足**高性能**要求——性能在很大程度上受数据架构的约束。

应用架构。它要能保障 4 种特性：**第一，高可用性**，需要综合考虑系统的运行性能、稳定性、服务解耦、外部依赖、流量控制、双活灾备等因素；**第二，安全性**，和数据架构模型类似，主要包括鉴权、认证、权限等环节，要管控自身和它所依赖系统的漏洞，保障系统内部和跨系统之间的通信安全，针对恶意攻击行为要做到可留痕、可追溯；**第三，开放性**，包括提供被其他系统可集成、调用的服务，开放的功能等，如开放接口要进行独立设计并和内部调用接口进行隔离；**第四，可扩展性**，指应用架构在支撑业务模型和产品模型时，能在保持架构稳定性的同时实现服务增量，如通过新增模块、接口、微服务等方式扩展功能，而无须进行系统重构或更换基础设施。

部署架构。它最核心的是部署对象和部署资源。**第一，部署对象**。部署对象是一个个具体的服务包，如"浙里办"的用户中心服务包包括用户注册和改密码等低频操作，以及登录、身份认证等高频操作，部署架构需要考虑是将这些服务放于一个服务包中还是拆分为独立的服务包。**第二，部署资源**。部署架构需要考虑资源究竟是共享的还是隔离的，如果多个系统共用一个数据库资源，就可能因一个小功能而拖垮整体服务。从隔离程度来看，部署架构还需进行物理分层，包括同属一个机房、同城灾备、异地灾备（双活）。此外，部署架构还需要考虑网络结构，如网络划分、带宽情况。

第三节　Control Unit：受控综合集成

　　控制是紧密围绕最终的业务部目标，在一个阶段持续地发现问题、分析问题和解决问题的运行过程，也是围绕业务目标和技术目标，长期自我完善的一系列行为。一切系统为了实现预定目标都必须进行有效的控制。数字运营者不仅要懂得规划、使用、维护数字技术，还要懂得如何通过数据驱动来优化业务，通过实施更加主动的、长期可持续的、不断改进的控制，以数据流整合和完善业务流、决策流、执行流。

　　一般而言，数字化涵盖规划设计、开发建设、运营和运维等不同阶段任务的生命周期管理。在 RMC-E 方法中，C 即受控综合集成，是在规则数字化和流程数字化之后，实现流程数字化。

　　受控综合集成重点关注平台的"三段三责"。其中，"三段"分别是设计开发阶段、测试鉴定阶段、运营和运维阶段，"三责"分别是实用性、可用性、安全性。在设计开发阶段、测试鉴定阶段、运营和运维阶段，实用性、可用性、安全性 3 种责任均需得到关注，"三责"是"三段"需要努力实现的目标。"三段三责"示意如图 4-2 所示。

◎第四章　RMC-E 方法解析

	设计开发阶段	测试鉴定阶段	运营和运维阶段
端	实用性/可用性/安全性	实用性/可用性/安全性	实用性/可用性/安全性
应用	实用性/可用性/安全性	实用性/可用性/安全性	实用性/可用性/安全性
应用支撑	实用性/可用性/安全性	实用性/可用性/安全性	实用性/可用性/安全性
数据资源	实用性/可用性/安全性	实用性/可用性/安全性	实用性/可用性/安全性
基础设施	实用性/可用性/安全性	实用性/可用性/安全性	实用性/可用性/安全性

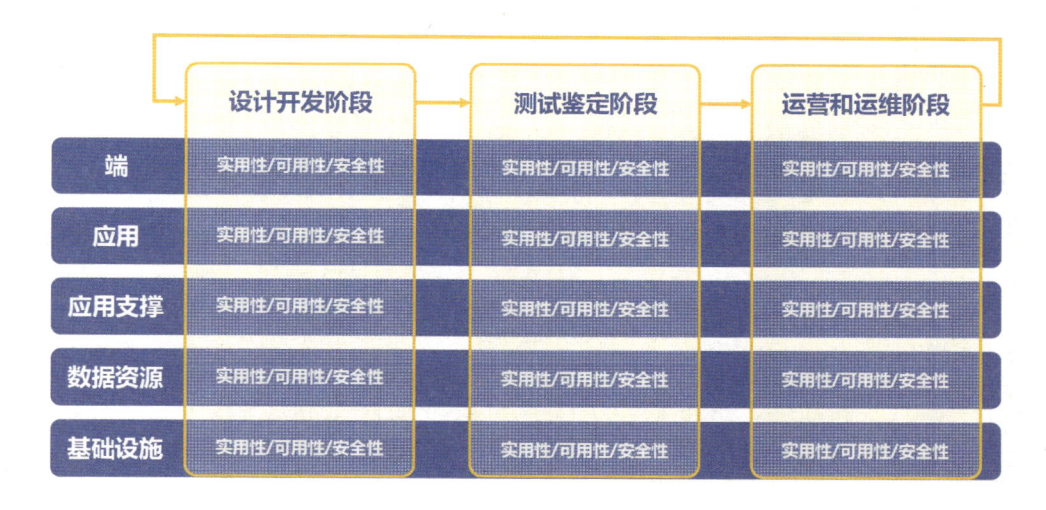

图 4-2　"三段三责"示意

一、"三责"：实用性、可用性、安全性

平台和应用要基于零信任的原则，建立高质量的技术和服务体系，让平台变成一个值得信任的支撑体，让平台之上的业务变得简单。要建立高质量的技术和服务体系，就需要实现实用性、可用性、安全性、扩展性、兼容性等众多目标。我们认为以下 3 个目标是核心目标。

一是实用性。数字化是解决问题的，需要制定相应的指标，坚持量化闭环，实战实效。平台和应用要解决服务侧或治理侧的具体问题，要产生实实在在的具体成效。

提升平台和应用的实用性意味着一定要坚持需求导向，进行长期的运营。需求往往来自国家所需、区域所能、群众所盼和未来所向的重大需求。第三章所述的"三张清单""大场景、小切口"等数字运营方法均是提升实用性的具体方法。例如，浙江省通过建设"执法监管数字应用"，有效撬动"大综合一体化"行政执法改革——通过打造一个"执法监管大脑"，设置协同指挥、监管检查、处罚办案、执法监督等核心业务模块，推动行政执法变革性重塑、闭环式管理，进一步解决了基层行政执法力量分散、协同不畅、执法行为不规范等问题。又如，浙江省聚焦于危化品运输管理难题，通过建设"浙运安"危货运输智控平台，打造全路段精准限速管理，全方位隐患排查管理，全环节装、运、卸管理，全覆盖省内外车辆管理，全链条部门协同管理 5 个模块，以及 X 个区域特色数字化场景和 N 个部门协同；实现人、车、企全要素闭环，装、卸、运全过程闭环，多部门全方位闭环；推动危化品运输协同监管能力提升。

为了提升实用性，必须让控制者形成管控的习惯，要从领导者的管控变成执行者的习惯，让业务流自然而然地产生，让平台能够解决治理和服务中的具体问题。

二是可用性。它是平台对正常、合法访问者的服务保障或服务承诺。平台在正常合法使用时，应当保持稳健，要保证所有正常访问都能顺利进行，在最大限度上避免出现不可访问的情形，以及降低某次不可访问的后果的严重性。

平台在运行过程中经常出现问题，原因可以总结为以下 5 个方面：一是平台自身的问题，如自身架构中缺少负载弹性设计，一旦用户数量增加，平台及相关应用就容易垮掉，导致服务不可使用；二是流量和负载，无论是攻击、正常流量增加，还是用户触发了某些大量消耗资源的操作，这些上游请求都可能给平台带来较大的负载压力；三是对第三方系统或服务存在单点依赖，一旦所依赖的对象发生变更、出现故障或服务终止，就容易拖垮自身；四是存在共享资源的竞争者，有资源竞争、变更不严谨、内在逻辑有严重漏洞等也会使平台的可用性产生潜在风险；五是变更及时间流逝，迭代发布、数据订正、运维操作、云产品变更等各种变更操作及时间流逝带来的数据量增大、Key 倾斜[①]、证书过期等变化，都可能对可用性产生影响。此外，对平台的管理和服务不到位，如测试不到位、资产运行监测缺失、对风险故障的日常处置演练缺乏等，也可能导致在平台发生故障后难以第一时间"止血"。

针对上述影响可用性的因素，数字运营者可采取诸多措施来提升可用性。例如，减少对其他系统的依赖，能少依赖就尽量少依赖；如果不得不依赖，就尽量实现弱依赖；开展必要的全链路仿真测试，发现潜在的风险；当可用性受到影响时，及时进行系统隔离；设置一定的冗余资源，从而控制故障时长，最大限度地降低负面影响。同时，数字运营者必须坚持长期的运维，不断提升平台的可用性。

三是安全性。安全性是指系统在向合法用户提供服务的同时，能够及时阻止非授权用户访问的企图或具有拒绝向其提供服务的能力。例如，如果非法访问对平台构成安全威胁，就必须及时阻止访问行为，这涉及对用户的精准识别、不同角色用户的最小权限管理、用户行为审计等一系列问题。

安全是一切工作的基础，也是平台运行的底线。一般来说，数字化的程度越高，安全性的挑战也越大。如果说可用性的目标是让合法访问能够顺利进行，那么安全性的目标是让非法访问不能得逞，它的潜在对手是对平台构成安全性风险的潜在威胁者。只要访问者有机会访问敏感资源，就可能构成安全威胁。为了维护平台的安全，平台有必要对所有访问者采取零信任的策略。

构成安全性风险的因素包括以下 4 个方面：一是威胁，因为每个非

[①] 在计算中，Key 倾斜是指在键值（Key-Value）存储或分布式计算的过程中，某些特定的键（Key）集中在少量的节点上，导致数据不均衡。这会导致负载不平衡，影响性能和可伸缩性。

法访问的意图都是一个具体的威胁；二是将威胁转变为攻击，即把非法意图转变为实际的攻击行动；三是攻击成功的概率，如果对平台的攻击很容易得手，安全威胁就很大；四是攻击的代价，如果某次攻击虽然发生，但攻击者得到的惩戒较小，那么将刺激攻击者再次尝试攻击或引来其他攻击者效仿。

围绕提升安全性，数字运营者需要重点做好以下 3 个方面的工作：一是设置合理的保密范围，避免数字资产"裸奔"；二是提升非法访问的成本，打造技术之盾，做好技术防范；三是加强对非法访问的追责，完善相关政策制度，对于非法访问、构成安全威胁的行为予以严厉的惩戒。

二、"三段"：设计开发阶段、测试鉴定阶段、运营和运维阶段

实用性、可用性、安全性 3 种责任至关重要，但它们绝非在独立的某一阶段就能独自解决的，而是要贯穿系统的设计开发阶段、测试鉴定阶段、运营和运维阶段，需要全链条上的相关团队协同参与。围绕"三责"，设计开发团队、测试鉴定团队、运营和运维团队需要形成"三权分立"的格局，相互之间既需要密切协同配合，又要彼此制衡。

在设计开发阶段，进行合理的架构设计是基本前提。"差之毫厘，谬以千里。"如果在设计开发阶段没有做好实用性、可用性、安全性的架构设计，那么到后期的运营和运维阶段必然是"烽火连天"。通俗地说，运维就像是一家医院，虽然高明的医生有能力通过做手术来及时止血，但解决不了先天性心脏病频发的源头之患。

因此，在平台的设计开发阶段，必须有优秀的架构师能够准确地把

握业务需求，洞悉可用性、安全性风险的根因，把负载保护、冗余设计、隔离设计、灰度等注入架构中；要分清各类角色，进行多因子认证和最小必要性授权，严格权限控制，能够抓住行为特征进行安全预警，对重要资产进行保护；要深刻理解业务，设计好 One Data 和 One Service，做到数据流牵引决策流、执行流和业务流。

在测试鉴定阶段，进行功能测试和性能鉴定是必要环节。数字化没有捷径可走，所有参与者都必须意识到，品质是磨炼出来的，要么在实验室自我博弈，要么在生产环境中进行艰苦的实践。测试鉴定是一项技术属性极强的专业工作，需要具备专业的环境、工具和测试用例。测试人员要用与开发人员不同的视角看问题，以便避免单视角偏差。

作为平台上线之前关键的质量检验环节，测试鉴定的对象可被总结为 FCCUS，分别指功能（Function）、性能（Capability）、兼容性（Compatibility）、可用性（Usability）和安全性（Safety），旨在找出开发设计阶段的漏洞。换句话说，测试鉴定阶段挑出的"毛病"越多，排除的"地雷"越多，为运营和运维阶段遗留的隐患就越少。测试鉴定还要基于历史经验，形成关于风险问题的知识，明确高危、高频的风险问题是哪些，形成问题清单和解决方案清单。因此，测试鉴定团队是极其重要的，能够对良莠不齐的技术开发单位形成品质倒逼。但是，现在普遍存在的现象是，没有专业的测试鉴定团队，各种数字化项目验收缺乏专业性把关，导致很多平台"带病上线""带病运行"，为运营和运维工作"埋雷"。

在运营和运维阶段，守护安全防线、驱动业务改善是基础动作。运维是在生产环境中维持平台的运行，运营是持续围绕业务进行量化闭环优化。运维的专业性在于要深刻理解可用性和安全性在生产阶段必须尽到的责任，把资产盘点清楚，数字孪生地对 SLI 进行监测，围绕 SLO 设计预警阈值，形成应急预案，能够快速"止血"和推动复盘，能够使各层次和模块的人员组成一个大运维团队；牢牢地把生产环境中的行为管控住，对权限极其严格地进行管理，能够敏锐地发现行为异常，可以把关键资产牢牢保护住。运营人员要从用户、产品、渠道、内容等多个方面审视业务，坚持需求导向和问题导向，用数据说话，持续优化业务流程，通过评价驱动业务向善。

明确数字化中的"三段三责"，可以避免进入一个常见的认知误区：所有的实用性、可用性、安全性问题都应归咎于运营和运维不到位，所有的实用性、可用性、安全性问题都能通过平台上线后的运营和运维来解决。当然，"三段三责"落实在公共数据平台这个复杂巨系统上，还需进一步细化。公共数据平台包括基础设施、数据资源、应用支撑、应用和端 5 层，每一层都需要明确"三段三责"。最终，整个公共数据平台的生态将是一个大团队基于零信任的原则，建设一个值得信任的平台。

第四节　Evolution：迭代演进

在 RMC-E 方法中，从 R、M 到 C，数字运营完成了规则化需求转换（规则数字化）、平台化模型设计（对象数字化）和受控综合集成（流程数字化）。R、M、C 都属于"从 0 到 1"的变革阶段。在这之后，数字运营进入一个长期的、"从 1 到 N"持续演进、R→M→C 不断循环往复的过程。

数字运营是一个继承性和演进性兼具的过程。所谓继承性，是指要将经过实践检验的且可行的认知、经验和知识沉淀、积累并固化下来；

所谓演进性，是指要针对环境和业务需求的不断变化，始终坚持问题导向和需求导向，正视过往的问题，面向未来的挑战，推动平台不断打磨、调优，从而满足新的需求。这也意味着，数字运营不是临时性的，而是需要通过持续的运营和运维工作，将数字化过程中的职能变革固化下来并迭代和优化。演进不是修修补补、小打小闹，而是需要以小步快跑的方式，在不同的发展阶段进行大重构，实现能级跃升。从时间维度来看，运营和运维均无止境。

一、持续运营

运营是指通过计划、组织、实施和控制，推动平台或应用的功能改善，促进业务高质量地发展。量化闭环、PDCA 循环等方法属于运营的范畴。常见的运营有用户运营、数据运营、产品运营、渠道运营、内容运营等类型。

例如，浙江省面向企业和群众的服务总入口"浙里办"的不断完善就离不开久久为功的持续运营。2014 年 6 月，中国第一个政务服务网——浙江政务服务网上线运行，开创了政务服务在线化的先河，为企业和群众提供了在线办事服务入口。2014 年 8 月，浙江政务服务网客户端上线，积极顺应移动互联网发展浪潮，推动实现"掌上服务，掌上政务"。2018 年，浙江政务服务网更名为"浙里办"，打造企业和群众办事的总入口。近年来，面对企业和群众的新需求，"浙里办"开展了 App、网站、支付宝端、微信端、自助机和线下大厅的多渠道运营，开设了更加贴近区域需求的城市频道，运营更加丰富、精细化。近 10 年来，经过一次次的精心打磨，才有了如今"浙里办"高效、便捷的便民服务体验。

二、持续运维

持续运维包括资产管理、风险监测、事件处置、主体管理。通过运维，实现的是对平台的实用性、可用性、安全性的提升，筑牢平台稳定、安全运行的防线。

例如，随着用户基数的增大和用户活跃度的提升，"浙里办"的系统负载不断增加，加上监控预警不够全面，一旦出现大流量冲击平台，就可能影响企业和群众在线上及线下办事。为了让"浙里办"从流量不可控转变为流量多级可控、灵活配置，技术开发和运维团队采取了以下措施：一是提升流量控制能力，支持按照站点和服务对流量分类打标签，实现精准分配；二是通过压力测试，梳理系统各接口的性能，设置更加合理的限流值；三是对基础云资源、操作系统、应用接口等完善监控和告警措施，增加接口巡检，提前感知故障，防患于未然。通过这些举措，"浙里办"的流量更加可控，其可用性得到更好的保障。

数字化是一项需要长久聚焦于关键领域的工作，是生命本能的阶段性演进，本质是生命群体秩序和个体自由的一次自我升级。数字化不是一个固化的信息系统，而是一个开放和演进的生命体。

第二篇

实践

第五章　公共数据平台

在数字化背景下，数字运营所追求的不再是单一需求的满足，而是一个能满足多跨协同场景中复杂多变需求的整体性解决方案——公共数据平台。公共数据平台能够有效支撑业务协同和数据共享，并充分发挥网络协同的力量，结合数据智能实现更高效的协同；能够直面统与分的挑战，实现统分有序；能够直面平台化与大应用的挑战，既能完成好规定的动作，又能最大限度地激发自主创新能力，最终成为一个可继承、可演进的生命体。

以浙江省为例，浙江省一体化智能化公共数据平台是浙江省数字化改革"1612"重点任务中的"1"，是支撑各级各系统应用创新的智慧化平台中枢，在数字化改革中发挥着基础性作用。浙江省一体化智能化公共数据平台的特点是极其庞大和复杂，包括上百个云区，支撑着两端及背后数以万计的应用系统的运行。如何帮助公共数据主管部门规划建设、运营和运维好公共数据平台，是数字运营者当前面临的最大挑战。

第一节　公共数据平台概述

浙江省一体化智能化公共数据平台以云计算、大数据、人工智能、互联网等技术为支撑，是省域治理全过程数据感知、数据共享、数据计算的基础平台，是支撑数字化改革的集成运行平台。

第五章　公共数据平台

公共数据平台以"先进完备、支撑有力"为建设要求，支撑各地各部门实现跨层级、跨地域、跨系统、跨部门、跨业务的数据共享，促进政务应用系统的集约建设、互联互通、协同联动。公共数据平台采用"四横四纵两端"的整体架构。其中，"四横"是公共数据平台的"肉体"，包括基础设施体系、数据资源体系、应用支撑体系和业务应用体系，这些要素必须完整且唯有在其完整的基础上，通过数字化工具形成一体化，才能实现智能化与现代化；"四纵"是公共数据平台的"精神"与"灵魂"，包括政策制度体系、标准规范体系、组织保障体系和网络安全体系，推动了内驱动力的产生，是实现人、事、器协同的规则保障；"两端"是指服务端和治理端，它们是提供各类应用服务的终端入口，是数字化成果的展现窗口，也是连接需求方与供给方的桥梁。公共数据平台的整体架构如图 5-1 所示。

图 5-1　公共数据平台的整体构架

"四横四纵两端"是一个有机的整体，彼此密切关联。随着数字化进程的推进，"四横四纵两端"分别在数据、应用或运维方面迎来一系列的新挑战，亟须找到新解法。

数字运营方法和实践

一、四横

"四横"是公共数据平台的"肉体",是各类数字化要素的集合。

(一)基础设施体系

基础设施体系是数字化进程中所建设和运行的一系列信息化公共设施,由云、网络及服务器、存储备份、安全防护、系统软/硬件、机房环境等组成,承担着为数字化提供统一且高效的计算能力、数据处理能力、物理感知能力和安全保障能力的重要职责。

基础设施体系是"四横两端"的基础,为公共数据平台的所有数字化要素和系统提供基础运行环境。它必须具备如下特性。

第一,稳定性和安全性。作为公共数据平台上的各类系统应用所基于的运行环境,基础设施体系必须达到的基本要求是稳定和安全。一方面,基础设施体系的稳定性决定了公共数据平台上所有数据、组件、应用之间数以万计的调用和集成的稳定性;另一方面,公共数据平台上的所有要素最终都存储在这里,一旦出现安全漏洞,就可能产生极其严重的影响。

第二,支撑上层应用开发和集成的敏捷性。当所有数字化应用的开发和集成都基于公共数据平台进行时,基础设施体系就需要尽可能降低对上述行为设置的门槛。假设基础设施体系自身的功能不够完备,无法提供足够便捷、标准化的服务,以及完善的开放界面、Interface[①]信息、API等,就会给上层应用的开发、集成带来很多问题和限制。例如,由于DataWorks[②]自身功能的不足,在改造数据目录系统、治理系统时会受

[①] Interface 是指面向对象编程语言中接口操作的关键字。
[②] DataWorks 是一种基于大数据平台的一站式分析服务。

到云基本组件的限制；在实现 IRS 上的数字资源自动开通功能时，如果底层的云资源未实现开放 API，就无法被调用。

可以说，基础设施体系就相当于一座大厦，我们既要确保大厦的安全、地基的牢固和稳定，又要保证房间使用的便利性。

上述特性对基础设施体系的建立模式提出了新的要求——在保证安全水平的同时，只有为数字化提供统一的基础设施服务能力，才能有效地实现资源的集约共享与按需调度。

以云为例，对公共数据平台来说，一朵云就能产生赋能效应，多朵云则会对平台形成挑战。**第一，在跨云共享传输数据时存在不同云之间的数据库对接难题，传输链路的维护难度也会增大。**在不同云之间传输数据，一旦网络带宽出现问题需要进行跨云排查，安全联动就可能成为问题。因此，如果不是一朵云或至少不是同构云，数据资源体系就会面临一系列的问题，如性能的稳定性、数据库的异构技术对接、日常运行中的维护、问题排查、安全联动管控等。因此，多朵云对数据资源体系的维护提出很大的挑战。**第二，进行跨云的整体运维保障的难度将增大。**假设有三四朵云，共有上千套系统分布在这些不同的云上，系统之间数据连通、服务相互调用，一旦出现问题，排查就会变得非常困难。当数据网络和应用互联互通的网络跨了多朵云的时候，由于这些云之间的技术和运维体系存在差异，因此要进行架构上的整体保障，开展跨云的监控和发现问题后进行排查、定位和"止血"的难度将增大，跨云进行稳定性保障的难度也将增大，运维的门槛被提升。此外，跨云还会对统一用户体系等的对接带来难度。**第三，无法支撑高频多跨应用。**如果一个集成了诸多业务场景的应用未能被部署于一朵云上，当它解决一些多跨场景的问题时，就需要通过接口调用的方式来解决多跨问题，但是接口调用又往往只适用于低频应用，无法满足高频多跨应用的要求。

当前，各地普遍采用一朵云的形式，实现云资源的高效集约化建设。例如，浙江省"政务一朵云"采用省、市两级构架（由 1 个省级政务云和 11 个设区市政务云构成），利用国产自助可控云技术，按照"两地三中心"（主中心、同城灾备中心和异地数据备份中心）建设，为全省各级政务部门提供计算、存储、中间件、数据库、人工智能、网络安全等基础服务，为数据资源体系、公共应用设施（如统一账号系统）和应用之间的调用与集成提供了良好的基础。

（二）数据资源体系

数据资源体系是公共数据平台中各类数据资源的最终载体，是公共数据平台的数据底座。它通过制定统一的数据标准规范，对数据进行归集、治理和分析，推进数据资源的共享流通、开放利用，是实现公共数据资源汇聚更新、治理管理、共享应用、开放开发、流通服务的总枢纽，为数字化应用提供重要的数据支撑，为数字化进程提供充足的数据动能。

就本质而言，数据资源体系是一个涵盖数据编目、归集、治理、共享和开放全环节，多主体参与、共建共享共治的大循环，是一个基础的数据流通体系。数据资源体系的核心价值是让任何一个应用，在跨层级、跨地域、跨系统、跨部门、跨业务调用公共数据平台上任何一条数据的时候，都能够像调用自己的数据一样方便——首先，能够很方便地知道公共数据平台上有这条数据；其次，能够很方便地拿到这条数据；再次，能够很好地理解这条数据；最后，能够很便捷地使用这条数据。

要实现这样的理想化状态，就必须充分保障数据在跨层级、跨地域、跨系统、跨部门、跨业务流通时的效率问题：一是尽可能消除影响数据流通效率的各种要素，如通过建立一个包括工具、流程、制度、标准、评价等要素的体系，实现数据高效流通的目标；二是尽可能提升数据的质量，因为高质量的数据是保证数据高效流通的前提；三是尽可能避免数据高效流通时带来的安全方面的"副作用"。

需要注意的是，数据资源体系在实现数据高效大循环的同时，也给公共数据平台带来挑战或可能。

从运维的角度看，这些挑战主要有两类。一是稳定性的挑战。在数据进行"五跨调度"时，为保障系统不停摆、调度准时和不出错、调度系统稳定，要承诺保障数据归集和数据共享"一进一出"的稳定性。二是安全性的挑战。在数据进行"五跨调度"后，原有的安全边界消失了，在开设诸多数据访问接口后，若数据库自身的安全得不到保障，就无法满足整体安全保障需求。例如，即便是某个功能相对简单的单一应用，也一定要依赖数据资源体系的某一条数据流。因此，为了保障单一应用的稳定性，我们要求公共数据平台的每一层架构都能够承诺稳定性，并对每层资源都进行监控；要通过运维工作梳理架构体系中的每一层对每一个对象的 SLA 是什么，包括数据库的稳定性承诺、"数据高铁"的时限承诺等。对一个应用来说，我们通过监控它所依赖的每一层对象是否兑现了承诺来保障公共数据平台自身的稳定性，这需要形成一个纵向贯穿的体系。

从应用的角度看，数据资源体系为多跨集成类应用、深度智能化应用解决了数据来源多头的问题，实现了某个应用随时可调用所需的数据。以往，某个应用所能使用的数据，要么是应用自身产生的数据，要么是本部门归集的数据，并不能方便地调用省域范围内的公共数据。数据资源体系能够让任何一个区/县应用均有资格调用全省的数据，并且通过将数据转换成标准的格式、结构和内容，解决数据调用过程中的诸多麻烦。在公共数据平台的数据资源体系构建了 One Data 后，每个应用都具备了数据使用的可能性和资格，从而实现多跨协同联动。数据资源体系解决了多跨协同场景下的数据标准问题，并把数据的供给侧进行了一个大集成，让应用跨过必需的数据门槛，从而赋能任何一个应用都有机会变成"超级应用"。

（三）应用支撑体系

应用支撑体系是公共服务、通用组件的集合，为公共数据平台提供核心、公共的基础服务，也是实现数据协同和业务协同的工具箱。它为各类数字化应用提供组件集成、API 接口集成、政务服务整合、应用集成、数据集成、管理分析集成等功能，为应用开发提供统一接入、先进成熟、稳定高效、标准统一、多端兼容、无缝衔接、好用易用的支撑能力，构建应用开发生态。

一个完备的应用支撑体系必须具备两个方面的特性。**一是集约性**。应用支撑体系包括公共数据平台所需的各类共性的功能和服务，这些共性的功能和服务只需开发一次、部署一次，便可以被提供给公共数据平台上的所有应用使用，可以有效地提升应用开发效率、降低投资成本。**二是标准性**。应用支撑体系为系统间广泛的互联互通提供了通道，这个通道本身必须制定一个统一的标准，才能使公共数据平台上的各要素通过应用支撑层提供的公共服务实现互通成为可能。这也是应用支撑体系最大的价值。

从数据的角度看，能够调用这些公共服务和能力的前提一定是数据是基于统一标准的。例如，"浙政钉"的统一用户体系产出了高质量的组织体系数据；政务服务中台规范了事项数据、办件数据、评价数据。应用支撑层的公共能力规范了数据的结构，提升了数据的质量和标准化程度。因此，在调用应用支撑体系公共能力的过程中产出的数据，一定是高质量的在线数据。换个角度说，应用支撑体系对数据的意义在于，它是真正高质量的数据的来源和补充。这也给我们从事数据治理工作带来启发——除了常规的对老旧系统产生的数据进行规范化治理，我们还要通过尽可能地让更多应用使用公共数据平台上的公共组件来产生更加规范的数据，让数据从源头上得到治理。

从应用的角度看，应用要解决多跨协同的问题，前提是制定标准。例如，在浙江省的"出生一件事"实践中，卫健部门提供的出生医学证明数据要得到公安部门的认同并流转，数据肯定需要遵循统一的标准规范。因此，要实现多跨协同的应用，就必须制定标准，包括业务流程标准、技术对接标准、数据标准。其中，技术对接标准体现在应用支撑体系中。例如，"一件事"之间的技术对接都通过政务中台的流程引擎来流转和对接；"浙政钉"系统间彼此派发任务，也都通过"浙政钉"开放平台的公共组件能力来实现。应用支撑体系的这些公共能力使得在多跨场景下，不同环节、不同部门的通信有了一种标准，从而为应用解决多跨问题打通了系统之间的技术对接路径。

此外，由于应用支撑体系会被各类应用、"两端"广泛调用，因此它的每个对象都有可能拥有成千上万个下游调用者。例如，电子签章在"两端"办事时被频繁调用；统一消息、统一用户体系也是"两端"强依赖的服务。由此产生了对可用性、稳定性方面极其苛刻的要求，这也对运维提出了极高的要求。应用支撑体系中某个对象的不稳定，可能导致成千上万个系统的不稳定。

（四）业务应用体系

业务应用体系是各类数字化应用的集成。根据数字化应用的数据共享、业务协同的复杂程度，我们可以将数字化应用分为3类：**一是单一应用**，它们实现某个关键业务环节的数字化表达，通过实现某个环节的数据互联互通，解决某个实际的单点问题；**二是多跨场景应用**，它们侧重以系统思维，通过跨行业、跨领域、跨部门、跨单一需求，在更大的场景中去分析、判断、决策，进而推进系统化、集约化的整体效用；**三是综合集成应用**，它们以全局观念强化顶层设计，通过横向、纵向的一体化推进，实现平台、数据、场景等业务统筹规划和一体推进，从而发挥整体最优效应。

在上述3类应用中，综合集成应用的复杂性最高。从实践来看，构建一个综合集成应用需要完成大量的工作。除了组建工作专班、形成组织保障，还要把所需用到的数据都准备好，做到数据就绪；要为系统之间多跨集成、流程打通制定统一的标准；要有起到中间枢纽作用的组件来串起业务流程；要通过"两端"实现多部门、组织、用户在一个工作平面上的高效协同……由此可见，一个综合集成应用的构建，对公共数据平台的每层体系都具有极强的依赖性。

在公共数据平台中，业务应用体系的这些应用相互关联、相互贯通、相互作用，共同构成一个互联互通、功能互补、统一衔接的有机整体，助力实现整体智治。

从数据的角度看，应用和数据的关系非常紧密。应用本身产生和贡献数据，是数据的供给方和溯源方；应用也是数据的消费方，要应用数据；应用还要参与数据共建共治的过程，包括保证数据的质量、服务的稳定性、数据的安全等。这对应用自身的责任性和稳定性又提出了更高的要求。

从运维的角度看，应用又会调用公共数据平台的很多能力，使用公共数据平台提供的服务；部分应用还会贡献一些通用的服务和组件，下沉至应用支撑体系并被其他应用调用；应用在和"两端"对接时，还要符合"两端"的各项规范。这些都意味着，应用自身的责任增加了，运维压力也相应地被加大了。

总的来说，每个应用都是公共数据平台的一部分，既为公共数据平台做贡献，又在共享公共数据平台的其他资源、得到公共数据平台的赋能。

二、四纵

"四纵"是公共数据平台的"精神"与"灵魂"。以浙江省一体化智能化公共数据平台为例，该平台架构的"四纵"中包括政策制度体系、标准规范体系、组织保障体系和网络安全体系。其中，政策制度体系为平台功能定位、公共数据开放利用和安全管理等制定了一系列覆盖平台全生命周期管理的政策制度，是有效支撑平台规划、建设、运营和运维的制度保障；标准规范体系是在国家相关政策文件和标准要求的框架下，围绕平台自身规划建设所指定的一系列业务和技术标准规范；组织保障体系包括工作体系和评价体系，是完善跨部门、跨地域、跨层级高效协同机制的有力保障；网络安全体系涵盖平台、网络、数据、应用、基础设施、运营等方面的安全能力，是数字化进程的安全屏障。

三、两端

"两端"包括服务端和治理端，它们是数字化成果的展现窗口，也是连接需求方与供给方的桥梁。以浙江省一体化智能化公共数据平台为例，其平台架构中的"两端"指的是"浙里办"和"浙政钉"。其中，"浙里办"是浙江省企业和群众办事服务的总入口，"浙政钉"是全省政务协同总平台。

"两端"必须时刻关注用户体验，坚持以用户为中心，不断集成各类服务应用或治理应用并不断地优化。我们认为，一个优秀的"端"应当具备以下两个方面的特性：一方面，具备兼容性和一致性，能够广泛兼容各个渠道，并保障各个渠道透出的内容是一致的（如政务服务大厅、自助机、各类 App 的服务能够同源发布），还要广泛兼容各个访问入口，并保证透出的界面统一；另一方面，在统建的前提下，能够实现分级运营和运维，做到统分有序。

从运维的角度看，"两端"的运维挑战极大。"两端"汇集了数以千计的应用，用户数持续增加、活跃度持续提升，"端"系统的压力也持续加大。可以说，"两端"和应用支撑体系、基础设施体系同等重要，它在安全性、可用性上具有极高的要求。在安全性方面，"两端"直接面对外部威胁，是潜在攻击者醒目的攻击目标，这对"两端"如何保护好自身及其所承载的上千个应用等都提出很高的要求；在可用性方面，要保障好"两端"上千个应用的功能正常运行，能够满足服务侧和治理侧的使用需求。

从应用的角度看，"两端"上的应用需要使用诸如用户体系、组织体系、消息中心和工单等很多公共支撑能力。所有相关用户通过"端"所看到的界面、采用的协同方式都应当是一致的。如果"端"不统一，多跨协同场景中的各类角色就无法协同。可以说，统一的"端"为把应用中多跨的不同部门和用户都拉到同一个工作平台上提供了载体。

第二节 公共数据平台的挑战和对策

如前所述，公共数据平台包括"四横四纵两端"的主体结构，其内部已经形成"一张网"，各层、各模块之间相互交织，密不可分。因此，公共数据平台的建设成为一项参与者众多、复杂度极高的系统工程，这并非一朝一夕之功，而需要在漫长的时间周期内不断迭代演进。在这个过程中，数字运营者需要应对公共数据平台在建设和发展过程中的实用性、可用性、安全性等一系列挑战，在实战中打磨精进，围绕大应用、大数据和大运维建设一体化、智能化的高质量公共数据平台。

一、公共数据平台的三大挑战

公共数据平台的内部已经形成"一张网"——所有相关的系统彼此连接、相互依赖。在公共数据平台上还有诸多牵一发而动全身的基础设施、组件，它们形成了彼此关联、互联互通的"一张网"。在这样的"一张网"里，大量的资源互联互通、共享流通，几乎每个应用都被无限"拆分"并和各体系资源产生密切的联系：这些应用都要使用云资源，于是和基础设施体系产生联系；都需要调用其他系统的数据，于是和数据资源体系产生联系；都需要调用公共组件和服务，于是和应用支撑体系产生联系；都要上架到服务端或治理端，于是和"两端"产生联系。

因此，随着数字化进程的深入推进，公共数据平台建设面临着的挑战已经不仅仅是单一的云资源、数据库或应用的挑战，而是整个平台从"四横四纵"到"两端"和从部分到整体的实用性、可用性、安全性挑战。全力保障好实用性、可用性、安全性也是数字运营者在公共数据平台建设中的"三责"。

实用性的挑战。公共数据平台和具体应用要能够解决服务侧或治理侧的具体问题，要实现实战实效。具体而言，在基础设施体系中，各类基础设施应满足基本的功能需求，如云资源构建高效、便捷的计算环境；在数据资源体系中，数据要能真实映射业务状况，数据的质量治理是提升数据实用性的关键；在应用支撑体系中，要提升实用性，就必须明确哪些组件需要纳入该体系，其中又有哪些组件有必要上升为公共组件；在业务应用体系中，各类场景应用需要考量如何满足需求，实现实战实效；在"两端"中，服务端和治理端都需要提供高质量的服务，实现好用、易用。

可用性的挑战。当用户对公共数据平台进行各类正常、合法访问时，公共数据平台需要进行服务保障或服务承诺。具体而言，在基础设施体系中，公共数据平台要为公共数据平台的运行提供基础的环境，保障各类功能和服务可用；在数据资源体系中，公共数据平台要对数据流通体系的整体调度网络进行保障；在应用支撑体系中，各类组件变成一个被广泛调用的基础设施，导致它对可用性和灾难应急能力的要求极高；在业务应用体系中，各类应用需要满足基本的功能需求；在"两端"，服务端和治理端都需要提供稳定的服务，不能出现服务不可用的情况。

安全性的挑战。公共数据平台在向合法用户提供服务的同时，要能够及时防范、阻止非授权用户访问，或拒绝向其提供服务。当发生非法访问时，公共数据平台要能够实现访问留痕，追溯并问责。具体来说，在基础设施体系中，云资源等各类设施的安全性受到长期关注；在数据资源体系中，这个支撑数据广泛流通的体系使得任何一个单点的数据都不足以是安全的；在应用支撑体系中，各类组件和诸多系统相互交织，一旦某个组件被非法访问者攻破，就意味着以这个组件为交通枢纽可通往多个系统，由此带来安全性的挑战；在业务应用体系中，各类应用涉及大量的数据，安全性不容忽视；在"两端"，服务端和治理端的各类服务暴露于互联网中，面向复杂的用户群体，也面临着安全威胁。

面对公共数据平台的实用性、可用性、安全性挑战，数字运营者既需要从公共数据平台的整体着眼，又要从"四横四纵"各层着手，建设实用性、可用性、安全性兼备的高质量公共数据平台。

二、建设一体化、智能化的公共数据平台

随着数字化进程的推进，要保障公共数据平台的实用性、可用性、安全性，建设高质量的公共数据平台，使用传统的方法已经难出成效。例如，如果场景应用建设"弱小散"，就无法实现彼此的互联互通，难以支撑好多跨的业务协同，应用的实用性就无法满足；如果数据资源体系未能基于业务驱动形成高质量的数据、未形成共建共治共享的数据网络，就无法满足数字化的数据需求；如果运维工作仍然是"各家自扫门前雪"，就难以实现对公共数据平台整体的可用性、安全性的保障；如果缺乏智能化手段，在大规模的数据分析处理、运维安全风险预判等方面就会缺少抓手。提升智能化水平是公共数据平台发展的应有之义。

从浙江省的实践和数字化发展的趋势来看，我们认为，着力建设一体化、智能化的高质量公共数据平台要求数字运营者采取新方法、新思路，从应用、数据、运维3个切入口着手，分别形成大应用、大数据和大运维。

一是大应用。有别于常规应用或小应用，大应用是坚持以用户和特定业务需求为中心，整合、连接、协同、融合相关数字资源（如应用系

统、组件、数据等），为多跨协同业务体系提供服务的复杂体。数字运营者要建设高质量的公共数据平台，就需要通过科学的规划、建设和长期运营，打造一个个大应用，即 One Service，牵住建立公共数据平台的业务应用体系的"牛鼻子"。

二是大数据。和一般而言的大数据强调数据规模之大、价值之大不同，此处强调的大数据是指涵盖数据编目、归集、治理、共享和开放等各环节，多主体共建共治共享的数据资源体系。从实践来看，错误、不完整、时效性不足的低质量的数据无法客观、准确地描述本体对象。因此，大数据尤其强调业务应用驱动，形成高质量的、能够满足业务需求的数据，即 One Data。

三是大运维。传统离散、各自为战的运维工作已经难以满足需求，数字运营者迫切要求建立大运维体系，以"整体、健康、智治"理念保障公共数据平台的可用性和安全性。数字运营者要坚持零信任的原则，聚焦于架构设计、系统建设和持续运维3个阶段持续开展大运维工作。同时，数字运营者需要通过智能监测，主动预防和发现潜在风险，及时处理运维问题。

上述大应用、大数据和大运维并不是彼此孤立的，而是相互密切联系的，它们共同构成了公共数据平台建设的三大关键抓手。大应用为大数据源源不断地提供高质量的数据，同时，这些数据又持续地反哺大应用的运行。无论是大应用还是大数据，都需要保障好可用性和安全性，都离不开大运维的保障。

第六章　大应用

大应用是以用户和特定业务需求为中心,整合、连接、协同、融合相关数字资源(如应用系统、组件、数据等),为多跨协同业务体系提供服务的复杂体。如果说单个应用是一颗星星,大应用就是一个星系。

大应用作为具体业务的载体,需要通过持续的数字运营实现业务和技术的螺旋式迭代。大应用的运行离不开数据,同时又源源不断地产生数据。大应用的安全、稳定运行需要大安全体系保驾护航。本章以"一网通办"、"互联网+监管"平台、"浙政钉"和IRS为例,详细解读大应用数字运营的内涵,同时深入分析在大应用建设、运营和运维全过程中,如何提供强有力的业务支撑和技术支撑。

第一节　"一网通办":支撑政务服务高质量供给

2018年7月,国务院印发《国务院关于加快推进全国一体化在线政务服务平台建设的指导意见》,就深入推进"互联网+政务服务",加快建设全国一体化在线政务服务平台,整合资源,优化流程,强化协同,着力解决企业和群众关心的热点难点问题,推动政务服务从政府供给导向向群众需求导向转变,从"线下跑"向"网上办"、"分头办"向"协同办"转变,全面推进"一网通办"做出重要部署。

建设政务服务平台是提升政务服务水平的重要抓手。作为较早推进"互联网+政务服务"工作的省份，自2014年以来，浙江省以"四张清单一张网"改革为引领，持续推进浙江省一体化在线政务服务平台（"浙里办"）的建设，形成全省统一、5级联动（省、市、县、乡、村）的"互联网+政务服务"体系。近年来，浙江省充分依托全国一体化在线政务服务平台，高质量推进政务服务"一网通办"，助力全面建成"掌上办事之省"，初步构建"网上一站办、大厅就近办、办事更便捷"的"一网通办"浙江省模式（见图6-1）。从数字运营路径来看，浙江省以业务变革、组织变革、技术变革三大变革和一套制度规范为抓手，以业务通、数据通、系统通、体验通、管理通"五通"，实现统一表单、统一共享、统一收件、统一对接、统一评价、统一体验、统一运维"七统一"，需要业务和技术的双栈支撑。

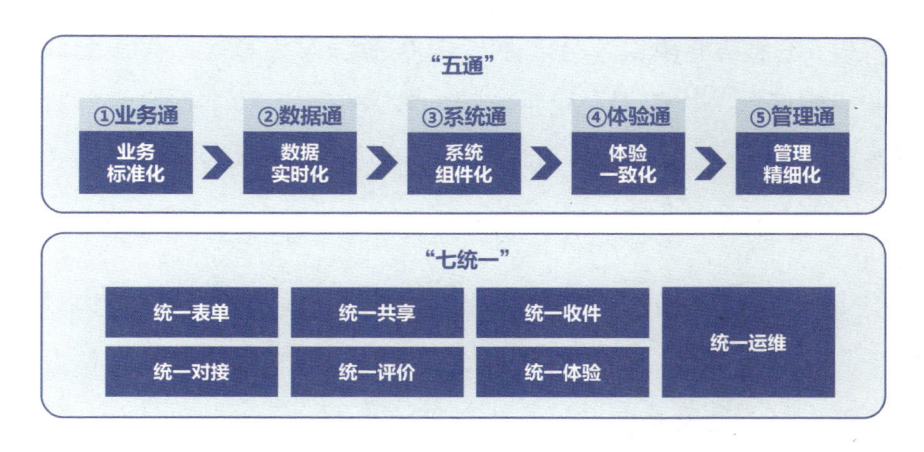

图6-1 "一网通办"浙江省模式

一、实现政务服务一体化运营

所谓"一网通办"，是指基于一体化政务服务平台，把零散的办事系统和数据整合为一个敏捷协同的体系，支撑政府作为一个整体面向企业和群众提供高质量的办事服务，实现"网上一站办、大厅就近办、办事更便捷"。

"一网通办"通过建立以用户为中心的政务服务体系，拉通供需双方，实现跨层级、跨地域、跨系统、跨部门、跨业务有效协同，为企业和群众持续提供优质的政务服务，以数字技术赋能政府履职：离散的机构运行转变为一体化运行、管理型转变为服务型、分散型转变为整体型，从而驱动政务服务业务、组织、制度和技术全方位变革，推进政务服务事项好办、易办和全省通办。

二、建设全省政务服务中台

从技术支撑角度看，浙江省在推进"一网通办"的过程中，首创政务服务中台，开发包括智能中心、表单中心、路由中心在内的 22 个产品系列和 70 个功能模块，打通全省 300 多套业务系统，支撑企业和群众办事从找属地、找部门、找系统转向找政府，以数字技术赋能打造整体政府。

（一）提升用户交互能力，实现场景导服智能化

围绕企业和群众的办事习惯，浙江省梳理形成 8000 余类办事情形，支持企业和群众通过一问一答式的人机交互，快速、精准地定位办事情形与表单材料，助力企业和群众"一来就会办、一次就办成"，窗口工作人员"一看就明白、一学就上手"。以"职工参保登记"事项为例，原来企业的办事人员在线上办理事项时可能遇到看不懂复杂的流程指南、分不清表单材料等情况。通过智能导服，企业的办事人员无须自行钻研办理流程，只需简单回答业务类型、单位类型等 4 个问题即可快速获取表单材料。

(二)提升业务路由能力,实现办件分发精准化

"一网通办"推动办件分发逻辑的规则化、数字化和自动化,实现全省政务服务事项统一收件、精准分发至对应的审批系统,使得企业和群众办事不必再因找属地、找部门、找系统而花费大量的时间与精力。例如,在"基本医疗保险参保人员历年账户家庭共济备案"事项中,群众无须再为属地究竟在哪、哪个部门受理、用什么系统申报而烦恼,只需点击在线办理,系统就能根据表单中的"参保统筹区"字段自动匹配对应的医保审批系统。

(三)提升事项自定义能力,实现部门协同敏捷化

"一网通办"聚焦于多部门联办"一件事",立足于企业和群众办事的视角,支持部门通过"工厂化""组件式"的建设模式,将高效复用的事项表单材料与办件接口快速组装生成多部门联办"一件事",实现"一表申请、一套材料、一次提交、一次办结"。此举不仅压缩了办事环节、缩短了办理时间、精简了表单材料,还降低了建设门槛与开发成本。以"出生一件事"为例,该事项涉及 4 个部门、5 个事项,这么复杂的跨部门办事事项应用现在只需 6 个人日[①]即可组装上线。

(四)提升中枢协同能力,数字赋能实现"五通"

经过长期实践,浙江省建立起一套成熟的技术体系来支撑"一网通办",真正实现业务通、数据通、系统通、体验通和管理通。

第一,业务通——实现业务标准化。业务通的本质是以数字技术支撑政务服务事项标准化,通过统一定义事项目录,对各种事项进行标准化梳理和结构化拆解,形成计算机可识别和处理的数字化业务定义

---

① 人日为项目管理中的工作量单位,如一人日即一人干一天的工作量。类似的单位还有人月。

脚本，利用数字工具实现全省范围的统一标准。由于政务服务事项目录不区分地域和层级，因此建立统一目录即实现了全省政务服务事项统一规范管理，奠定了"一网通办"的基础，助力提升全省政务服务均等化水平。

浙江省对纵跨省、市、县、乡 4 级，横跨多个部门的 200 多万个实施事项统一标准，统一事项办理的条件、情形、表单和材料等关键要素，并重新进行梳理和整合，最终形成企业和群众容易理解的 3600 多个权力事项。业务标准化示意如图 6-2 所示。

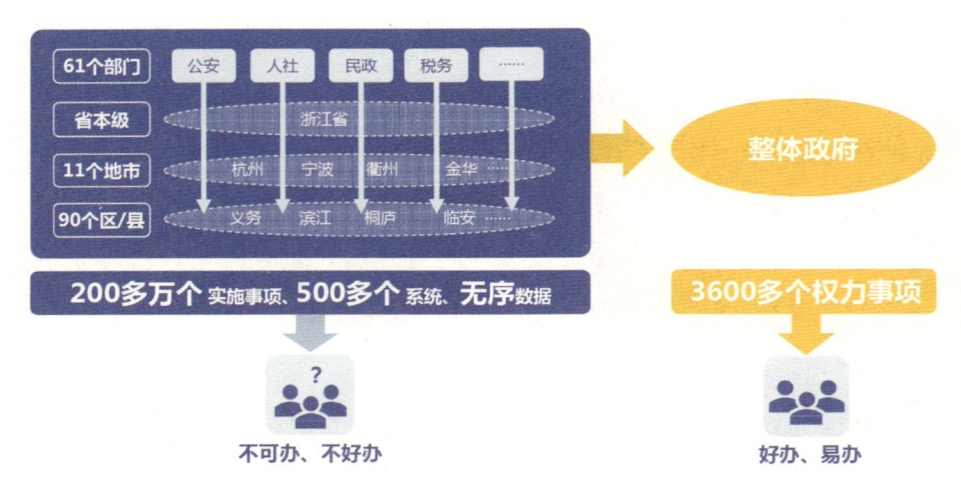

图 6-2 业务标准化示意

第二，数据通——实现数据实时化。实现数据通的目的在于，推进政务服务数据共享更充分、办理流程更便捷、申报材料更简化、表单字段更精简。因此，数据共享的水平直接影响企业和群众办事的体验。浙江省依托政务服务事项统一标准，将事项要素与数据目录进行映射关联，实现事项要素与数据目录的一一映射，实现数据高效共享。数据实时化示意如图 6-3 所示。

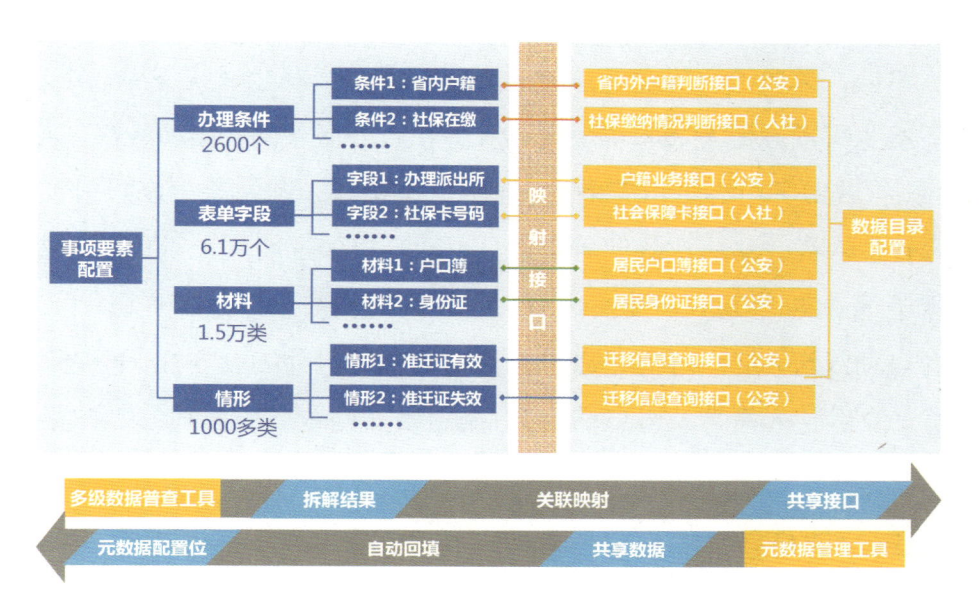

图 6-3　数据实时化示意

第三，系统通——实现系统组件化。系统通的实现逻辑是，通过制定业务系统的适配标准，变独立系统为体系构件，将全省 300 多套业务系统以标准方式接入政务中台。各业务系统仅需进行适应性改造，核心业务逻辑保持不变，最大限度地降低了系统改造成本。系统组件化示意如图 6-4 所示。

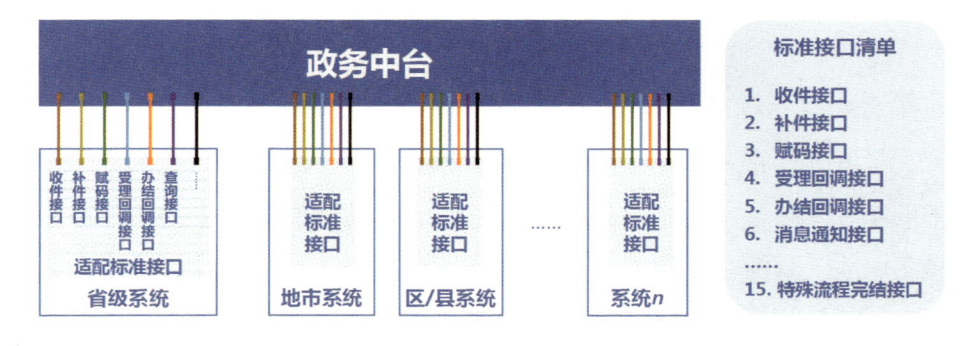

图 6-4　系统组件化示意

第四，体验通——**实现体验一致化**。通过全网全域统一用户账号、政务服务事项同源发布，实现政务服务在政务服务网、移动终端、自助终端、行政服务中心窗口等多端一致的办事体验。例如，浙江省通过"政银合作"，将合法稳定就业居住证、不动产权属证明网上查询、门诊费用报销等 108 个高频"一网通办"事项同源发布至五大国有银行 5700 多台自助终端，群众可前往离自己最近的银行自助终端办理，打通政务服务"最后一公里"。在这些第三方渠道发布的政务服务须与"浙里办"保持同源，实现多渠道并进、标准化模式建设、一体化统筹保障。体验一致化示意如图 6-5 所示。

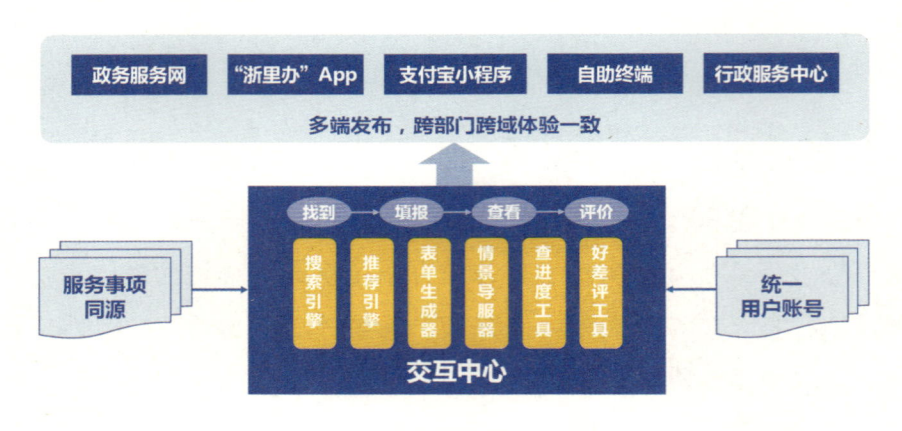

图 6-5 体验一致化示意

第五，管理通——**实现管理精细化**。通过数据（含日志）采集工具、指标加工中心、数字驾驶舱工具、监控和诊断工具，实现事项梳理过程、办事服务过程、问题解决过程、考核评价过程的数据全量归集，有效支撑建设过程、运维、运营、考核评价等各环节的有效管理。管理精细化示意如图 6-6 所示。

◎ 第六章 大应用

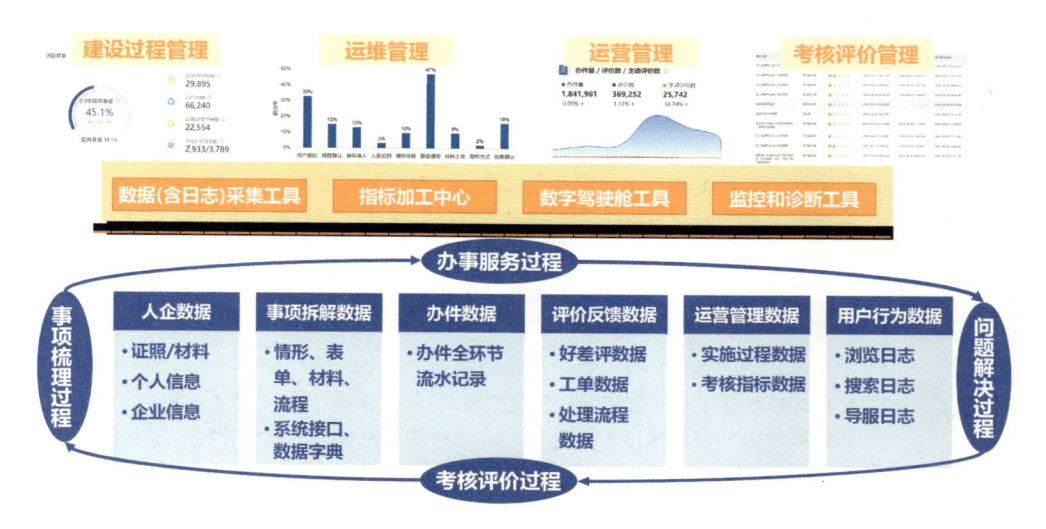

图 6-6 管理精细化示意

三、优化组织流程和业务机制

从业务支撑角度看，"一网通办"浙江省模式聚焦于组织流程、业务机制，形成了较完善的支撑能力。

（一）完善组织流程，以"四确定"覆盖"三环节"

"一网通办"秉承以用户为中心的宗旨，通过定指标、定标准、定流程和定评价"四确定"（见表6-1），覆盖建设、运营、运维"三环节"，构建多元协同共治的政务服务一体化运行流程，打造好办、易办、全省通办的政务服务。

表 6-1 "一网通办"中"四确定"的含义

名 称	含 义
定指标	确定事项的指标体系，是业务过程和结果的导向标，包括制定实施指标（如目录上线率等）、运营指标（如事项指标、"好差评"指标等）、运维指标（如问题处理完成率、问题处理时长等）

131

续表

名称	含义
定标准	确定业务协同的相关标准和规范，包括实施标准（如《事项配置标准》《事项技术对接标准》《数据共享标准》等）、运营标准（如《事项建议提交标准》《事项建议验收标准》等）、运维标准（如《事项问题处理 SLA》《业务系统运行 SLA》等）
定流程	确定角色和职能，使分工明确，规范业务流程环节，并且确定每个角色在不同环节的工作要求
定评价	确定事项评估体系，核定事项的通办、好办、易办水平，主要包括体验评估（如办事指南要素清晰、办理流程顺畅、表单字段合理等）、效能评估（如表单字段共享、申报时长等）、运行评估（如事项运行稳定性、事项问题处理时长等）

（二）优化业务机制，支撑需求、供给和管理侧改革

在业务机制方面，数字运营在需求侧、供给侧和管理侧均发挥支撑作用，助力业务机制改革。

第一，助力需求侧业务改革。在办事体验、办事范围、办事场景、办事渠道等方面，浙江省"一网通办"采取诸多措施来满足企业和群众的需求：一是统一线上线下办事体验，即实现线上线下体验一致、不同服务入口的服务体验一致；二是规范线上线下办事范围，以省级 3600 多个政务服务事项目录为基础，无须选择事项属地，符合条件即可提交申请，从而突破属地审批的物理限制、层级限制，实现全省通办、就近办理；三是优化线上线下办事场景，从用户使用场景出发，通过业务协同流程再造和数据共享，突破地域、层级和部门限制，实现"一件事"联办、高频事项智能秒办，显著提高办事效率；四是丰富线上线下办事渠道，在保证事项同源、体验一致的前提下，将事项输出到更多渠道，并拓展更多服务手段，如联合银行打造"就近帮办"网点，建立了一支帮、代办队伍，解决山区群众"办事远、办事难"的难题，尤其满足了老年人的办事需求，使浙江省山区 26 个县均实现"服务到村社，办事不出村"。

第二，助力供给侧业务改革。数字运营主要以统一事项标准和统一事项管理作为两个支撑点：一是统一事项标准，推进全省3600多个已申请政务服务事项省、市、县3级标准统一，通用一套表单、材料，指南要素应统一尽统一、业务流程应优化尽优化、办事情形应细化尽细化，降低企业和群众的办事成本，提高审批效能；二是统一事项管理，突破事项审批属地管理的限制，事项要素管理及收件后的审批权限由各省级部门统一管理和分配，实行"收办分离"①，避免事项标准出现差异或梳理不充分。

第三，助力管理侧业务改革。数字运营主要从业务运营、系统运维、效能监督、考核评价等方面为政府提供支撑：一是统一业务运营，以用户为中心，倾听用户的声音，通过用户反馈的问题、需求及评价，驱动事项迭代和优化，推动跨部门业务协同；二是统一系统运维，在"收办分离"的基础上，保障所涉及的全部用户办事系统和审批系统的稳定性、可靠性；三是统一效能监督，通过数据监控分析工具、完善"监测、预警、处置、反馈"闭环机制，实现办理过程实时监控、问题原因精准定位、问题工单及时下发、整改任务按期完成，对运维规范的执行及各部门的收审效能等进行统一监督；四是统一考核评价，制定考核指标，结合效能监督数据，实现"以评促建"。

四、支撑"一网通办"实现"七统一"

在技术支撑方面，数字运营助力浙江省"一网通办"实现业务通、数据通、系统通、体验通、管理通"五通"；在业务支撑方面，数字运

---

① "收办分离"主要针对法律法规明确要求必须到现场办理的政务服务事项，实行就近部门收件，业务属地部门办件的方式，打破了事项办理属地化管理限制，从而方便企业和群众办事。

数字运营方法和实践

营助力相关的组织流程完善和业务机制优化。经过长期实践和迭代完善，"一网通办"浙江省模式解决了政务服务事项办理线上线下"两张皮"、各地办事标准不统一、数据共享不充分、系统故障难监测等突出问题，实现多跨场景的统一表单、统一共享、统一收件、统一对接、统一评价、统一体验、统一运维"七统一"。

（一）支撑统一表单，权力运行更规范

由省级部门牵头，在充分征求基层意见和建议的基础上，推动全省3600多个已申请政务服务事项省、市、县3级标准统一，降低企业和群众的办事成本，以及基层工作人员的学习成本，实现"一事项一表单一流程"。以"城乡居民基本养老保险参保登记"事项为例，在实施统一事项标准前，浙江省各地共有21套表单，流程各式各样；在实施统一事项标准后，全部终端通用1套表单、流程，极大地方便了办事人员和群众。"城乡居民基本养老保险参保登记"统一表单示意如图6-7所示。

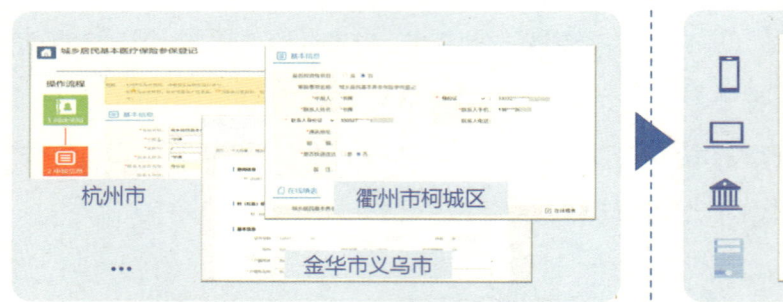

图6-7 "城乡居民基本养老保险参保登记"统一表单示意

在统一业务过程中，浙江省的"领跑者"做法充分激发了基层的改革创新活力，推动将地方优势总结和提炼为全省优势。以"药品零售企业验收"事项为例，杭州市通过改革创新，优化业务流程、精简表单材

料，取得显著成效：在事项改革前，企业要填写 27 个字段、10 份材料，平均需要耗费 15 天的时间；在事项改革后，企业仅需填写 8 个字段、6 份材料，平均 6 天即可办结，大幅降低办事成本。省级部门充分吸收和借鉴杭州市的经验，在 2 天时间内将杭州市的做法提升为全省"领跑者"做法。又如，义乌市充分结合本地实际，针对"个人住房公积金贷款"事项积极向省级部门申报"领跑者"做法：在事项改革前，群众要跑窗口填写 5 张表单，提交身份证、户口本、结婚证、发票、购房合同、贷款保证合同、银行卡等 10 余份材料，平均需要耗费 10 天的时间；在事项改革后，群众实现全程网办，仅需填写 4 个字段，1 天内即可办结，极大地提升了办事效率，优化了办事体验。

（二）支撑统一共享，数据填报更便捷

按照应共享尽共享原则，浙江省充分依托全国一体化在线政务服务平台和公共数据平台，全面推动表单材料再精简、数据共享再提升。全省事项字段共享率和事项材料共享率分别由 22.4% 和 15.5% 提升至 54.1% 和 25.4%，实现字段免填事项 108 个、材料免交事项 461 个、"双免"事项 35 个，每年能让企业和群众少填表单字段约 6.1 亿个、免交申报材料 6990.8 万份，实现"数据跑路代替人工跑腿"。以"期满换领驾驶证"事项为例，在"一网通办"实施前，群众需手动填写字段 10 个、提交材料 2 份，办理时间为半天；在"一网通办"实施后，群众仅需验证本人身份，无须提供和填写任何材料，即可实现分钟级办理，可节省警力 3 万人日。

同时，浙江省"一网通办"推出 111 个高频"智能秒办"事项，实现审批零人工、零等待。以"城乡居民基本医疗保险参保信息变更登记"事项为例，原来该事项的字段共享率为 63%、材料共享率为 70%，现在

可以实现"表单零填写、材料零申报、一键秒速报"。

在企业和群众办事的过程中，浙江省还建立健全了数据共享核查机制，鼓励基层逐事项、逐表单、逐材料"找碴儿"，第一时间反馈给数源单位来修正问题数据，充分发挥数据治理的基层力量。

（三）支撑统一收件，人机交互更智能

浙江省实行的"收办分离"改革，意为全省政务服务事项统一收件、根据事项关键字段精准分发至对应的审批系统，在不改变原有审批权限的基础上，实现"统一收件、精准分办、远程审批"，突破事项审批的属地化管理限制，有效解决多网申报、多系统受理和多次录入的问题，变群众办事"找属地"为"找政府"，为推动实现线上线下深度融合奠定基础。

（四）支撑统一对接，系统协同更高效

通过制定对接标准、采用接口方式，300多套国家、省、市、县各级各部门业务系统实现低成本、组件化、松耦合接入，系统协同更高效。仍以"出生一件事"为例，通过智能路由进行流程编排、系统匹配和归属判断，实现多个事项自动关联到相关业务系统和对应业务部门进行审批（见图6-8）。

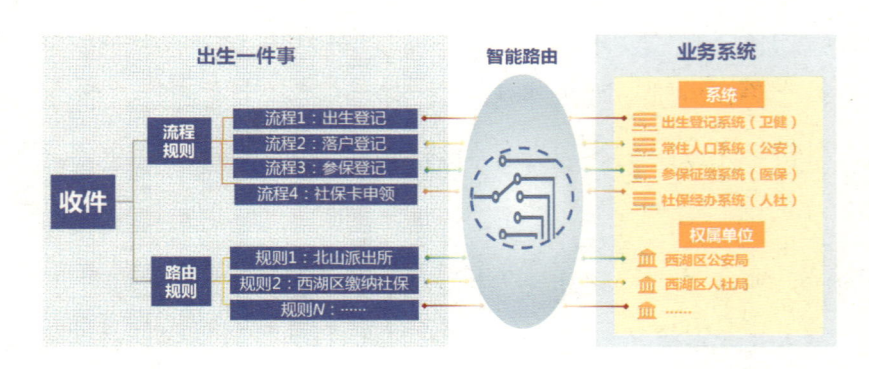

图6-8 "出生一件事"通过系统对接让协同更高效

(五)支撑统一评价,评价整改更有力

浙江省依托全国一体化在线政务服务平台、浙江政务服务网和公共数据平台,整合原有政务服务评价渠道,建立具备智能运营能力的全省一体化政务服务评价中心,形成服务评价、实时上报、差评回访、整改反馈全流程工作闭环,实现"好差评"渠道全覆盖、信息全关联、数据全汇聚、结果全公开,持续提升政务服务水平,营造良好的营商环境,增强企业和群众的获得感。"好差评"差评整改闭环机制如图6-9所示。

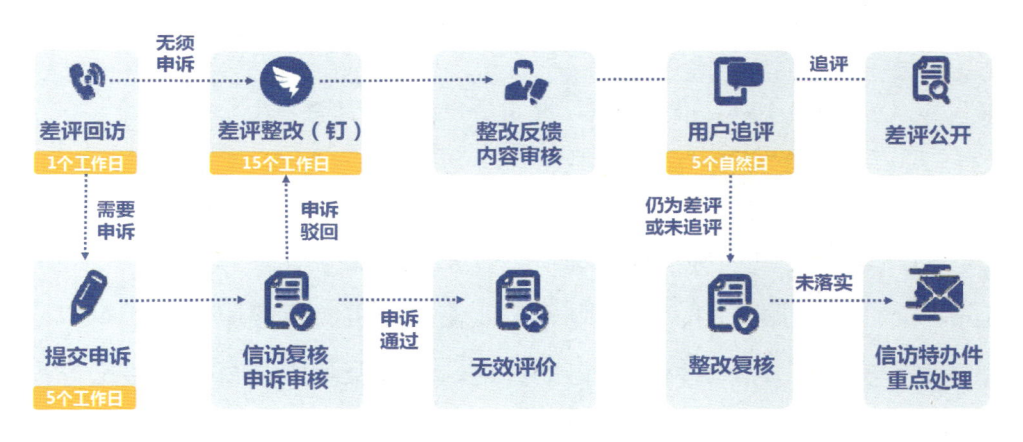

图6-9 "好差评"差评整改闭环机制

统一集成政务服务"好差评",变业务系统各自评价、评价数据离线归集为平台统一评价、评价数据在线归集。基于统一评价,评价数据实现真实、实时、量化闭环。同时,"好差评"差评整改闭环机制能有效地督促政府部门整改、提升服务效能。以"生育登记"事项为例,某用户在业务办理后通过"好差评"渠道给出了差评,政府部门在2个工作日内通过回访了解差评的主要原因,并在5个工作日内完成相应整改,同时联系该用户说明整改情况(见图6-10)。

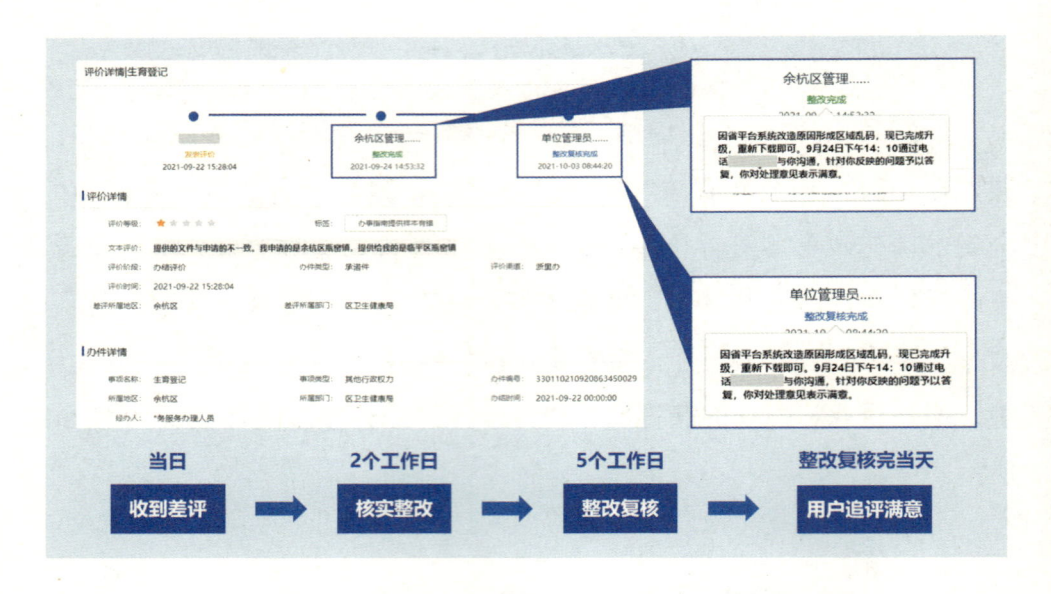

图6-10 "生育登记"事项"好差评"差评整改过程

(六) 支撑统一体验，办事体验更一致

浙江省依托事项标准化成果，推动了全省政务服务事项在"浙里办"App、浙江政务服务网、政务服务一体化自助机、行政服务中心窗口同源发布，实现了掌上、网上、自助终端、行政服务中心窗口等多端办理体验一致，企业和群众一次办理即可触类旁通，快速掌握办事流程，解决办事入口多、学习成本高等难题，实现整体政府、规范服务。同时，浙江省积极向银行、支付宝、微信等第三方渠道拓展共享政务服务，有效地解决了各渠道低水平重复建设、体验不一致等难题，实现了政务服务同源同质。以"船舶管理业务经营许可注销"事项为例，在"一网通办"实施前，群众在PC（Personal Computer，个人计算机）端和App上申请填写的表单材料不同，办事体验不一致；在"一网通办"实施后，表单内容实现标准化，字段统一精简至15个，实现多端体验一致。

（七）支撑统一运维，风险预警更及时

浙江省"一网通办"是全省一体推进的，各层级业务系统之间相互协同。如果单个业务系统出现故障，就可能影响全省范围内的事项办理。因此，"一网通办"相关业务系统的运维保障也应当是全省一体的，即统一运维。为此，数字运营者在为政府部门提供数字运营服务时，应当建立问题的"监测、预警、处置、反馈"闭环机制，实现"一网通办"全事项、全系统、全数据实时监测，使风险预警更及时。"监测、预警、处置、反馈"闭环机制如图6-11所示。

图6-11 "监测、预警、处置、反馈"闭环机制

浙江省"一网通办"通过打造相关的数据监控分析工具，聚焦于须知提示、情形导服、数据共享、办件分发等关键环节，完善"监测、预警、处置、反馈"闭环机制，实现事项办理过程实时监控、问题原因精准定位、问题工单及时下发、整改任务按期完成。以"基本医疗保险关系接续"事项为例，由于数据接口配置存在问题，在用户须知、授权确认、表单填写等环节存在不同程度的跳出情况，尤其是表单填写环节的跳出率高达47%。经过分析问题症结并优化数据接口，表单填写环节的跳出率明显下降（见图6-12）。

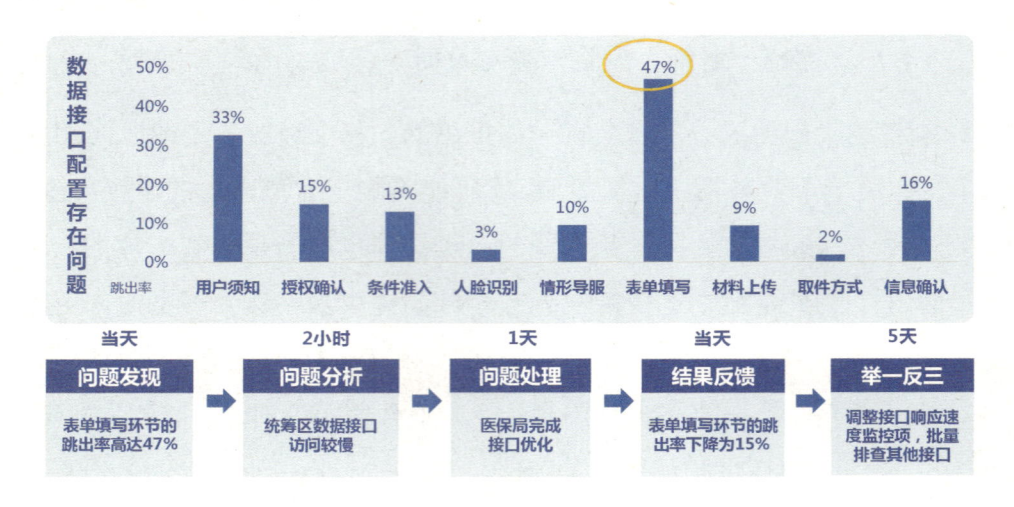

图 6-12　"基本医疗保险关系接续"事项问题的整改过程

综上所述，浙江省高质量推进"一网通办"是提升企业和群众办事体验的迫切要求，是深化"放管服"改革、优化营商环境的具体行动，是建设人民满意服务型政府的重要举措。为持续推进"一网通办"，数字运营者需要在技术侧和业务侧提供相应的双栈支撑服务，通过持续有力地运营和运维，助力政府不断迭代加强"一网通办"服务供给，全面提升整体政府的公共服务数字化、智能化水平，不断满足企业和群众多层次多样化的服务需求。

第二节　"互联网+监管"平台：助力监管业务规范化、精准化

随着市场主体数量快速增加[①]、新型市场主体不断涌现，尤其是新型市场主体在组织、业务形态等方面均发生变化，其监管边界不清晰、

---

① 国家市场监督管理总局 2022 年 5 月提供的数据显示，截至 2022 年 4 月底，全国实有市场主体达 1.58 亿户。截至 2023 年 8 月 10 日，浙江省市场经营主体总量突破 1000 万户。

监管主体相对模糊等特点，对传统的市场规则、市场秩序产生冲击，面向市场主体的管理和服务愈加重要。以数字技术创新监管方式实现监管业务规范化、精准化，是创造公平公正的发展环境，服务经济社会发展大局，推动经济社会高质量发展的必然要求。

按照国家部署，2018年7月，浙江省在全国率先启动全省一体化的"互联网+监管"平台建设工作。从2019年7月起，该平台在全省推广应用并取得良好成效。截至2022年年底，该平台共覆盖42个执法领域，成为全省统一的执法监管总平台，是检查、办案、监督的总入口。

浙江省"互联网+监管"平台的建设与运营是技术和业务"双螺旋"跃升的结果：一方面，在技术侧，浙江省形成了"313"的全省统一架构，创新技术应用赋能监管业务，以数字运营推动平台迭代；另一方面，在业务侧，该平台围绕监管业务的组织在线、制度落地、流程优化和评价闭环管理等进行了有效支撑。着眼于未来，浙江省"互联网+监管"平台可在服管融合、监管和监督融合、创新监管方式和推进信用监管等方面持续深化，推动监管业务从"互联网+监管"迈向"大综合一体化"。

一、创新监管方式是高质量发展的必然要求

经济社会的高速发展为监管业务带来了挑战。传统的监管方式滞后于社会环境的发展，整体政府治理体系、治理能力面临着三大突出矛盾：一是党委政府、社会公众期望值高与监管现代化水平较低的矛盾，二是监管事项多、对象多、任务重与监管人员较少的矛盾，三是简政放权与加强事中事后监管的矛盾。以"互联网+"为代表的数字技术是解决上

述矛盾，发展高质量公平公正的营商环境，让各类市场主体、不同所有制的企业"权利平等、机会平等、规则平等"，推动良币驱逐劣币的重要工具。

2018年10月22日召开的国务院常务会议提出，为完善事中事后监管，加强和创新"双随机、一公开"[①]等监管方式，会议决定，依托国家政务服务平台建设"互联网+监管"系统，强化对地方和部门监管工作的监督，实现对监管的"监管"，并通过归集共享各类相关数据，及早发现防范苗头性和跨行业跨区域风险。按照国家部署，浙江省于2018年7月在全国率先启动全省一体化的"互联网+监管"平台建设工作。作为国家"互联网+监管"系统在浙江省的省级子平台，该平台于2019年7月起在全省全面推广应用。2022年年初，随着"大综合一体化"行政执法改革国家试点的推进，该平台为"大综合一体化"改革的推进提供了重要的抓手。

经过多年发展，浙江省"互联网+监管"平台升级为实现省、市、县3级全贯通和执法部门全覆盖的"互联网+监管"平台，推动省内各级政府部门的执法监管能力全面提升。该平台是浙江省深化"放管服"改革，以数字化手段有效支撑政府履职的创新实践，形成了通用共享、协同联动、智能高效的"互联网+监管"新模式，为优化营商环境、增强企业信心和竞争力提供了强大的动力。从数字运营的角度看，浙江省"互联网+监管"平台的建设和运营是全新的组织设计、制度设计、流程设计和评价方法，是通过数字技术助力监管业务规范化、精准化和智能

---

① "双随机、一公开"是指在监管过程中随机抽取检查对象，随机选派执法检查人员，抽查情况及查处结果及时向社会公开。它是国务院办公厅于2015年8月发布的《国务院办公厅关于推广随机抽查规范事中事后监管的通知》中要求在全国全面推行的一种监管方式。

◎第六章 大应用

化的重要实践，在技术侧和业务侧提供了有效的双栈支撑。

二、形成全省统一架构，数字赋能监管

浙江省对照国家部署的"互联网+监管"系统建设方案，围绕建立全覆盖的整体政府监管体系和全闭环的行政执法体系的要求，着眼于支撑跨地域、跨部门、跨层级的业务协同需求，立足于省、市、县 3 级执法部门共同使用，统筹开发建设了全省统一监管数据中心、统一执法监管系统、统一处罚办案系统和数字化行政执法监督系统等多套业务应用系统，形成贯通行政检查、行政处罚和执法监督业务全链条的一体化执法监管业务应用体系，从而解决不同部门间的业务通、系统通、数据通、用户通的问题，实现行政执法流程全在线。

从数字运营角度看，浙江省"互联网+监管"平台在技术侧形成了以下 4 个方面的支撑。

（一）强化全省顶层设计，统一总体架构

顶层设计的科学性事关数字化平台或应用的成败。浙江省坚持"加强领导，谋划顶层设计"的原则，于 2018 年将"互联网+监管"列入政府数字化转型 8 个重点工程之一，明确了将行政执法监管"互联网+监管"平台作为全省统一的系统应用平台的高定位。

浙江省"互联网+监管"平台是一个按照一体化设计、集约化建设、统一化管理的全省执法监管总平台。在建设过程中，浙江省以统一、集成和规范为核心，通过确定全省统一的"313"架构（见图 6-13），统一事项标准，将"互联网+监管"平台打造为全省统一的协同应用。

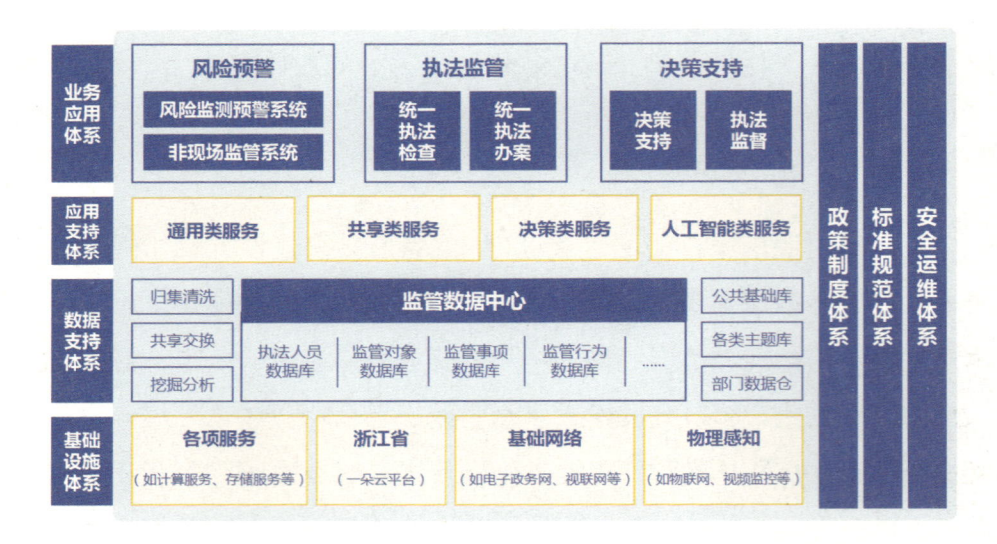

图 6-13 浙江省"互联网+监管"平台的"313"架构

其中，第一个"3"是指风险预警、执法监管和决策支持三大核心应用；"1"是指一个监管数据中心，依托省大数据中心基础设施和大数据平台，建设监管数据中心，汇集各部门和生产与监管对象（如企业法人、特定自然人等）的相关业务数据、舆情数据、第三方数据等，以形成覆盖风险预警、执法监管、决策支持三大领域的数据，为核心应用提供基础设施和数据支撑；第二个"3"是指政策制度体系、标准规范体系和安全运维体系三大保障体系。在顶层设计上形成"313"架构，为建立全省贯通的一体化"互联网+监管"体系奠定了基础。

（二）建设监管数据中心，夯实数据底座

统一监管数据中心为浙江省"互联网+监管"平台提供了统一的数据底座，承担着数据汇聚、数据治理、数据融合和数据利用的职责，其本质是一套可持续让数据产生价值的机制。

为明确浙江省"互联网+监管"平台的数据管理规范及要求，浙江

省编制了《"互联网+监管"数据规范》[1]省级地方标准，要求按照基础数据、应用数据、行为数据等分类与各厅局业务系统进行对接，进行数据统一归集、统一治理。监管数据中心建设包括统一事项目录、统一执法主体和统一监管对象三大主题库，涵盖近 2 万个监管事项，覆盖全省4000 多家执法部门（含乡镇机构），将 1657 万个监管对象[2]纳入监管范围，日均归集监管数据 4.08 万条，整体实现监管事项、执法主体、监管对象的精细化和规范化管理。监管数据中心为风险预警、执法监管（含统一行政执法系统、统一办案系统等）、决策支持这三大核心应用提供了重要的数据支撑。此外，监管数据中心还承接了国家"互联网+监管"系统的数据对接、设区市监管数据的上传和回流等工作。通过监管数据中心的建设，浙江省"互联网+监管"平台实现了数据统一支撑、统一共享应用，推动监管数据"一平台"流转。

监管数据中心主要由数据底座、数据工厂、数据应用构成。其核心价值在于解决了数据对接、数据源繁杂、数据使用困难、"数据孤岛"等问题，打破了原有各政府部门内部的数据和业务壁垒，打通了政府内部跨部门、跨层级、跨系统的数据流转和业务流转过程，提升了政府监管的规范化、协同化程度。利用全省统一监管数据中心的优势，汇聚全省全量的监管数据，通过数据的共享、回流，可以赋能部门和设区市的监管业务快速创新。

（三）深化创新技术应用，赋能智慧监管

传统监管主要依靠人工巡查，往往效率低、成本高。在"互联网+"

---

[1] 浙江省地方标准《"互联网+监管"数据规范》由浙江省市场监督管理局于 2021 年 12 月 3 日发布，从 2022 年 1 月 3 日开始实施。
[2] 监管对象包括市场主体和非市场主体，后者包括特定自然人、特种设备和场所地等。

时代，政府市场监管职能的履行不仅需要互联网思维，还需要积极运用大数据、机器学习、共识算法、区块链等新科技来实现智慧监管。相比传统的监管方式，智慧监管能够快速将高度复杂的数据解耦或组合，从中挖掘出有效的信息，用于指导市场监管工作。例如，大数据技术可以通过对消费投诉信息的分析来圈定需要监管的重点行业、地区、产品、企业等，从而实现针对性更强、更高效的精准抽查。智慧监管以更低的成本、更快的速度和更高的质量，对海量的监管对象和复杂的监管内容进行全天候、无缝隙的监管。此外，智慧监管系统的风险预测能力还将有助于建立更具有前瞻性和主动性的监管体系。

浙江省积极探索创新监管方式，依托"互联网+监管"平台建设信用监管中心和风险监测预警中心，实施信用分级分类监管，推广风险监测预警。第一，开展专业信用分类监管。浙江省将信用监管中心接入国家"互联网+监管"系统的信用分类数据、"信用中国"的公共信用评价数据，以及旅行社信用评价等32类行业信用评价数据，形成"通用+专用"的信用分类分级监管体系，全面监测各类市场主体的信用水平和动态状态，对疑似违法违规和存在潜在风险的企业标注相应的风险等级。市场监管部门依据信用风险等级实施差异化监管措施，在双随机抽查中加大抽查比例、增加抽查频次，或启动专项检查活动。第二，建成风险监测预警中心。该中心集成金融、药品、危险化学品、特种设备等行业的风险监测系统，发现异常状况立即发出风险预警信号，提醒提示相关部门采取监管措施，自动生成风险核查任务并指派执法人员进行现场检查，从而有效地提升风险预判和精准处置能力。

此外，为推进智能监管创新应用，浙江省"互联网+监管"平台还充分利用前沿监测技术，推进互联网广告在线监测、污染源智能监控管理等 11 个非现场监管省级示范性项目的建设，运用物联网、人工智能识别、区块链、大数据分析等现代技术进行实时监控，提升违法线索自动发现、远程取证和固证等能力，提高监管效能。

(四) 持续开展数字运营，推动平台完善

浙江省"互联网+监管"平台建设的长期目标是实现政府监管的规范化、精准化和智能化。这个目标的实现需要依托于平台，坚持需求导向、目标导向和问题导向，不断推进创新实践，积极探索创新监管方式，形成自上而下的任务机制，以及自下而上的问题反馈机制，并且建立评价体系，通过建立如"双随机、一公开"、风险处置、统一办案应用等相关指标，形成相应的效能评价机制，从而保障平台的建设和运行正向发展。

"互联网+监管"平台的稳定运行离不开数据运行的稳定和应用运行的稳定。为此，浙江省"互联网+监管"平台还需要形成运行监测能力，包括数据运行的监测能力和应用运行的监测能力。数据运行的监测能力：站在支撑整个平台业务数据正常流转的层面，对整个平台上的数据资源进行全生命周期的掌控，主要包括对平台归集的所有数据质量的监控预警和对平台的数据运行链路的监控预警场景。应用运行的监测能力：基于平台所对接的应用系统，对服务状态、服务访问量、服务访问时间等进行监控，并形成相应的运行成效评估；保持系统的稳定性监控只是其中的一个环节，在此基础上更要通过完善监控、预警、处置每一个环节，形成处置闭环。

三、推动监管业务流程在线、监督在线

针对监管业务的特殊性，浙江省"互联网+监管"平台在组织、制

度、流程和评价等方面进行了有效的服务支撑：在组织方面，为全省执法人员在线协同提供了重要的工具；在制度方面，助力执法监管"七统一"机制有效落地，规范执法监管行为；在流程方面，聚焦于统一执法监管、统一处罚办案等核心业务实现全流程在线；在评价方面，基于数字化行政执法监督系统，进行全方位、全流程的数字化执法监督，推动监管业务优化和完善。

（一）支撑组织建设，实现十几万名执法人员工作协同

针对执法监管工作中交叉执法、重复检查、分段执法、选择执法、任意处罚，以及执法部门"只扫自家门前雪"和乡镇街道"看得见、管不着"等问题，浙江省"互联网+监管"平台通过对接基层治理系统、政务服务平台和国家"互联网+监管"系统等，可快速实现外部系统与省内执法监管业务的协同贯通。浙江省"互联网+监管"平台的核心用户是全省行政执法人员。通过推动这些执法人员在线协同，浙江省"互联网+监管"平台实现了全省行政执法的人员在线、组织在线。截至2022年年底，浙江省"互联网+监管"平台覆盖了42个执法领域，支撑服务13.2万名执法人员。

第一，围绕"监管一件事"，助力县乡贯通。 2021年6月，浙江省启动"监管一件事"改革。这项改革的主要建设任务包括两项：一是梳理事项清单，明确业务流程，即梳理基层事件触发（事件核查）场景及事项清单，明确监管主体、监管对象、监管措施、设定依据等的全闭环执法监管流程；二是系统对接迭代，实现互联互通，依托浙江省"互联网+监管"平台，推进"监管一件事"系统建设及改造，对浙江省"互联网+监管"平台中的监管数据中心、监管事项库、统一行政执法监管平台、统一执法处罚办案系统等进行功能改造和完善，支撑"监管一件事"

的业务运行。截至 2022 年年底，浙江省共推出执法监管"一件事"场景 66 个，开展"综合查一次"联合执法 13.2 万次，执法监管"一件事"和"综合查一次"等有关做法被写入国务院贯彻实施行政处罚法、提高政府监管效能等文件进行复制推广。

第二，依托跨层级数据共享，实现国省贯通。 根据国务院办公厅电子政务办公室关于开展"互联网+监管"典型应用试点工作的相关要求，2020 年年底，浙江省率先与国家"互联网+监管"系统实现互联互通，形成"国家平台下发—省级平台接收—监管任务分派—监管任务执行—结果信息反馈"的全流程在线协同联动监管机制。省平台与国家平台及业务系统的关系如图 6-14 所示。

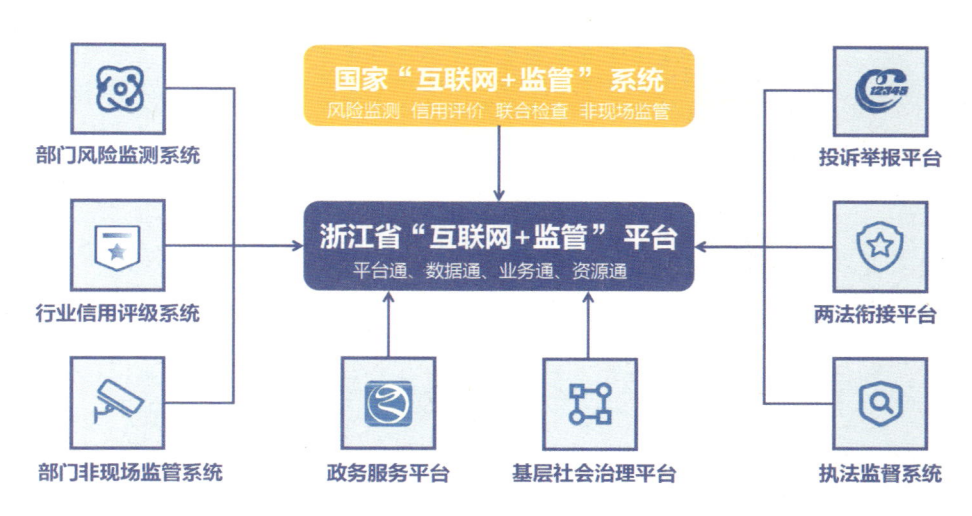

图 6-14 省平台与国家平台及业务系统的关系

通过县乡贯通和国省贯通，浙江省"互联网+监管"平台建立起跨层级、跨地域、跨系统、跨部门、跨业务的多跨协同联动机制，在省域范围内实现部门协同、多方联动、一次到位。浙江省以"互联网+监管"平台为枢纽，深化多跨业务协同和数据共享，推进政府监管的整体智治。

(二)支撑制度落地,助力执法监管"七统一"实施

在建设浙江省"互联网+监管"平台的过程中,浙江省以梳理监管事项清单为突破口,瞄准基层现场检查表单不统一、现场操作标准不一致的问题,狠抓执法监管标准化管理,由省级主管部门以权力清单为基础,厘清每个部门的监管事项,明确每个监管事项涉及的许可审批、监管措施、实施流程、检查内容、操作要领、处罚依据、处罚幅度和自由裁量参考基准等内容,形成逻辑清晰、内容全面的"大"清单,并实行统一管理、动态更新,保障后续业务开展省、市、县、乡4级统一标准;同时,重新制定全省统一的现场检查表单,将所有表单纳入浙江省"互联网+监管"平台并实施电子化管理,检查结果数据被自动上传到国家"互联网+监管"系统。

通过"理"清单、"定"表单,全省执法监管工作实现了"七统一":统一监管事项、统一执法标准、统一监管措施、统一检查内容、统一检查表单、统一操作流程和统一处罚基准。浙江省"互联网+监管"平台依托"七统一"业务机制进行建设,以业务清单化、结构化和数字化为体制机制的落地实施提供有效支撑。

(三)支撑流程再造,推动监管业务核心流程在线

浙江省建设"互联网+监管"平台作为全省统一应用,本质上是对政府监管业务、监管流程的重构再造和整合统一,从而建立整体政府监管体系和全闭环的行政执法体系,打造基于数字技术基础的整体政府。其中,全省统一执法监管系统、统一处罚办案系统和数字化行政执法监督系统是推动监管业务核心流程在线的关键抓手。监管业务流程如图6-15所示。

◎ 第六章 大应用

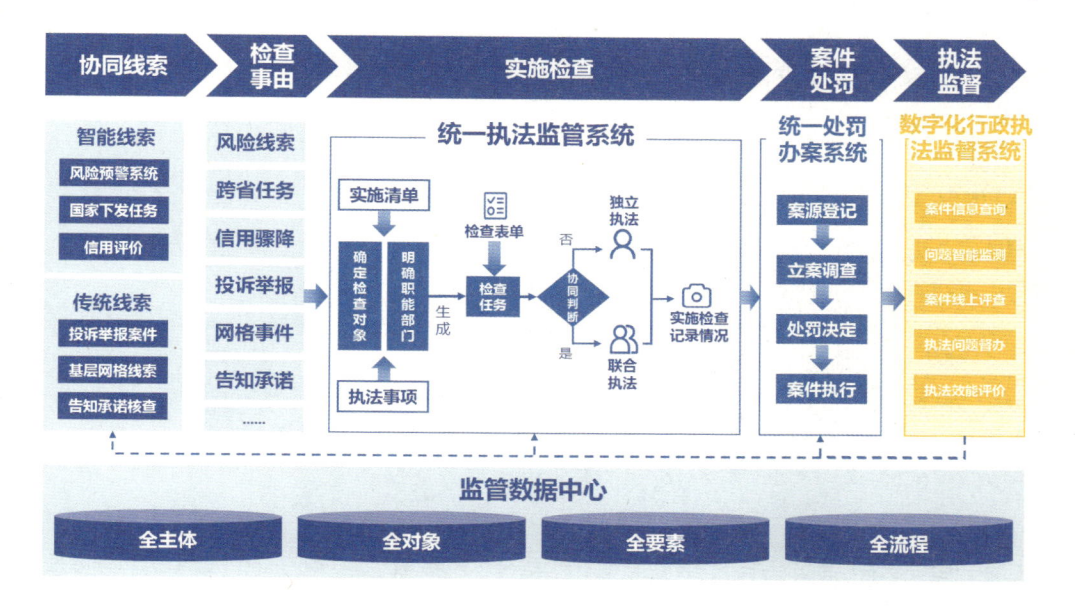

图 6-15 监管业务流程

建设统一执法监管系统，推动执法案件"线上办"。统一执法监管系统是政府执法监管的核心应用，有助于推动所有执法案件由"线下办"转为"线上办"，并通过统一流程、统一标准，解决当前执法监管整体性、协同性、标准性和规范性不够的问题。自 2019 年 7 月起，浙江省全面应用统一执法监管系统，覆盖 39 个执法领域，除部分检察办案业务仍依托 PC 端办理外，全省已实现掌上执法率 100%。该系统集成联合监管、双随机抽查和重点检查等功能，执法部门在收到检查任务指令后，将任务指派给执法人员，由其赴实地通过"浙政钉"的"掌上执法"应用开展行政检查。该系统支持全流程在线监管，并与统一处罚办案系统打通。对需要立案处罚的，通过检查转处罚功能，将检查结果信息推送至统一处罚办案系统。"掌上执法"的流转示意如图 6-16 所示。

建设统一处罚办案系统，支持全流程在线办案。通过全省统一处罚办案系统的不断建设和完善，浙江省的处罚办案系统逐步实现了"六统

151

一"：统一门户入口、统一处罚事项清单、统一办案数据库、统一业务流程、统一信息公示和统一掌上执法终端，支持全流程在线办案。统一处罚办案系统实现了以下 3 个应用场景的协同：检查环节与办案环节的协同、办案环节与归集环节的协同、办案部门与司法部门的协同。

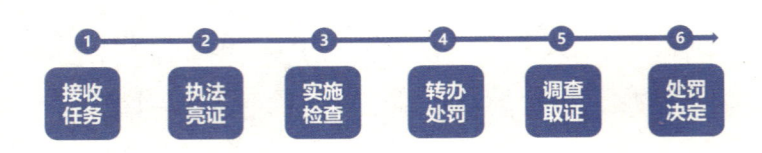

图 6-16　"掌上执法"的流转示意

除了统一执法监管系统、统一处罚办案系统，数字化行政执法监督系统也为推动执法监督评价，打造业务管理闭环发挥了重要作用，是推动监管业务完善和优化的重要抓手。

（四）支撑持续优化，助力打造执法监督管理闭环

浙江省"互联网+监管"平台支撑的数字化行政执法监督系统，通过监管数据归集，运用数字化手段发现行政监督中存在的问题，并以数字化处置流程进行在线监督处置，将监督问题、处置结果作为对监督评价的指标进行效能评价，从而构建"问题发现、问题处置、考核评价、监督成效、执法画像"全方位、全流程的数字化行政执法监督管理闭环（见图 6-17）。

第一，有效归集各类监督数据。行政行为数据是数字化行政执法监督系统的基础和核心。从监督范围来看，行政执法监督需要从"许可审批—投诉举报—监管检查—行政处罚—复议、诉讼"的"大闭环"执法体系出发，构建全方位、全流程的数字化行政执法监督系统。按照所描述的对象不同，我们可将监督数据划分为执法行为、执法要素、监督对

◎第六章 大应用

象和监督规则知识等数据。

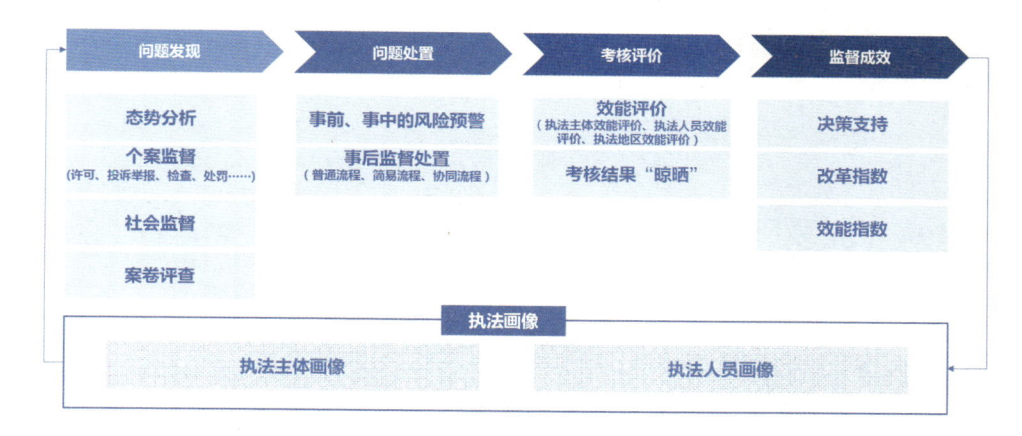

图 6-17 数字化行政执法监督管理闭环

第二，以技术手段发现执法问题。所谓数字化监督手段，是指依据监督规则，运用大数据、人工智能等技术手段，通过对执法行为数据进行实时的分析，及时发现事前、事中和事后存在的执法问题。在问题的发现形式上，我们可以从宏观和微观两个维度出发，构建态势分析、个案监督、社会监督、案卷评查等问题发现机制。

第三，促进相关问题有效处置。以往的执法监督属于事后监督，是一种补救措施。在形成数字化监督手段后，通过实时数据分析，不仅能发现事后的问题，还能发现事前、事中的问题，可以将原有监督的补救措施真正转变为一种纠错措施，达到重塑整个执法流程的目的；在问题处置流程上，除了确保能进行事后监督的监督处置流程，还增加了事前、事中的风险预警协同流程。

第四，形成执法效能评价。效能评价是促进法治政府建设的一种手段。效能评价可以提升执法效能和执法水平。执法监督效能评价管理是一套系统的、体系性的考核评价机制，即以某年度的执法活动、执法行为、执法结果、执法对象、工作协同为依据，建立效能评价模型，建立包括执法主体效能评价、执法人员效能评价、执法地区效能评价等内容的执法效能评价与效能考核体系。评价过程在线透明、问题可溯、结果公开，并成为法治政府考核结果的一部分。

四、从"互联网+监管"迈向"大综合一体化"

2022年1月，中央批复同意《浙江省加快推进"大综合一体化"行政执法改革试点工作方案》。同年，浙江省基于"互联网+监管"平台建设已取得的良好成效，迭代升级"互联网+监管"平台，建设"大综合一体化"执法监管数字应用。该应用于2022年9月上线，形成了从风险线索发现、责任研判到核查检查，再到对发现的问题进行处罚，最终到对整个执法流程进行执法监督的业务闭环，持续提升政府治理体系和治理能力现代化水平。

着眼未来，浙江省"互联网+监管"平台还将持续迭代完善，推进政府监管实现规范化、精准化和智能化。该平台未来的发展方向可分为以下5个。

第一，推动"服管"进一步融合。随着政府监管方式由事前审批向事中事后监管转变，审批制度改革逐渐进入"深水区"，加强事中事后监管越来越成为深化"放管服"改革和推进政府职能转变的关键环节。以信用监管为基础的新型监管机制进一步推进线上线下一体化监管，建立健全审批转监管的衔接工作机制和处置监管标准，不断完善与创新创造相适应的包容审慎监管方式，并提供面向群众的服务端。

第二，促进监管和监督进一步融合。监督不是目的，而是一种手段。监督的目的是提升执法对象整体的执法水平，而不是为了惩罚执法对象。通过数字化的手段，减少执法问题、规范执法行为，从这个角度出发，监督和监管不是对立的，而是同向而行的。随着数据分析能力的进一步提升，以及事前数据和事中数据协同的进一步提升，监管和监督将进一步融合，监督问题作为执法能力的输出，将通过实时的方式被反馈到执法人员手中，为执法人员提供服务。

第三，数字赋能推动监管方式进一步创新。随着网络经济、共享经济模式的变化，监管事项多、对象多、任务重与监管人员少的矛盾日益严重。因此，监督部门需要不断创新监管方式，提高监管效能：一方面，不断提升前端感知能力，降低制度性交易成本，同时推进执法风险预警，形成"风险监测—问题定位—风险处置—效能评价—全景画像"全过程监测，提升执法效率，规范执法行为；另一方面，对于新兴行业经济，采取包容审慎的监管方式，形成包容创新、审慎监管的社会共治管理格局。

第四，以信用引发自觉、自律。持续完善信用评价体系，促进职能部门的信用监管形成合力。例如，浙江省已对 67 种轻微违法行为实施告知承诺制，构建行业信用监管模型 49 个，让执法有力度、更有温度。监管部门进行规则设计、引导，以及采取必要的干预，创新监管方式，加强企业信用考核和企业信用公示，促进企业自觉、自律，以及行业健康发展。

第五，推动更高水平的一体化协同。随着"大综合一体化"行政执法改革不断深入，通过强化政府对行政执法的统一领导和协调，推进一体化协同指挥，实现跨部门、跨层级、跨地域联动响应，形成"统筹部署—协作实施—实时调度—全程监控"工作闭环。持续拓展执法监管"一件事"场景，开展"综合查一次"联合执法，通过统筹配置行政执法资源，更大范围地推进跨部门、跨地域综合执法，更大力度地整合执法职责和队伍，促成权责统一、权威、高效的行政执法新格局。

随着政府监管业务需求的变化，随着"大综合一体化"行政执法改革的深入，浙江省"互联网+监管"平台还将进行长期的迭代演进。

第三节 "浙政钉"：建设统一、高效的移动政务协同平台

随着全面深化改革持续推进，跨层级、跨地域、跨系统、跨部门、跨业务的协同需求增多，传统条块分割的线下协同模式或单点政务协同应用的挑战越来越大，这对党政机关组织结构优化和机关运行效能、政务服务水平、数智办公能力的提升提出了越来越高的要求。

为解决机关组织通信体系不统难通、机关人员沟通难且不畅、业务应用统而不通、政务数据有而难用、全链路安全难以保障等问题，浙江省于 2015 年开启了统一政务协同平台——"浙政钉"的建设，从刚开始的小范围试用，到逐步推广、深化应用、私有化部署，逐渐形成了覆盖全省党政机关工作人员的政务协同总平台。截至 2022 年年底，"浙政钉"已经为浙江省 190 多万个用户提供即时通信、音视频和文档协同等基础服务，同时提供组织体系、消息通知、待办审批、定位轨迹等近 300 个支撑组件，赋能全省 5000 多个应用开发，有效地提升了政府机关的数字化运行管理能力，助力浙江省打造"掌上办公之省"。

一、高效协同是实现数字政府的必经之路

传统的政府协同采用印制电话簿分发的形式共享联系方式，具有成本较高、联系方式更新较慢、沟通方式单一、无法实现细分权限控制等问题，难以高效地满足数字政府建设的需要。各级各部门间的协同主要

面临着 4 个方面的突出问题：一是无法快速、精准地找到需要协同的公务人员，无法快速获取对应公务人员的联系方式；二是无法根据公务人员的工作需要进行合理的权限控制，容易造成联系方式信息泄露；三是沟通方式单一，一对一的电话沟通无法适应全量政务协同场景；四是业务融合缓慢，缺少基础设施来支撑各行业内、行业间的业务协同。

建立一体化政务工作体系，以及相应的制度、流程、评价机制，逐渐固化成工具并持续迭代升级、持续运营，为各级各部门的协同提供便利，是加快数字政府建设的必经之路。"浙政钉"作为浙江省各级党政机关在治理侧的唯一入口，是实现省、市、县一体，以及部门间高效协同运转的重要载体。"浙政钉"以政府侧工作人员为中心，通过业务融合、技术融合、数据融合，以数字化手段赋能政府运行，推动实现政府侧的数字监管、精准决策、智能服务，最大限度地提升机关运行效能，加快推动业务变革、流程再造和制度重塑。

"浙政钉"的建设和运营是数字运营理念和数字技术交织互动、迭代升级的过程。一方面，"浙政钉"的完善离不开具体理念的指导；另一方面，"浙政钉"又是数字技术紧密结合政务协同业务需求并创新实践的结果。经过多年的探索实践，"浙政钉"以提升政务协同为根本，有效地提升了省域在线治理效能，在贯通横纵组织结构、机关人员沟通协同、支撑全域业务应用、促进平台生态创新等方面取得明显成效，建设了在线化、数字化、智能化的全省移动政务协同办公平台。

二、在技术侧助力组织、沟通和业务在线化

从数字运营的角度看，"浙政钉"在技术侧形成了以下 4 个方面的支撑。

(一)以"浙政钉"组织为基础实现条块协同

美国管理学家斯蒂芬·P. 罗宾斯（Stephen P. Robbins）认为："组织是对完成特定使命的人们的系统性安排。"不难看出，组织需要实现一定的目标，同时需要形成系统的协同关系。在长期的发展中，我国的行政组织体系形成了基本的结构性关系——条块关系。条块结构有其管理优势，但也有一定的弊端，如政府部门横向协同性较弱、跨层级的业务协同难，影响治理效能。

针对上述问题，浙江省打造了在线化、强协同的"浙政钉"组织。它是浙江省各级政府机构人员及政务相关服务人员为实现政府高效运行、互相协作而形成的集合，是线下组织结构的数字孪生，同时以数字技术为支撑实现了组织能力升级。通过建立"浙政钉"整体通讯录，将横纵管理模块和不同管理单位视为整体中的有机组成部分，并在整体和部分之间建立基本互联规则和自定义互联规则，基本互联规则适用于常态化组织架构与运行管理，实现横向多跨协同、纵向层级贯通；自定义互联规则则适用于非常态化场景和特殊人员，实现组织单元内互联互通且顺畅无阻。

第一，"浙政钉"组织实现横向多跨、纵向贯通。依托"浙政钉"建立全省统一政务通讯录：一方面，横向接入党政机关、人民团体、事业单位等各类政务组织机构；另一方面，纵向贯通省、设区市、县（市、区）、乡（镇、街道）、村（社区）、组（网格）6级。

第二，"浙政钉"组织实现互联互通、高效扁平管理。基于"浙政钉"整体通讯录、快速建群和开放搜索能力，"浙政钉"可以轻松、快速地实现多种场景的互联互通。利用"浙政钉"可快速构建跨部门、跨地域工作群，有效支撑重大任务专班化运作，推动政府管理从层级化向扁平化转变。

(二) 以"浙政钉"用户为中心的建设和服务

不断满足用户需求是"浙政钉"建设和运营的驱动力。"浙政钉"用户可被定义为浙江省政府机构人员及政务相关服务人员,即治理侧参与支撑政府运行、治理服务、治理管理和治理监督的人员,他们属于一个按照不同角色分类形成的用户体系。在实践中,"浙政钉"以用户为中心,以需求和问题为导向,不断迭代和优化系统基础协同、业务支撑、运营服务、审计监管和安全保障等系统能力,不断提升治理侧用户体验。以"浙政钉"用户为中心的建设和服务体现在以下4个方面。

第一,形成多角色的用户体系。"浙政钉"拥有190多万个用户。对于这些用户,我们可以从如表6-2所示的4个维度进行分类。

表6-2 "浙政钉"用户的分类

分类维度	用户类型
系统用户角色	用户、管理人员、运营人员、运维人员等
运营对象的重要性	超级高管、高管和一般用户
行政区划的属性	省、设区市、县(市、区)、乡(镇、街道)、村(社区)、组(网格)等不同层级的用户
业务条线的属性	党政机关、人民团体、事业单位等各类政务组织机构用户。其中,党政机关用户分为党委机构、政府机构、人大机构、政协机构、"两院"等用户

因为用户类型较多且用户分散,所以产生大量不同维度的问题和需求,导致系统提升方向分散。

第二,用户遵从组织互联规则。不同党政机关人员办公办事所需建立的沟通范围和职能范围既具有通用性,又存在一定的差异性,因此"浙政钉"整体通讯录制定了两类规范管理规则。一是可见性规则,即对不同区域、不同层级用户之间查看个人联系方式等敏感数据，以及任意建立沟通等互联互通行为制定相对开放性和基本约束性的规则。"浙政钉"支持 16 条默认可见性约束规则，实现平台用户间互联互通的合理、有序管理；同时，管理端支持灵活自定义可见规则、客户端支持用户间添加好友。二是保护性规则，即隐藏特定用户的个人联系方式等敏感数据，以及维护其不被任意建立沟通等互联互通行为的安全保护性规则，满足特殊用户的保密性安全保障需求。

第三，实现用户行为可量化。用户行为可量化是指在用户标签化的基础上，获取用户个人、用户和产品、用户和用户、用户和业务之间的互动行为数据，并通过数据分析、数据指标化实现对用户行为的量化和评估。用户行为量化主要用于运营服务提升、平台产品优化、成果案例汇报、组织效能评估和个人效能管理等场景。

第四，用户体系的衍生价值。"浙政钉"用户体系的衍生价值是指针对面向党政机关人员的业务应用，提供"浙政钉"统一用户体系组件支撑，助力实现全域业务用户通。"浙政钉"用户体系的支撑价值是指通过提供统一用户注册和登录、用户和组织信息管理等能力，依托 SSO 支持外部系统便捷地接入，全路径实现免登录等功能。

（三）依托双中台形成五大在线能力

"浙政钉"依托政务协同业务中台和政务协同数据中台，在移动端和 PC 端实现组织、沟通、协同、业务和服务五大在线，推动实现治理侧的整体智治、高效协同。五大在线的本质是"浙政钉"所形成的 5 种能力。

第一，组织在线能力。组织在线是指通过"浙政钉"基础产品功能支持组织相关业务场景需求,实现组织实时在线。例如,浙江省依托"浙政钉"建立全省统一政务通讯录,纵向覆盖省、设区市、县(市、区)、乡(镇、街道)、村(社区)和组(网格),横向接入党政机关、人民团体、事业单位等各类政务组织机构;浙江省利用"浙政钉"可快速构建跨部门、跨地域的工作群,有效支撑重大任务专班化运作,推动政府管理向扁平化转变;全省公务人员采用统一用户体系开展移动办公和业务应用,实现一个账号、一次登录和全网漫游。

第二,沟通在线能力。沟通在线是指通过"浙政钉"基础产品功能支持沟通相关业务场景需求,实现沟通即时在线。例如,"浙政钉"集成即时消息、文件传输、语音通信、视频会商和会议直播等服务功能,为全省政务工作人员提供高效、便捷的协同通信;通过Ding消息功能,实现对重要信息接收、阅读的实时监测提醒,确保重要工作指令一键触达。

第三,协同在线能力。协同在线是指通过"浙政钉"协同支撑组件支持协同相关业务场景需求,实现协同高效在线。例如,"浙政钉"通过底层数据中台和应用多端适配,实现政府内部和政务服务的流程协同及数据共享;个人、法人用户在"浙里办"、政务服务网、政务服务大厅申请的办事事项,流程与"浙政钉"日程代办、审批流程前后衔接,事项办结后的"好差评"数据在多端互通同步,保证政务服务评价"好评有记录,差评有人跟"。

第四,业务在线能力。业务在线是指通过"浙政钉"业务支撑功能支持政府侧全域相关业务场景需求,实现业务决策执行闭环在线。例如,浙江省依托"浙政钉"建设全省统一的移动政务应用支撑平台,形成组织架构、即时通信、表单工具和文档协同等支撑组件,为各地各部门快捷、低成本地建设业务应用提供"工具箱";依托"浙政钉"建设多跨协同的工作门户，集成接入办公、管理、决策类政府侧应用，切实减轻基层的负担，有效破除"指尖上的形式主义"。

第五，服务在线能力。服务在线是指通过"浙政钉"运营、技术和运维服务团队、服务工具等支持系统用户需求及问题闭环流转，通过建立评价机制保证服务质量，实现优质服务在线。例如，浙江省依托"浙政钉"服务团队，健全和完善服务标准规范、服务内容等服务体系，提高人工服务品质；依托智能客服服务工具，不断优化产品说明和 FAQ（Frequently Asked Questions，经常被问到的问题）知识体系，为所有用户提供实时问答服务。

（四）生态支撑和生态创新有机结合

"浙政钉"依托政务协同支撑能力建设，构建了以生态支撑为主、以生态创新为辅的统一办公应用生态。

第一，以生态支撑为主。"浙政钉"的生态支撑能力包括客户端 App Store 应用展示中心、管理端可配置应用的管理中心、开放平台可发布应用的管理中心。其中"浙政钉"移动政务应用开放平台包括两类核心组件：第一类为组织架构、即时通信、表单工具和文档协同等支撑组件，第二类为电子签章、天地图等集成组件，为各业务应用提供通用、丰富的"工具箱"。

第二，以生态创新为辅。"浙政钉"将平台理念与生态理念相结合，建设治理侧创新组件和应用生态平台，推动组件和应用沉淀创新，扩大平台效应，壮大平台生态，具体包括 3 种方式：一是在已有标准化组件的基础上，依据不同业务需求场景，通过再次解耦并重新耦合的方式，进行重组创新；二是围绕某些业务场景，借用平台已沉淀的大量低成本、高敏捷、可复用的资源，进行组合创新；三是通过优秀应用、标杆案例等激励考核加分形式，推动各地主动探索通用性业务场景，建设运行创新应用，对可复用价值较大的应用进行运营推广，实现"一地创新、全省复用"的良性发展态势。

三、在业务侧助力形成配套的运营服务体系

为赋能浙江省党政组织实现基于多跨的高效协同、安全管控、数字监管、精准决策和智能服务等场景，持续提升机关运行效能、丰富治理侧的业务支撑能力、共享政务协同大数据，"浙政钉"遵守业务和技术规则，建立了一套完善的运营服务体系。

（一）建立健全运营服务工作机制

"浙政钉"所形成的运营服务工作机制包括相关的制度规范、运营服务机制和安全管控机制等。

第一，制度规范。制度规范机制是开展"浙政钉"运营服务工作的第一机制，运营服务人员要遵循规范，按照标准开展运营服务工作，若不按照规范操作或造成安全隐患，则须接受相应处罚。规范并非一成不变的，而是会随着政策变化和时间迁移等进行迭代。围绕"浙政钉"所形成的制度规范众多，如面向系统管理员的"浙政钉"管理员权限管理规范，面向业务单位和生态应用开发商的"浙政钉"应用接入相关规范、"浙政钉"三方应用 SLA 管理规范等。

第二，运营服务机制。"浙政钉"的运营服务机制包括以智能化、数字化服务工具为手段，以问题、需求为导向的闭环管理，遵循最小优化单位的迭代和优化等运营服务机制。例如，即时解决系统用户问题的"浙政钉"智能客服系统、持续优化的服务知识库、问题和需求闭环流

转的工单系统、数字化运营分析工具、运营推广中遵循 MVP 的应用建设指导等。

第三，安全管控机制。"浙政钉"的安全管控工作机制包括以先进加密技术为手段的数据全生命周期闭环管理、管理安全分级管控、国家安全认证等安全管控机制。例如，数据安全中的信源加密、安全沙箱、隐形隧道[①]、远程毁钥等安全技术手段，管理安全中的登录设备可管可控、用户身份多重认证、敏感词汇自动过滤、安全网关全面护航等全周期全链路安全管理。

（二）以产品为运营的载体和对象

依托"浙政钉"系统建设的核心理念和产品架构，结合"浙政钉"三大服务机制，构建"浙政钉"运营服务架构。在构建统一办公应用生态的基础上，围绕决策、执行、监督等机关履职全过程，加快实施机关内部集成改革；以数据共享开发推动建设基层减负应用，探索建立"还数于基层、服务于基层"的现代化治理体系。"浙政钉"的运营体系如图 6-18 所示。

图 6-18 "浙政钉"的运营体系

---

① 隐形隧道是指在数据传输过程中形成的加密通道，用于保障数据在传输过程中的安全。

第六章 大应用

"浙政钉"运营服务架构遵循产品与服务对象一致性原则。"浙政钉"系统服务面向浙江省党政机关、人民团体、事业单位等各类政务组织机构，实现政务公共管理和服务人员全覆盖。技术主管部门（各级大数据主管部门）、生态企业（各应用系统开发商、运营和运维服务商）、业务单位（各应用系统建设业务单位）、用户（"浙政钉"的用户）在运营机制指导下输出整体服务能力，包括产品能力和运营服务能力。其中，运营服务能力包括运营服务团队、服务工具、服务成果等；整体服务的目标是实现治理侧协同办公领域中用户通、业务通、数据通、服务通和管理通。

运营主体是指运营服务能力的保障组织，即运营服务团队。团队职能分工应当遵循运营服务工作机制，团队职能包括用户运营、生态运营、产品运营、内容运营等。在"浙政钉"的运营中，除了运营服务团队，技术主管部门、生态企业、业务单位、用户也是重要的参与者，他们在任务决策、业务共创或提供反馈方面至关重要，共同组成了"浙政钉"的运营矩阵（见图 6-19）。

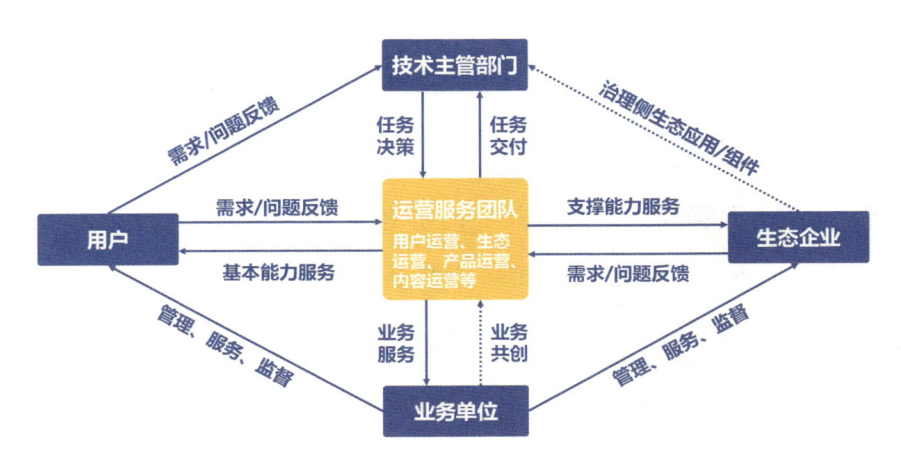

图 6-19 "浙政钉"的运营矩阵

（三）建立运营中台优化运营体系

浙江省依据治理侧运营要求和"浙政钉"系统运营需求，聚焦于"浙政钉"运营服务业务体系和数据体系，分别对应"浙政钉"业务中台和数据中台搭建"浙政钉"运营中台和前台，致力于用数字化定义"浙政钉"运营服务，真正实现服务通和管理通。其中建立运营服务业务体系是搭建运营中台和前台的基础，具体包括用户运营、生态运营、数字运营和渠道运营4个方面。

第一，用户运营与服务优化。用户运营是指以用户为中心的运营服务。"浙政钉"的用户运营的服务对象为全系统用户，重点服务对象为超级高管和高管，关键角色服务对象为系统管理员。它的主要运营服务场景包括通讯录运营维护、产品使用指导说明、产品管理使用培训、用户运营工具完善、问题需求闭环工单管理等。它的运营服务指标包括合规率、不活跃群数、问题解决率等。用户是服务优化的牵引。以通讯录运营维护工作中组织信息标准化治理场景为例，"浙政钉"实现了6级区划贯通，但区划属性节点存在节点类型不统一、命名不规范、组织代码不准确等问题。那么，制定何种标准、如何按照标准进行数据治理，是以用户运营促进服务优化要解决的问题之一。

第二，生态运营与服务创新。"浙政钉"的平台生态运营是指以业务为中心的运营服务，生态运营的服务对象为治理端全域业务，重点服务对象为党政机关，关键角色服务对象为应用管理员、ISV（Independent Software Vendors，独立软件开发商）联系人等。它的主要运营服务场景包括应用对接技术支持、应用审核操作指导、应用申请技术审核、应用流程搭建与管理等。它的运营服务指标包括是否应用埋点、应用审核时效、问题解决率等。

以应用对接技术支持业务场景为例，应用对接咨询细分场景，运营服务实施人为生态运营服务人员；运营服务实施对象为应用所属单位管理员或应用开发商；业务指标为应答时效和服务满意率；业务流程包括业务对象提出问题、服务人员有针对性地进行解答、成功解决、关闭对话入口，其中对话手段包括"1对1"单聊、群聊；业务知识资源为对接文档等。服务优化关键点为减少人工，加深智能工具参与程度，如使用智能机器人的问答自助功能，降低人工投入成本和查找文档的时间成本。

第三，数字运营与高效管理。数字运营是指以数字化为手段的运营服务。"浙政钉"的数字运营系统的目标用户包括区域管理员、单位管理员、应用管理员、运营人员等，主要运营服务场景是"浙政钉"整体运营业务。"浙政钉"的数字运营系统如图6-20所示。

图 6-20 "浙政钉"的数字运营系统

以"浙政钉"整体通讯录运营维护中组织信息整改场景为例，在该场景中，业务实施人员为用户运营服务人员，业务实施对象为"浙政钉"区

// 数字运营方法和实践 //

域管理员和单位管理员，业务指标包括整改时效和合规率，涉及的业务流程是"为实现组织信息规范管理，用户运营服务人员下达组织信息合规整改的任务指令——在任务指令的指导下，区域管理员对组织信息进行查看、核对、下载、非合规核实、消息通知等操作——单位管理员针对消息通知，进行组织信息合规整改，最终实现组织信息合规100%"，从而实现组织信息规范管理。基于"浙政钉"现有数字参谋工具，该流程有待优化。组织信息合规优化业务流程如图6-21所示。

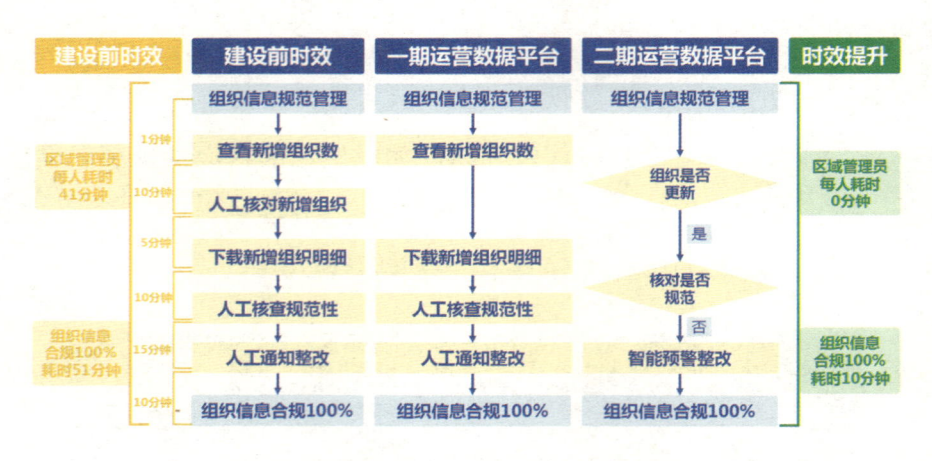

图 6-21　组织信息合规优化业务流程

第四，渠道运营与经验共享。渠道运营是指以省、市、县3级"浙政钉"服务商为统筹对象的运营服务，主要运营场景包括"浙政钉"省域、市域、县域运营服务体系的基础版和增值版。其中，基础版包括用户运营和生态运营的基础性服务咨询及基础性服务工具支持；增值版包括用户运营和生态运营的增值性服务咨询、增值性服务工具与共享知识、数据支持。在实践中，数字运营者支撑公共数据主管部门针对省、市、县3级党政部门的"浙政钉"服务进行统一规划、统一输出，通过权责建立分级分权机制，实现统分合一、资源共享、联动管理。

168

(四) 形成统分结合的权限管控机制

任何信息系统都应当坚守安全底线。"浙政钉"作为浙江省各级党政机关在治理侧的唯一入口,承担着让全省公务人员沟通协同的责任。上到省级领导、下到基层网格人员,从编内到编外,人员结构复杂。在确保用户的正常工作诉求得到满足的同时,"浙政钉"必须做好安全风险管控。同时,"浙政钉"承载了众多的业务应用,针对这些应用进行规范、有序的管理,也是保障其安全可靠的重要内容。"浙政钉"的安全保障涉及数据安全、管理安全和合规安全等多个方面。安全管控对监测平台的系统性风险起着至关重要的作用,是"浙政钉"安全、平稳运行的重要保障。在实践过程中,"浙政钉"已形成统分结合的权限管控机制,如图 6-22 所示。

图 6-22 "浙政钉"统分结合的权限管控机制

"浙政钉"共提供 42 类管理权限,分别对应"浙政钉"的 42 项核心功能。"浙政钉"的日常运营管理采用统分结合的权限管控机制,核心管理权限由省级主管单位统一管控,基层日常操作所必需的权限由各级各部门管理员分级分权管控。一方面,包括组织人员可见性在内的"浙政钉" 30 类核心权限是整个"浙政钉"管理控制的基石,在日常运营管理中,由省级主管单位统一运营;另一方面,结合"浙政钉"日常运营管理需求，对包括组织用户管理在内的12类权限进行分级分权管理，省级主管单位制定统一的管理规范，各级各部门根据管理规范进行日常管理和维护。省级主管单位定期对各级各部门管理员的权限、日常操作进行审计复核，核查各权限日常管控过程中的风险、问题，并根据需要进行专项整治。

在运行过程中，"浙政钉"统分结合的权限管控机制会根据省级主管单位的侧重方向、运行过程中发现的问题持续迭代和优化。下面主要从完善组织用户管理机制、开展组织用户专项整治工作、加强业务应用建设和上下架管控等维度解读"浙政钉"统分结合的权限管控机制。

第一，完善组织用户管理机制。组织用户是"浙政钉"的根基。经过不断迭代，"浙政钉"已形成省、设区市、县（市、区）、乡（镇、街道）、村（社区）、组（网格）6级行政组织，实现全省党政机关公务人员跨层级、跨地域、跨部门全贯通。要管理全省范围内数量庞大的组织，就需要进行分级分权管控。

同时，分级分权管控对"浙政钉"组织建设及维护过程中的管理规范性提出要求。例如，在"浙政钉"建设初期，数字运营者支撑公共数据主管部门主要围绕节点排序进行规范，先按照省、设区市、县（市、区）3级明确各节点内部排序规则，再按照委办、人大、政府、政协4套班子的先后顺序排布，紧接着加上"两院"、群团、民主党派、工商联等辅助机构，最后加上下属层级，形成了各层级排序规范。有了这套规范，就能够保证"浙政钉"组织架构的整洁有序，也为全省几万名"浙政钉"管理员的规范操作提供基础。

随着"浙政钉"组织用户管理的持续迭代，组织用户管理规范不断演进，逐步形成了《浙江省数字政府统一用户中心（政务侧）管理规范》。

第二，开展组织用户专项整治工作。在"浙政钉"的使用过程中，"浙政钉"组织树逐渐成为"浙政钉"的核心，是各级用户沟通协同的基础，也是业务应用建设的核心。随着"浙政钉"功能的持续迭代，在日常管理、应用调用过程中，经常会产生组织用户专项整治的需求。例如，在"浙政钉"的使用过程中，各级组织的部门出现非规范化简称，可能出现多个易混淆的"市××局"同名节点。为保障"浙政钉"组织节点的精确性，数字运营者支撑公共数据主管部门开展节点信息专项整治工作，在显示规范化简称的基础上，增加单位全称、规范化简称、组织机构代码等字段，并辅以行政区划等相关信息，为业务应用提供精确的组织节点。

"浙政钉"日常管理中也会产生专项整治的需求。例如，定期对全省几万名组织节点管理员的权限进行审计，识别并处置权限异常情况，避免因权限错配而产生风险。

第三，加强业务应用建设和上下架管控。从早期采用行政手段强制要求各级各部门业务应用上架"浙政钉"工作台，到现在"浙政钉"承载的应用百花齐放，已历时3年（2020—2022年）。这些变化离不开用户行为习惯的转变和统分结合、适度宽松的管理机制。

当前，"浙政钉"承载的应用实行由各单位自行开发建设、各级大数据主管部门分级审核的管理机制。各应用建设都已制定了完善的标准规范，如《浙江省数字政府统一用户中心（政务侧）应用接入规范》为业务应用使用"浙政钉"组织架构提供统一标准，《"浙政钉"应用设计规范》为业务应用适配"浙政钉"界面风格提供统一标准，《"浙政钉"应用接口规范》定义"浙政钉"各类功能组件的接口，《"浙政钉"应用验收规范》《"浙政钉"应用接入管理规范》定义了"浙政钉"应用上下架管理机制。各级公共数据主管部门按照上述规范，严格把控区域内应用的上下架工作,确保应用的质量。

值得一提的是,"浙政钉"的系统建设与系统运营之间存在相互促进、螺旋式上升的关系。一方面,先有系统建设后有系统运营,系统运营的过程是系统价值实现的过程;另一方面,系统运营中会产生新的改进建设需求,改进的结果是运营闭环驱动优化的结晶。因此,"浙政钉"的优化理念完美地体现了系统建设过程中的敏捷开发方法,同时又在系统建设与系统运营不断交替循环之中得以体现。例如,依托"浙政钉"客户服务和技术服务工单系统实现需求闭环落实,系统不断得到优化。

四、内外并进,进一步深化政务协同体系

"浙政钉"用数字技术支撑建设以高效组织、协同在线、业务在线为特征的在线政府,助力浙江省打造"掌上办公之省"。在长期运营和运维实践中,数字运营团队也在不断总结经验做法。未来,"浙政钉"还将进一步发展优化,内外兼修。

第一,进一步深化"浙政钉"内部协同体系。"浙政钉"作为全省统一的政务协同平台,将进一步汇集全省治理侧的业务,在数字政府建设重要底座的位置上加深、做强:在功能上,进一步提升"浙政钉"提供的各项基础能力,逐步整合功能对应的上下游业务流程,形成符合用户习惯的功能集合;在业务整合上,逐步推进"浙政钉"工作门户能力和应用接入,为用户使用提供更大的便利、更好的体验,推动"浙政钉"逐步成为全省政务工作人员日常工作的必备数字应用。

第二,"浙政钉"外部协同体系逐渐形成。从浙江省域来看,"浙政钉"与国企、高校、医院、金融机构等企事业单位的沟通协同还有待增强,数字化改革延伸扩面也会使得"浙政钉"的对外连接能力得到进

◎ 第六章　大应用

一步提升。从国家层面来看，随着"浙政钉"在浙江省数字政府建设过程中成效的逐步显现，我们期待在不久的将来，政府部门间协同的"浙政钉"浙江省模式会从省内推广至全国。

第四节　IRS：开创政务数字资源供给侧结构性改革新模式

2021年2月，浙江省在全国率先部署推进全面数字化改革，"数字浙江"建设进入新阶段。其中，高水平建设省、市、县一体化智能化公共数据平台[①]是夯实数字化改革数据底座，实现全省数字资源高质量供给、高效率配置、高水平统筹的重要举措。作为各类公共数字资源的合集，浙江省一体化智能化公共数据平台为全方位、各领域的数字化改革提供了关键的平台支撑。浙江省一体化智能化公共数据平台推进数字资源供给侧结构性改革示意如图6-23所示。

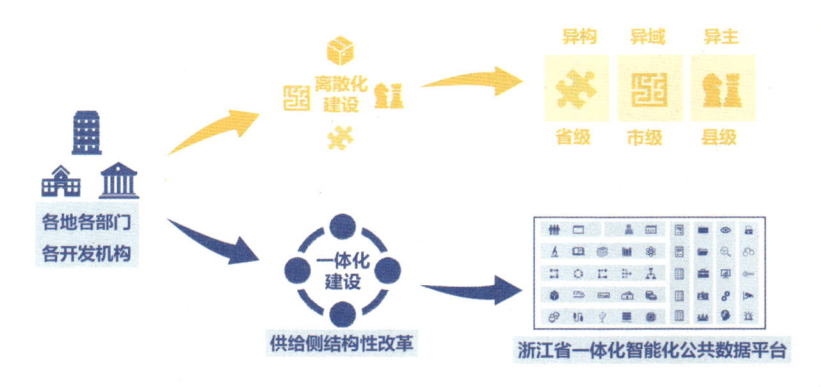

图6-23　浙江省一体化智能化公共数据平台推进数字资源供给侧结构性改革示意

[①] 根据从2021年8月5日开始实施的浙江省地方标准DB33/T 2350—2021《数字化改革术语定义》，一体化智能化公共数据平台是指以云计算、大数据、人工智能、互联网等技术为支撑，省域治理全过程数据感知、数据共享、数据计算的基础平台。

// 数字运营方法和实践 //

一、汇聚全省政务数字资源形成智能化总账本

过去 20 多年，各地各部门的数字化应用多是分级分域、各自建设的，普遍存在数字资源"底数"不清、低水平重复建设、资源流通不畅、配置效率不高、应用绩效难评价等问题。要建设能够提供有力支撑的浙江省一体化智能化公共数据平台，就必须对传统的数字资源生产方式进行供给侧结构性改革，并通过打造一个核心工具强化统筹管理，推进资源整合，实现数字资源高质量供给、高效率配置、高水平统筹。为此，浙江省围绕推动数字变革，建设了浙江省一体化智能化公共数据平台建设的管控系统——IRS，并于 2021 年 9 月在世界互联网大会乌镇峰会上首次亮相。IRS 首页检索的入口如图 6-24 所示。

图 6-24 IRS 首页检索的入口

IRS 是浙江省推动政务数字资源高质量生产、供给的重要实践，开创了省域政务数字资源供给侧结构性改革新模式。它通过汇聚浙江全省政务数字资源，摸清数字资源"底数"，建立政务数字资源高效配置机

制，创新政务信息系统集约开发模式，为实现数字化成果"一地创新、全省共享"提供了支撑，更好地赋能数字化改革场景应用创新，高质量支撑数字化改革。同时，数字化改革对 IRS 建设提出了更高的要求，驱动 IRS 高质量、高标准、高效率地支持数字化改革。

二、摸"底数"、强支撑，高效配置数字资源

自启动建设和上线以来，IRS 通过对浙江省政务系统的数字资源进行全面普查，形成了全省数字资源一本账；同时建立了"一揽子申请、一平台调度"的数字资源高效配置机制，创新政务信息系统的集约开发模式，促进数字资源有效利用。IRS 实现全省数字资源高效配置的具体做法和成效如下。

（一）支撑摸清数字资源"底数"

IRS 将数字化改革"四横四纵两端"架构中相对离散的基础设施、公共数据、应用系统、算法组件等数字资源进行全面普查，以"应用账本"为基础，通过钩稽关系形成了全省数字资源的智能化"总账本"。基于全省一套标准，对省、市、县 3 级 3430 个单位的 1 万多套政务类数字应用系统进行梳理和分析，并将这些系统运行依托的硬件资源、产生的数据资源、算法组件等通用模块进行分类编目，赋予每项数字资源唯一的身份编码，利用智能检索、NLP（Natural Language Processing，自然语言处理）、图谱推理等数据智能技术进行精细化管理，实现硬件资源管到端、数据资源管到项、应用组件管到接口，这也是浙江省首次对全省 20 多年的政务信息化建设成果进行全面盘点。由此，浙江省实现了全省数字资源"一本账管理、一站式浏览"，强化了政务信息系统的统筹规划，进一步解决了低水平重复建设难题。

（二）支撑数字资源高效配置

IRS 建立起全省政务数字资源的"大超市",打破过去各类政务信息系统的属地化、层级化管理的界限,实现省、市、县 3 级的政务云基础设施、应用组件、数据资源统一调度和统筹利用,形成省域政务数字资源高效配置的新格局,实现全省数字资源"一揽子申请、一平台调度"。

2022 年,IRS 探索实现数字资源自动开通功能,着力推动数字资源查询便捷化、审批环节精简化,提升资源供给效能,畅达资源供给的"最后一公里"。例如,在云资源自动开通场景中,过去云资源开通主要依赖人工,智能化程度较低,效率较低。为实现云资源自动开通目标,数字运营者分解出 4 项工作任务:一是网络通,自动化开通程序、IRS 及政务云开放应用编程接口（Open API）需要以网络通为条件,其中 Open API 位于政务外网环境中,需要打通政务外网调用链路;二是权限有,设置云资源创建及查看权限,如部门管理员 AK[①]、SK[②] 权限保障;三是要素全,包括云区、产品类型、规格、数量、VPC[③]、交换机等必备要素的信息;四是库存足,当云资源库存不足或云区"水位"在 80% 以上时,需要及时在云资源申请引擎中申请。浙江省通过对接省、市、县各级云平台,持续优化资源申请表单和审批流程,完成资源开通回执,促进各地主动进行资源自动化开通。目前,IRS 已统一全省云资源申请表单和审批流程,13 款云产品已实现资源自动开通,自动开通率达到 90%,云资源开通时效由天级（3.2 天）缩短至分钟级。

---

① AK 即 Access Key ID,用于标识用户。
② SK 即 Secret Access Key,是用户用于加密认证字符串和验证认证字符串的密钥。SK 必须保密。
③ VPC 即 Virtual Private Cloud,是指公有云上自定义的逻辑隔离网络空间。

（三）助力信息系统集约化开发

IRS 利用云原生技术，构建了一套完备的数字资源"生产线"，实现了政务信息系统开发从"作坊式"到"工厂式"的转变，对传统政务信息系统建设、管理模式进行了颠覆性重塑。在这条"生产线"上，全省数以千计的政务部门、开发单位都可以灵活复用各地各部门已开发的数字化工具和组件，高效地开发、集成信息系统，实现数字资源"一体化生产"。

例如，杭州市萧山区在项目评审中发现，多个项目均存在语音转译文字的需求。浙江省在跨地市组件需求收集过程中了解到舟山市、衢州市也提出了同类需求。为此，杭州市萧山区依托某科技企业的语音转写技术开发了支持语音预处理、语音识别文字和动态修正等功能的自然语言处理组件。该组件在 IRS 中上架后，已赋能舟山市、宁波市、衢州市、嘉兴市（海宁市、桐乡市）及杭州市萧山区等地的多个应用，实现"一地创新、全省共享"。

IRS 还推动实现全省数字资源的"一张网管控"，如图 6-25 所示。各地的应用在正式发布前，需要经过层层检测［如检测应用的 UI（User Interface，用户界面）规范、开发规范、性能规范和安全规范］，确保应用符合规范、安全可控、可实时监控。对于不规范的应用，IRS 实现了从传统的"事后排查"模式转变为"事前预警"模式，降低应用的潜在风险。在应用运行期间，IRS 将按照访问数据、应用心跳、用户数据等维度，监测相关应用的运行情况。

（四）助力专业化整体运营和运维

IRS 上线伊始，日常运行存在问题反馈入口不统一、运维边界不明确等问题。为保障 IRS 稳定运行、持续迭代，2022 年，浙江省启动 IRS 运营和运维子系统的建设，取得较好的运营和运维成效。

图 6-25　IRS 推动实现全省数字资源的"一张网管控"

首先，统一工单服务入口。按照统一标准将统一运营和运维页面集成组件接入省、市公共数据平台及部分重大应用，实现省、市、县 3 级工单统一收件、工单服务统一入口，确保 IRS 的相关故障问题能够得到及时排查，保障 IRS 高效运行。其次，实现高效运维。IRS 运营和运维子系统支持跨团队、跨地域流转，包括全省应用、组件、数据、云等资源使用过程中各类问题建议的处理流转及工单状态信息回流。2022 年，问题工单平均处置时长比 2021 年第四季度缩短了 73.25%。最后，实现用户反馈问题闭环处置。用户可向系统反馈问题解决情况，对于未解决的问题，运营和运维团队将持续跟进。在 IRS 运营和运维子系统上线运行后，问题解决率较 2021 年提升了 32%。例如，台州市某地行政服务中心在为一位市民办理不动产登记时，发现其名下的不动产登记数据有误，随即通过 IRS 运营和运维子系统提交问题工单，省某部门在收到该问题工单后，快速完成相关数据问题排查和修正，并及时回流数据[1]，确保数据共享无误。

IRS 多跨协同、纵向到县的数据反馈体系简化了问题处理路径，提高了反馈整改效率，实现数据质量问题"发现—反馈—整改"的闭环管理。

三、建立机制、明确规则，有效统筹数字资源

作为公共数据平台建设的管控系统和数字资源利用的操作系统，IRS 通过建立机制，明确规则，统筹应用协同、数据资源、组件资源、基础设施和项目管理，实现全省数字资源管理共性集约、个性开放、标准规范和枢纽通达，统筹平台建设和应用开发人员管理，支撑资源定义标准化、资源生产"工厂化"和资源供给"超市化"，赋能全省数字化改革场景应用创新。

（一）支撑资源定义标准化

有统才有通，数字资源标准不统一是造成"数据孤岛"、业务分散的重要原因之一。为了统一数字资源标准，IRS 通过定义应用、数据、组件和云资源的统一标准，以"同标"实现"同构"，推动相关单位共同参与，做到全要素按标准关联，增大资源的可流动性，实现数字资源"书同文、车同轨"，推动跨层级、跨地域、跨系统、跨部门、跨业务的业务协同与流程协同。具体而言，IRS 从以下 4 个方面实现资源定义标准化。

第一，应用目录要素标准化。应用目录涉及基础信息、项目信息和

---

[1] 数据回流是浙江省于 2021 年 3 月启动的公共数据自上而下大规模共享工作。其具体做法是将原本来自各地各部门，归集于省公共数据平台的数据，分批次回流共享至市、县两级，助力基层政府科学决策、精准服务。

资源信息（使用资源和生产资源信息、安全信息、厂商信息和效能信息）等。IRS建立起涵盖要素关联、要素更新等多个维度的应用画像，支撑应用统筹建设、闭环管理。

第二，**组件目录要素标准化**。组件目录涉及基础信息、发布部门、服务商、详细信息、技术报告、组件使用和评价信息等。例如，明确组件的技术领域，包括接口［如REST API、MQ（Message Queue，消息列队）等］、SDK（Software Development Kit，软件开发工具包，如Java SDK、Python SDK、C#SDK、JS SDK、C/C++SDK等）、Web页面集成等。准确、清晰的组件目录要素为组件跨地域调用提供条件，助力实现组件"一地创新、全省共享"。

第三，**数据目录要素标准化**。数据目录涉及基础信息、数源部门、归集情况和使用情况等。数据目录要素应当符合以下3个评价标准：一是全面性，要求应用或业务全覆盖且不重复编目；二是完备性，目录要素应完备，核心数据项应完整；三是准确性，要求名称规范、内容准确、动态更新及源头精准。高质量的数据目录为全省公共数据资源的高效配置奠定了基础。

第四，**云资源目录要素标准化**。云资源目录要素标准化为实现全省云资源的统一申请、统一审批和统一管理奠定了很好的基础。

（二）支撑资源生产"工厂化"

IRS对传统政务信息系统建设及管理模式进行颠覆性重塑。如果说过去的政务信息系统开发是"作坊式"的，那么基于IRS的政务信息系统开发则是"工厂化"的[①]。IRS采用"组件化应用装配+低代码工具辅

---

① 施力维，应磊，王黎婧. IRS，把"信息孤岛"连成"数字大陆"[N]. 浙江日报，2021-11-30（4）.

助开发"的方式构建数字资源"生产线",打造了高可靠、高安全和高效率的数字化大"工厂",大幅提高了应用开发效率、降低了应用开发成本、减少了重复建设。围绕数字资源生产"工厂化",IRS着重从以下4个方面发力。

第一,立标准。以往,不同开发商有着各自的技术标准体系,全省政务应用开发缺乏统一的标准规范。IRS建立了一站式"帮助中心",帮助各领域的开发者快速获取各类开发规范、UI规范、数据规范、政策制度、操作手册等,为应用开发提供制度标准保障。

第二,提效率。过去,存在不同开发商重复开发同类组件的情况,已有的组件资源难以被重复利用,不利于实现政府数字化项目投资效率最大化。IRS在筛选优质智能组件时,会优先考虑能够SaaS化部署至省政务云的组件,从而有效地提升组件的复用性。一方面,IRS可以解决云资源弹性扩容、负载瓶颈、数据安全责任和费用的问题,降低组件发布单位的运营成本;另一方面,IRS可以提高各地各部门建设和使用组件的积极性,节约开发时间,提高组件"复利",赋能应用开发。

第三,降成本。长时间以来,大多数应用开发项目都是从零开始写代码来进行开发的,无法充分利用已有的数字资源,开发成本居高不下。IRS"应用工厂"为开发单位提供了一系列低代码开发工具,在开发表单、流程、大屏和地图等应用场景时,可以借助工具快速实现目标,减少代码开发量。此外,由于全省应用统一部署,IRS还节省了自建工具的采购和部署经费,确保相关工具统一同步升级。

第四,保安全。长久以来,应用开发侧重功能实现,对代码安全和数据安全的重视不够,代码泄露等安全问题层出不穷。IRS通过集成各类代码安全设计插件,融合通用及行业自定义代码规范,提供代码漏洞扫描、安全检测等工具，持续扫描代码生产全过程，保障应用系统设计、开发、测试和验证等阶段的代码安全。

（三）支撑资源供给"超市化"

IRS 将全省海量应用、数据、组件和云等数字资源摆放到虚拟的"货架"上，实现全量分品类在线，形成数字资源"大超市"。各地各部门可以通过统一申请表单，在这个"大超市"里进行"购物式"的资源申请，最终实现全省数字资源"一本账管理、一站式浏览、一揽子申请、一体化生产、一平台调度、一张网管控"。

四、从 IRS 数字运营实践中获得的经验和启示

IRS 是浙江省数字化改革的标志性成果，也是浙江省在探索全省数字资源统筹管理、高效共享方面的创新实践，开创了省域政务资源供给侧结构性改革的新模式。从 IRS 数字运营实践中，我们可以获得以下经验和启示。

（一）以业务规则和技术规则规范资源供给

浙江省在 IRS 的建设、运营和运维过程中形成了一系列业务规则和技术规则。在业务侧，浙江省沉淀了包括《浙江省应用统筹管理办法（征求意见稿）》《浙江省组件运营评分标准（试行）》在内的 20 余项业务规范或工作机制。在技术侧，浙江省在 IRS 建设之初就启动了各类数字资源要素的标准化工作，统一资源申请表单和申请流程，制定了《浙江省应用目录编制规范》《浙江省公共数据目录编制与管理指南》《浙江省应用组件目录编制规范》《浙江省政务云资源目录编制规范》《组件共建共享工作细则》5 项要素规范。在这套规范的指导下，IRS 实现

了系统有序、高效运行，保证了全省数字资源开发利用步调一致。

（二）充分发挥 IRS 的数字资源中枢作用

IRS 作为平台，具备 PaaS（Platform as a Service，平台即服务）的特征。PaaS 能够整合各种现有业务能力，包括应用服务器、业务能力接入、业务引擎和业务开放平台等。IRS 向下根据各系统业务能力的需要测算基础服务能力，通过 IaaS（Infrastructure as a Service，基础设施即服务）提供的 API 调用硬件资源；向上提供业务调度中心服务，实时监控平台上的各类资源，并将这些资源通过 API 开放给 SaaS 用户。作为应用开发型中台，IRS 的价值在于提升应用开发效率，包括低代码平台、无代码平台、业务中台和 BPM（Business Process Management，业务流程管理）平台等。作为集成服务型中台，IRS 的核心价值在于可以解决"数据孤岛"问题并深度挖掘数据价值，包括数据中台、API 管理平台等。作为底座支撑型中台，IRS 的核心价值在于可以提供以云原生技术为主的底层技术支持，包括容器、微服务等。

（三）对各地应用建设实施"一张网管控"

一是建设门户子系统，打造 IRS 指标看板，从应用评价、资源申请、资源使用和运行监测等多个维度，制定 20 余项指标，为相关业务负责人提供数据依据和决策支持；二是建设应用工厂子系统，严格控制应用发布部署和代码检测，规范应用全生命开发周期，支撑实现"一体化生产、一张网管控"。

（四）以专业运营和运维支撑 IRS 良性发展

IRS 运营和运维子系统建立了自下而上的工单机制和自上而下的任务机制，通过设立问题平均处置时长、用户评价、问题解决率等多项指标，对相关运营和运维团队建立起评价体系，使"以评促建"保障系统的运行质量得到稳步提升。例如，为贯彻落实《浙江省公共数据条例》，IRS运营和运维子系统围绕数据治理问题工单时效梳理功能需求，优化数据治理问题工单流转流程，减少不必要的流转节点。

IRS在实现资源一本账管理的基础上，不断提升资源监测能力，打造运维处置闭环，全面掌握数字资源全生命周期，对数据接口调用、组件调用、云资源使用等多个场景进行全方位监控。

此外，IRS运营和运维子系统还需要形成相应的机制、要素、规范、知识沉淀，如业务标准、技术规范、SOP（Standard Operating Procedure，标准作业程序）、常见问题、操作手册等，赋能全省平台运营人员通过培训和演练、考核、认证等方式，不断提高参与数字化改革的工作人员和软件开发厂商的响应能力，不断提高系统的好用、易用水平。

五、面向未来形成"四个全"的能力

IRS的建设已取得初步成效。未来，IRS将继续做深、做实"六个一"核心场景，夯实一体化、探索智能化，形成"四个全"的能力。

第一，**数字资源全领域覆盖**。推动全省应用、数据、组件、云、IoT（Internet of Things，物联网）和视联网等数字资源全量覆盖，实现硬件资源管到端、数据资源管到项、应用组件管到接口，使IRS的功能更强大、支撑更有力。

第二，**数字资源全方位供给**。进一步提升系统统筹能力，实现数字资源目录实时更新、全要素自动关联，让数字资源一本账更清晰。同时，探索数字资源自动开通功能，持续优化资源申请表单和审批流程，拓展表单自动填报内容，助力实现"智能秒办"。探索建立全省数字资源的标签画像体系，通过语义分析、相关度排序等技术打造智能搜索引擎，形成全省数字资源图谱，实现从被动搜索到主动推送的转变，进一步提高检索精准度。

第三，数字资源全链条在线。不断迭代和优化"应用工厂"，通过接入各类开发工具，丰富智能组件工具箱，提供更多中台能力，提升应用开发效率，深化应用代码检测、漏洞扫描，规范化部署发布。

第四，数字资源全周期管理。建立全省数字资源运营和运维体系，推动省、市、县3级平台规范运维行为、健全运维机制，促使标准规范更完善、指标监控更实时、资源运行更稳定、工单处理更高效，促进信息化建设质量的持续提升。

在此基础上，主管部门确立了以 IRS 为纲的原则，探索实现从"六个一"向"三个一本账"升级，努力实现从数字资源一本账、资源配置一本账到资源运行一本账的迭代升级。

综上所述，IRS 开创了省域政务数字资源供给侧结构性改革新模式，是"数字浙江"建设的一项重大创新，以数字化改革驱动实现"两个先行"，助力打造全球数字变革高地，为加快构建和完善数字资源高效配置机制提供了"浙江经验"。

第七章　大数据

大数据和大应用、大运维密切相关。大数据是支撑大应用正常运转的数据服务底座，大应用产出的数据又不断反哺大数据并提升数据的多样性。大数据的流通、提质、共享及开放，离不开大运维提供的技术支撑；大运维保障正确的人在正确的时间、正确的地点获得正确的数据，阻断非法访问。针对大数据，本章从数据资源体系的定位、组成和数字运营在数据资源体系中的定位，数据资源体系的技术支撑，数据资源体系的业务支撑，以及大数据未来展望等维度进行深入剖析。

第一节　数据资源体系的定位、组成和数字运营在数据资源体系中的定位

过去，公共数据往往被存储于国家机关、法律法规规章授权的具有管理公共事务职能的组织，以及供水、供电、供气、公共交通等公共服务运营单位[①]。随着各地陆续出台公共数据相关管理办法，并开始成立公共数据主管部门、建设公共数据平台，公共数据的共享属性和权责关系被进一步明确，各地逐步消除"数据孤岛"和"数据烟囱"，这些数

---

① 从 2022 年 3 月开始实施的《浙江省公共数据条例》规定："本条例所称公共数据，是指本省国家机关、法律法规规章授权的具有管理公共事务职能的组织以及供水、供电、供气、公共交通等公共服务运营单位（以下统称公共管理和服务机构），在依法履行职责或者提供公共服务过程中收集、产生的数据。"

据的公共价值才得到进一步挖掘和释放。

经过多年的创新实践,浙江省围绕公共数据编目、归集、治理和共享利用形成了一系列的体制机制,有力地推动了公共数据从以部门内部小范围使用为主,转向依托公共数据平台实现跨层级、跨地域、跨系统、跨部门、跨业务的高效共享,促进公共数据互联互通的一体化集成,为各类数字化应用提供了坚实的数据和业务支撑。

一、数据资源体系的定位

从数字运营的角度看,在大数据业务中,数字运营的重心并非建设具体的数据应用,而是要给所有具体的数据应用建设一个可以互联协同的平台,便于更好地形成高质量的数据资源体系。数据资源体系的建立和运行离不开相应的组织、制度、流程、工具和评价。例如,在组织上,各地政府开始成立各级公共数据主管部门,在各业务部门设立相关的数据部门或专职数据人员;在制度上,政府通过制定相关的数据制度,明确数据的共享属性,明确公共数据主管部门、公共数据提供部门和公共数据使用部门的职责等;在流程上,政府已经明确公共数据横向、纵向的共享协同关系,以及公共数据对外开放的协同关系等;在工具上,建设省、市、县3级的公共数据平台,为公共数据共享和开放提供支撑载体;在评价上,对数据供给质量形成评价体系,推动数据高质量治理和供给。数字运营者的任务是帮助公共数据主管部门建立和运营数据资源体系,不断提升数据资源体系的能力和效率。

要建立高质量的数据资源体系,就需要在顶层设计上解决数据汇聚、数据质量、数据共享和数据开放4个关键问题。从浙江省的实践经验看,数据资源体系的建立路径可以总结为"以支撑重大应用为抓手,牵引整个平台的建设"，在省级公共数据平台的建设趋于成熟后，通过公共数据平台的建设导则要求各市、县跟进建设，保证省、市、县3级平台遵循相同的技术标准。

上述4个关键问题也是建立高质量的数据资源体系的关键环节。**第一**，确保公共数据能够从数据提供部门通过数据目录和归集工具，实现多源头数据的集中式汇聚和管理。**第二**，提升数据质量，如浙江省从公共数据治理开始，通过定标准、做认证、做评分等措施确保数据质量管理手段就绪。在治理工具中配置治理规则和任务，对异常的任务配置监控规则，确保所有治理任务顺利执行，并发现治理后的问题数据，将问题数据反馈给公共数据提供部门进行整改后重新归集，通过对问题数据的多次整改和转换，确保提升公共数据的质量。**第三**，在数据质量达到一定的标准后，推进数据共享和开放，促进数据的深度利用。在公共数据共享方面，通过打造批量数据和接口数据工具，确保治理后的数据可共享到政府侧公共数据使用部门；在公共数据开放方面，通过建立公共数据授权运营机制、搭建开放网站、打造开放域工具，为社会侧的应用提供公共数据供给或服务保障。

二、数据资源体系的组成

从数字运营的角度看，数据资源体系包括组织、制度、流程、工具及相应的评价支撑。

（一）组织：形成多主体共建共用共治的组织保障

大数据作为一个业务体系，需要把业务产生的数据变成可流通的高质量的数据资源。要让数据高质量地流动、被高效地利用，就需要有相应的组织围绕数据的流动、数据的使用和数据质量的提升等开展相应的工作。因此，数据资源体系需要提供相应的组织保障。值得注意的是，这种组织保障不仅包括政府侧的公共数据主管部门，还包括围绕大数据相关业务和数据支撑形成的数据运营生态。

成立公共数据主管部门并明确业务部门的专职数据人员。从浙江省的实践来看，一方面，省、市、县3级成立了公共数据主管部门；另一方面，省、市、县3级的每个业务部门都成立了对应的数据部门，并设置负责数据资源体系各项工作的专职数据人员。这样就形成了每项数据工作都有专职数据人员负责的机制，确保数据可在政府侧和社会侧流动，进而实现有效利用。

形成数据运营生态。从省域范围来看，省、市、县3级建设了上万套信息系统。随着信息系统支撑的业务场景日益增多，产生了大量杂多且密度价值较小的数据。因此，除了各级大数据管理部门和业务部门，还需要数字运营者、数据开发者和数据运维者等多样化的专业人员进行支撑。这些人形成了数据运营生态。

由此可见，数据资源体系的组织体系是由数千人甚至上万人组成的，包括公共数据主管部门、各部门的数据管理人员和数据运营生态。不同角色有不同的分工和职责，从而保障了数据资源的高质量供给，为实现数据的高效利用奠定了基础。

（二）制度：明确职责关系和数据标准

数据资源体系的目标是实现整个数据资源的标准化、在线化、品质化、高安全和深度挖掘。在实践中，浙江省的公共数据主管部门围绕数据资源体系的目标制定了各种配套制度，指导数据资源体系中的各主体明确自己的职责和分工，确保数据资源体系中的数据能够正常运行。与大数据相关的制度包括以下两个方面。

一方面，明确各业务协同主体的职责关系。 从省域范围来看，省级公共数据主管部门负责数据资源体系的统筹管理和监督工作，制定全省数据资源体系的各种规范、制度和考核标准，指导业务部门和市、县开展与数据相关的工作；设区市公共数据主管部门承接省级指示并根据管辖区域的自身发展情况进行数据统筹和管理，可制定适合自身当前发展情况的制度、规范和数据考核标准，管理并监督同级业务部门和县（市、区）公共数据主管部门根据相关规范、制度与考核标准开展相应的数据工作；与各部门相关的数据运营生态完成部门数据的采集、归集、治理、共享和开放等数字运营工作，做好技术服务，支撑相关的体制机制落地实施。

另一方面，明确可落地实施的数据标准。 这些标准涵盖多个方面：在数据标准化方面，要形成数据元管理、数据模型管理等制度和规范；在数据在线方面，要形成数据编目、数据归集、数据建仓、数据共享、数据回流等制度和规范；在品质化方面，要形成数据治理、数据治理系统建设导则等制度和规范；在数据安全方面，要形成相关的数据分类分级、数据脱敏等制度和规范；在深度挖掘方面，要形成深度挖掘指南、细则等制度和规范。

（三）流程：理顺数据流通的三大体系

数据资源体系的数据流通包括三大体系：供需对接体系、数据通道体系和数据治理体系。

供需对接体系。 供需对接体系包括对已归集数据和对未归集数据的需求对接。一是针对已归集的数据，公共数据使用部门发起数据申请，公共数据主管部门进行审批，数字运营者从技术维度对申请通过的数据进行授权，确保公共数据使用部门可查询归集的数据，实现供需对接。二是针对未归集的数据，公共数据使用部门发出数据需求清单，公共数据主管部门进行审核确认，公共数据提供部门根据生成的数据责任清单进行数据编目、数据归集、关联接口等操作，数字运营者对公共数据使用部门提交的需求进行合理性校对，确保公共数据使用部门的需求被满足。

数据通道体系。数据通道体系包括数据编目、数据归集、建设数据库、数据共享和数据开放。一是数据编目，公共数据提供部门需填报数据产生的系统信息，并填报系统中的数据目录信息，公共数据主管部门对提交的数据目录进行规范性审核。二是数据归集，在归集交换[1]模式下，根据公共数据提供部门提交的数据归集需求在归集库中建表，公共数据提供部门推送数据到在归集库中所建的表中；在"数据高铁"[2]模式下，在"数据高铁"的"高铁"库中建表，并拉取公共数据提供部门的数据到"高铁"库对应的数据表中。三是建设数据仓库，根据归集的数据表，建设统一的数据清洗、共享、人口、法人、信用和证照等基础库，为数据批量共享和接口共享提供支撑。四是数据共享，公共数据使用部门根据自身业务需求提交批量数据或接口数据申请，公共数据主管部门对其进行审核，数字运营者对公共数据使用部门提交的数据申请进行数据开通操作并为其提供必要的技术支撑，确保公共数据使用部门可顺利获取批量数据或接口数据。值得注意的是，在数据批量共享方面，

---

[1] 归集交换可联通各省级单位和各设区市的数据，通过前置机数据库、归集库实现数据同步和部门业务数据汇聚。
[2] "数据高铁"是一种数据采集、传输的新技术，为浙江省首创的数据共享基础设施。关于"数据高铁"，本章后续内容将进行详细介绍。

2021年，浙江省在全国率先实施了大规模数据回流——设区市公共数据主管部门根据业务需求提交数据回流申请，省级公共数据主管部门对数据回流申请进行审批，数字运营者做好技术支撑，先根据地域属性将全省数据表切分、筛选为设区市数据表，再授权数据到设区市数据库中，确保设区市可获取批量回流数据，同理，设区市根据地域属性将回流的数据切分到县（市、区）数据表并授权到县（市、区）数据仓库，确保县（市、区）可获取省级批量回流数据。五是数据开放。社会侧的数据使用方提交数据开放申请，公共数据主管部门审核数据并分配数据库，数字运营者对授权的数据进行模型开发并开发数据应用接口，确保政府开放的公共数据满足社会侧数据使用方的业务场景需求。

数据治理体系。数据治理体系包括常态化治理、数据标准化治理和问题数据整改3个方面。一是实施常态化治理。在对归集的数据配置通用治理规则后执行清洗任务，将数据分为优质数据和问题数据，公共数据提供部门可查看本部门的问题数据并进行修订和优化。二是推动数据标准化治理。通过对共享的高频数据定义权威数据来源，确认每个数据项的名称、定义、数据格式、值域和数源单位等，并对归集的数据配置"一数一标准"治理规则，提升数据标准化水平。三是进行问题数据整改。公共数据使用部门对在数据使用过程中发现的问题数据提交问题工单，公共数据主管部门进行审核和管理，公共数据提供部门对问题数据进行整改和重新归集，公共数据使用部门对整改后的数据进行验证和评价，确保实现问题数据闭环处理。

（四）工具：打造数据资源流通载体

打造数据资源体系工具的本质是形成支撑数据资源流通的载体。打造数据资源体系工具的目的是做好数据资源体系的技术支撑，确保多主体的数据资源体系组织在制度的约束下持续优化数据流程，保障数据在数据资源体系工具的支撑下源源不断地双向流通。打造数据资源体系工具包括以下 3 个方面。

打造数据供给工具，确保数据能用和可用。数据供给工具主要包括数据目录、归集、治理、数据库、共享和开放等环节中所需的工具。浙江省在实践中打造了一系列的数据供给工具，其中部分数据供给工具如表 7-1 所示。

表 7-1　浙江省打造的部分数据供给工具

工 具 名 称	主 要 功 能
数据目录系统	实现对公共数据提供部门的生产数据在线展示，主要功能包括信息系统普查、数据编目、审核、归集提交、数据需求对接等
IRS	实现数字资源一本账管理，主要功能包括应用注册、云资源和数据资源查询、申请、审批，数据导出申请、审批等
数据探查工具	实现数据动态化编目，主要功能包括数据探查任务配置、标记编目数据和提交编目等
数据交换系统	实现对数据的采集和汇聚，主要功能包括归集工单、归集清单和归集监控等
"数据高铁"工具	实现数据准实时和实时同步，主要功能包括数据源管理、元数据管理、任务管理和监控管理等
数据治理系统	实现对归集数据的治理和问题数据的在线反馈，主要功能包括治理结果、清洗规则和问题数据反馈等
大数据分析处理平台	实现对治理数据的加工、分析和挖掘，形成共享数据库和基础数据库，主要功能包括数据开发、数据集成、任务运维和角色管理等
数据共享系统	实现对数据接口的一体化管理，主要功能包括接口生成、注册、申请、审批和监控等
开放域系统	支撑公共数据安全、合规地向社会开放，包括企业工具和运维工具。其中，企业工具实现对开放数据的申请和使用，主要功能包括数据资源申请、数据模型开发及应用管理等；运维工具支撑运维人员实现对企业申请的开放数据进行"可用不可见"的管理，主要功能包括合作方管理、网关管理、脱敏管理和数据沙箱服务等

打造数据运营工具，确保数据易用和好用。数据运营工具主要包

括数据说明书、数据质量评分和数据认证。其中，数据说明书帮助公共数据使用部门理解和使用数据，主要功能包括数据说明书配置、验证、预览等；数据质量评分实现数据的多维度展示，主要功能包括治理任务提交、审核和分值展示等；数据认证实现从多个维度对归集数据进行评分，主要功能包括认证申请、审核、配置、上线/下线和分值展示等。

打造数据安全工具，确保数据可以放心用。数据安全工具实现常态化数据安全风险监测和风险防范，筑牢数据安全防线。围绕公共数据全生命周期各环节安全防护的要求，数据安全工具主要功能包括权限管控、数据脱敏、数据加密、数字签名和日志审计等。

（五）评价：持续优化数字资源体系

对数据资源体系进行评价的目的是通过建设高质量的公共数据平台，让公共数据基于公共数据平台实现高效流通、共享和开放，充分释放数据的价值。为了持续不断地优化公共数据平台，公共数据主管部门要通过评价来保障和提升公共数据平台的建设水平，包括建立评价体系核心指标并形成辅助决策的数字化依据，数字运营者要在这个过程中做好评价的工具支撑和数据准备。

从浙江省的实践来看，公共数据主管部门根据数据资源体系的演进阶段，定义多个数据评价指标，确保数据资源体系持续不断地进行迭代和优化。一是定义需求满足率。满足需求是公共数据供给的出发点和终点，定义需求满足率是为了考核公共数据的供需对接满足情况。二是定义数据在线指标。在引入"数据高铁"后，定义数据在线指标可以确保数据被及时、完整地归集。三是定义问题数据整改率。随着公共数据被使用和共享，定义问题数据整改率可以促进问题数据的优化和整改。

◎第七章 大数据

此外，随着数据治理水平的提升，定义高质量认证率、数据标准化率和数据质量评分等评价指标可以更好地衡量数据的供给质量，推动实现数据的高质量供给。随着数据资源体系的不断优化，公共数据主管部门定义数据利用率评价指标，提升归集数据的活跃度；随着数据对外开放需求日益增多，公共数据主管部门定义数据开放评价指标，放大开放数据的倍增价值。

定义公共数据核心评价指标的目的是最大限度地满足业务尤其是重要业务需求。反之，根据数据指标真实的数据值又可以调整和优化数据资源体系的组织、制度、流程和工具等。此外，定义公共数据核心评价指标还可以促进形成各部门在数据的编目、归集、治理、共享处理等整个流通链路的高效协同的责任链和执行链，从而实现快速执行和响应，保障数据高质量供应和分发。

三、数字运营在数据资源体系中的定位

数字运营在数据资源体系中的定位是在技术、运营和管理方面为数字化应用提供数据支撑，包括针对数据资源体系所涉及的多种数据工具提供技术支撑，针对数据资源体系所涉及的组织运行、制度落地、流程运行提供运营支撑，以及针对数据资源体系所涉及的评价指标提供管理支撑。

数据资源体系的技术方面。数字运营为数字化应用提供工具类的技术支撑，确保公共数据可在数据工具中高效流动。一是数字运营者在数据资源体系中打造数据供需在线工具，支撑公共数据使用部门在线提交和查看数据需求满足信息，支撑公共数据提供部门在线审批和处置本部门所涉及的数据需求信息，支撑公共数据主管部门在线审核、分析、管

理所有提交和满足的数据需求。二是数字运营者在数据资源体系中打造数据通道在线工具，支撑公共数据提供部门在线供应真实数据至公共数据平台，支撑公共数据主管部门统一、集中管理和分发供应的真实数据，支撑公共数据使用部门快速查询和获取供应的真实数据。三是数字运营者在数据资源体系中打造数据治理在线工具，支撑公共数据提供部门及时修正和治理本部门供应的问题数据，支撑公共数据主管部门筛选和分派供应的问题数据，支撑公共数据使用部门发现和验证获取的问题数据，以及支撑公共数据使用部门对问题数据处理结果进行在线评价和反馈。四是数字运营者在数据资源体系中打造数据运营在线工具，辅助公共数据提供部门对供应的本部门数据在线填报数据使用说明书，降低公共数据使用部门使用供应数据的门槛；辅助公共数据主管部门对供应数据的质量进行多维度打分，以及辅助公共数据主管部门对供应和分发的数据进行多维度认证打分，提升公共数据供给的质量、增大公共数据的利用价值。

数据资源体系的运营方面。数字运营为数字化应用提供运营支撑，确保打好公共数据基础。一是数字运营者协调多个部门的专职数据人员和数据技术生态人员共同完成数据流通工作，保障数据资源体系日常的正常运转。二是数字运营者协助各级公共数据主管部门制定可落地的各种公共数据流通制度，让各类主体明确自身在数据资源体系中的职责和分工。三是数字运营者协助公共数据提供部门、公共数据主管部门和公共数据使用部门理顺数据资源体系的数据流通三大体系，指导各类角色开展与数据相关的工作。

数据资源体系的管理方面。数字运营为数字资源体系提供评价指标管理支撑，确保不断提升各类角色在数据资源体系中的参与感和体验感。数字运营者在数据资源体系全流程服务过程中，协助公共数据主管部门持续定义和调整数据流通过程中各核心节点的服务指标，确保量化数据服务效果和价值，并为数据资源体系中所涉及的各类角色提供多种"贴身式"服务，从技术角度协助公共数据提供部门、公共数据主管部门、公共数据使用部门落实各自部门的职责、专职数据人员的具体责任和数据运营生态职责。

第二节　数据资源体系的技术支撑

公共数据平台的本质是连接多个系统的中枢：一方面，它上连多个大应用系统，下接多个基础资源；另一方面，围绕公共数据流通和共享，它需要具备数据供需在线、数据通道在线、数据治理在线等核心技术支撑工具。公共数据平台要确保对多个业务应用提供高质量的数据服务，源源不断地输送鲜活、干净、稳定的数据"血液"。

经过多年的建设实践，浙江省建成了省、设区市、县（市、区）3级公共数据平台，实现公共数据高效一体化流通，如图7-1所示。一是纵向实现国家、省、设区市、县（市、区）4级的数据流通一体化。国家平台封装接口到省公共数据平台，省、设区市公共数据平台通过回流数据到下级公共数据平台，赋能基层政府整合数据资源，发挥治理效能；设区市、县（市、区）公共数据平台通过上报数据日志到上级公共数据平台，保障省、设区市公共数据平台统筹管理数据资源。二是横向实现省、设区市、县（市、区）同级多个部门业务系统的数据流通一体化。各级公共数据平台采集同级部门业务系统生产数据库（以下简称生产库）的数据，并实现数据归集。部门业务系统通过申请和调用同级公共数据平台的接口数据,实现数据的分发。由此,围绕省、设区市、县(市、区)3级和同级多个部门业务系统之间的公共数据归集和调用关系,浙江省形成了一系列的技术支撑工具,实现省、设区市、县(市、区)各部门和各层级公共数据资源的充分共享、动态管理、协同应用。

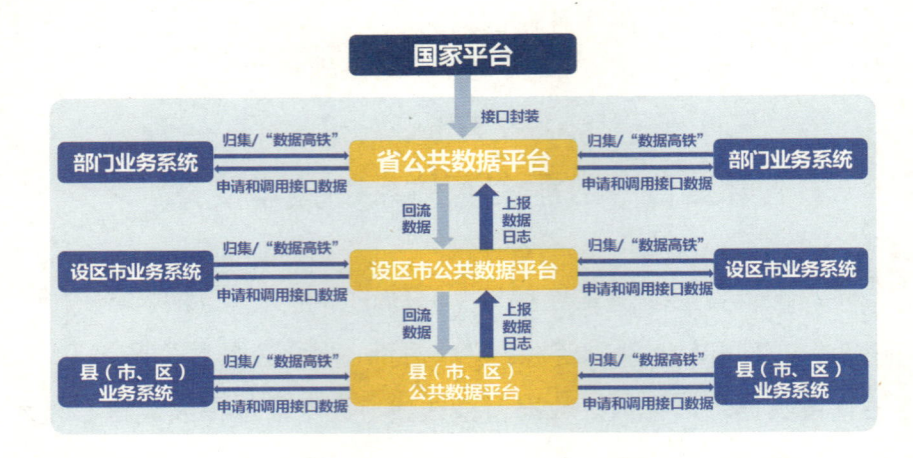

图 7-1　省、设区市、县(市、区)3级公共数据平台一体化架构

一、打造数据供给工具

数据供给工具主要包括数据供需在线、数据通道在线和数据治理在线3个大模块。

(一)数据供需在线

公共数据供需在线要紧密围绕公共数据需求展开。在公共数据需求的驱动下,通过需求的在线化,数据供给体系的第一原生动力得以形成。在数据供需对接早期,当公共数据使用部门想调用跨部门的数据资源时,由于缺少在线的数据供需对接工具,因此需通过开会、发文或群众跑腿等方式实现数据对接。面对公共数据供需方日益旺盛的对接需求,浙江省依托 2018 年上线运行的省公共数据平台和 2021 年上线运行的

IRS，有效实现了数据的供需在线对接。

从数据供需在线的场景来看，我们可以把供需对接情形分为针对未归集数据的供需对接情形和针对已归集数据的供需对接情形两种，具体如下。

针对未归集数据实现数据供需对接在线化。针对未归集数据，公共数据使用部门可通过 IRS 或数据目录系统在线填报数据需求清单。实现需求在线需要经过以下几个步骤：第一，公共数据使用部门如果需要其他部门的数据，那么可以在线登记的方式提出具体应用场景所需的数据清单和数据项；第二，公共数据主管部门对提交的数据需求的合理性进行审核；第三，如果公共数据主管部门认定数据需求合理并通过审核，就会在公共数据使用部门的数据目录系统或 IRS 中生成一张数据需求清单，在公共数据提供部门的数据目录系统中生成一张数据责任清单，公共数据提供部门在线查看公共数据使用部门提交的数据需求，并在线登记数据需求处理结果，即可对公共数据使用部门提交的数据需求进行数据责任确认（包括目录编制、接口关联和责任拒绝 3 种情况）；第四，公共数据使用部门可在线查看登记的数据需求是否被满足，实现数据需求在线闭环处理，如图 7-2 所示。

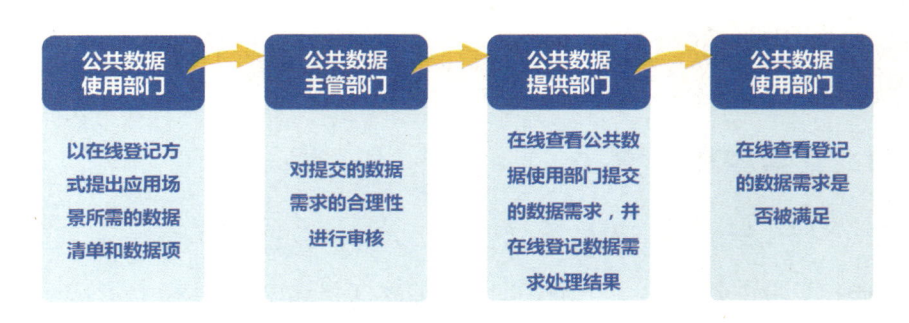

图 7-2　针对未归集数据实现数据供需对接在线化的步骤

针对已归集数据实现数据供需对接在线化。 依托 IRS，浙江省实现了对已归集数据供需对接整体流程的在线管理。浙江省在 IRS 上制定了数据申请审批管理流程，并在 IRS 用户管理中配置了每个数据分发流程的审批人节点。当公共数据使用部门在 IRS 中发起已归集数据资源申请时，申请流程会根据数据资源的共享属性流转到对应的公共数据提供部门和公共数据主管部门审批人节点，公共数据使用部门可以在线查看审批流程状态。在申请审批完成后，公共数据使用部门还可以查看数据申请单的审批和开通状态，实现数据供需对接闭环管理。通过这种方式，浙江省不仅实现了数据资源从申请到开通的闭环管理、历史数据的申请信息可追溯，还实现了全省公共数据供需流程的统一、在线和集中管理。

综上所述，每个数据需求的闭环管理都是一次从需求提出到需求满足的全过程。需求被满足之后可实现公共数据跨层级、跨地域、跨系统、跨部门、跨业务的定向共享和流通，从而满足具体业务场景的数据需求。

（二）数据通道在线

数据通道在线即数据在线。它通过厘清公共数据"底数"和确保数据真正在线，为公共数据使用部门提供在线的、实时的数据。经过多年实践，浙江省通过数据编目，数据归集，共享库和基础库建设，数据集中式共享，数据安全、合规地开放等环节，循序渐进地实现公共数据在线。

1. 数据编目

在公共数据的共享属性得到明确后，公共数据共享就具备了前提条件。浙江省通过建立全省一体化的公共数据目录体系，着力形成全省数据资源一本账，基本实现数据目录化、目录全局化、全局动态化。从 2017

年 5 月开始实施的《浙江省公共数据和电子政务管理办法》就曾规定了"公共数据资源实行统一目录管理"。2021 年 7 月,浙江省发布了省级地方标准 DB33/T 2349—2021《数字化改革 公共数据目录编制规范》,围绕信息系统普查、数据目录梳理、数据目录审核和数据目录管理等环节做出了具体要求。在此前工作的基础上,从 2022 年 3 月开始实施的《浙江省公共数据条例》规定:"省公共数据主管部门应当统筹推进省、设区的市、县(市、区)三级公共数据目录一体化建设,制定统一的目录编制标准,组织编制全省公共数据目录。设区的市、县(市、区)公共数据主管部门应当按照统一标准,组织编制本级公共数据子目录,并报上一级公共数据主管部门审核。公共管理和服务机构应当按照统一标准,编制本部门公共数据子目录,并报同级公共数据主管部门审核。"

在多年的发展过程中,数据编目的方式经历了从手动填报到半自动填报的演进。

数据编目手动填报阶段。在数据编目初期,公共数据提供部门根据本部门的数据保护机制,编目部分数据到数据目录系统。这时,公共数据提供部门根据自己的主观判断,以手动填报方式编制可对外共享的部分数据表。这种数据编目方式存在以下 3 个问题:一是这种数据编目方式对公共数据使用部门和公共数据主管部门来说是"黑盒"的,它们均无法清楚地掌握公共数据提供部门有哪些数据、哪些数据可以进行数据编目,无法对这些数据进行统一查看或管理,导致数据编目不全,可能存在漏报的情况;二是编目工作完全依赖人工,由于数据编目填写的内容较多,易产生目录填报失误、编目效率低的问题;三是当公共数据提供部门已编目数据表的结构发生变更时,数据目录系统无法感知变更情况,只能通过公共数据提供部门主动发起重新编制动作,才可获取已编目数据表结构的最新信息，这样可能带来数据目录更新不及时的问题，导致数据目录的质量不高，且可能会影响下游已分发的数据使用质量。

数据编目半自动填报阶段。为了解决手动填报数据目录导致的问题，浙江省的创新解法是借助信息系统探查工具（以下简称探查工具），由公共数据提供部门使用该工具实现公共数据的在线动态化编目。探查工具示意如图 7-3 所示。

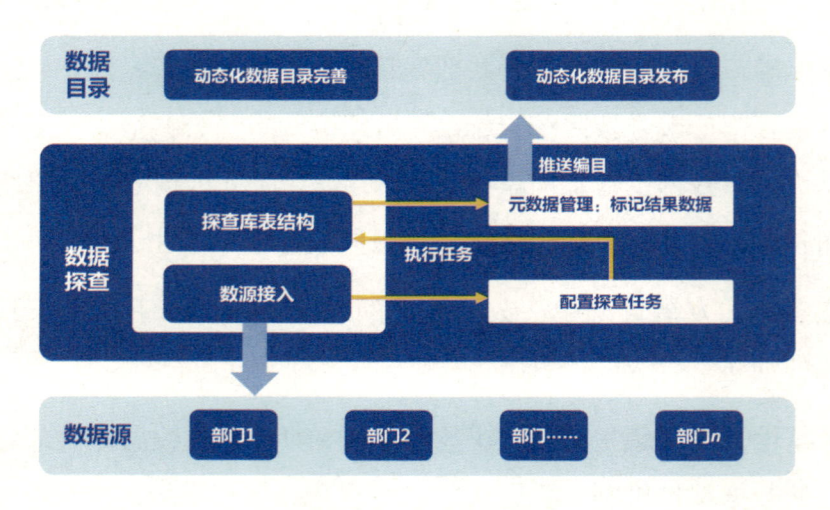

图 7-3　探查工具示意

其中，针对从未编目过的数据表，公共数据提供部门通过探查工具直接连接本部门业务系统生产库，从而实现数源接入，在接入后配置探查任务并执行，周期性地自动读取部门业务系统生产库的全量数据表和表结构信息。公共数据提供部门可根据相关法律法规定义哪些数据表可编目、哪些数据表不可对外编目。对于需编目的数据表，公共数据提供部门在元数据管理中标记结果数据[1]后，提交数据编目流程并将编目请求推送到数据目录系统，实现数据表的动态化目录发布。针对已编目的

---

[1] 这里的数据是指需要编目的数据。

数据表，探查工具可周期性地自动比对公共数据提供部门业务系统生产库的数据表结构和已编目的数据表结构的差异，若发现二者不一致，则公共数据提供部门可再次触发数据编目流程，将编目需求推送到数据目录系统，实现数据表的动态化目录完善。

不难看出，探查工具可直接连接公共数据提供部门业务系统生产库，周期性地自动获取其中的数据表结构信息。在获取数据表结构信息后，公共数据提供部门可向数据目录系统提交数据编目请求，实现公共数据提供部门业务系统生产库数据表的动态编目。同时，探查工具可以周期性地探查出公共数据提供部门业务系统生产库的数据表结构变更情况，从而实时触发对已编目数据表结构的动态更新。由此，公共数据主管部门依托探查工具，打通了上游的公共数据提供部门业务系统生产库和下游的数据目录系统，极大地提升了数据编目的效率和准确率，同时实现公共数据的在线可视化展示和在线便捷化查询。

2. 数据归集

从发展历程看，公共数据归集方式经历了点对点模式、API中枢模式、归集交换模式和"数据高铁"模式4个发展阶段，如图7-4所示。

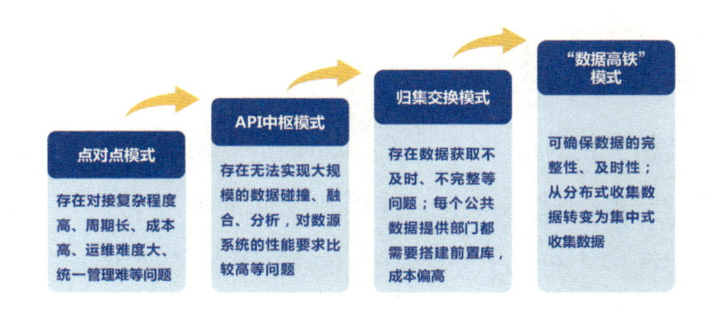

图7-4 公共数据归集方式的4个发展阶段

由图7-4可以看出，第一阶段的点对点模式存在对接复杂程度高、周期长、成本高、运维难度大、统一管理难等问题，第二阶段的API中枢模式存在无法实现大规模的数据碰撞、融合、分析，对数源系统的性能要求比较高等问题。目前，常用的数据归集模式为归集交换模式和"数据高铁"模式。

在通过探查工具对公共数据进行编目后，虽然已实现了各部门数据表结构的在线展示，但公共数据实际上还是被存储在公共数据提供部门业务系统生产库中。即便公共数据使用部门订阅了数据表结构，也无法查询所订阅数据表的数据值，公共数据就无法充分满足应用场景的需求。因此，数字运营者需要通过归集交换模式和"数据高铁"模式将数据归集到公共数据平台，实现在已编目的数据表结构中写入数据值的功能，确保数据真正实现可在线共享。

目前，浙江省主要通过归集交换模式和"数据高铁"模式将数据归集到公共数据平台。

通过归集交换模式将数据归集到公共数据平台。在这种模式中，公共数据提供部门需要部署部门信息中心数据库和前置机数据库。归集交换模式具有两个优势。一是实现了数据的集中归集，因此可实现数据的碰撞和分析。二是实现了公共数据使用部门和数源系统的解耦，使双方不会产生相互的依赖。

归集交换模式的缺点如下。一是归集交换的过程是分布式的。所谓分布式，是指当多个部门推送前置机数据库的数据到公共数据平台时，多个部门就存在多个分布式的路线。这类似于交公粮的场景，即农民要从不同的地方将粮食运送到粮站。二是公共数据主管部门无法掌握部门推送数据是否有丢失和不及时的情况。从交公粮的场景来看，一方面，农民一车一车地将粮食运送到粮站的途中可能发生丢失粮食但粮站无法掌握丢失情况的现象;另一方面,即便粮站要求在一天内完成粮食运送,农民也可以根据自己的时间安排在一天内的什么时间运送粮食,粮站无法控制粮食是否能被按时送达。总体而言,归集交换模式很可能会造成所归集的数据不及时、不完整等问题。另外,每个公共数据提供部门都需要搭建自己部门的前置机数据库,不仅需要一定的财政支出,还需要大量的人员花费时间进行维护。

通过"数据高铁"模式将数据归集到公共数据平台。由于传统的归集交换模式很可能会造成所归集的数据不及时、不完整等问题,因此浙江省公共数据主管部门引入"数据高铁",实现数据实时和准实时归集。2019年10月,浙江省首条"数据高铁"上线运行。

"数据高铁"可连通公共数据提供部门业务系统生产库,主动读取其中的数据生产日志,全量或增量地拉取数据到公共数据主管部门的"数据高铁"数据库中。基于此,公共数据使用部门可随时随地订阅数据,让公共数据归集"一条不少,一分钟不晚",归集数据可及时、完整地支撑部门场景应用创新。和实体高铁提高旅客出行速度的功能类似,浙江省的"数据高铁"建设旨在大幅提高现有公共数据的传输速度,缩短将政府各部门的数据归集到公共数据平台的时间,疏通目前政务事项办理中的一些深层堵点。"数据高铁"技术路径示意如图7-5所示。

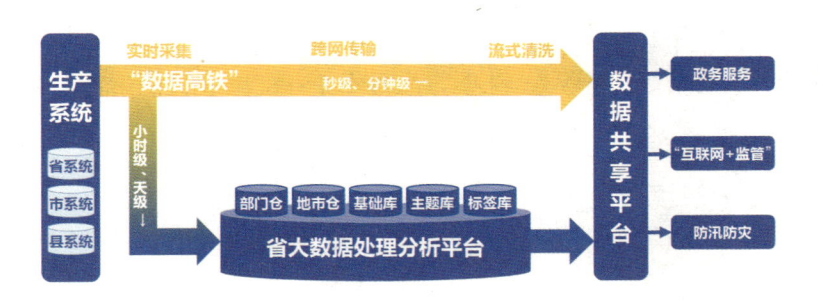

图 7-5 "数据高铁"技术路径示意

通过"数据高铁"模式归集数据具有以下两个优势。

通过"数据高铁"模式归集数据可确保数据的完整性、实时性。归集交换模式无法解决数据的完整性、实时性问题,而浙江省引入的"数据高铁"通过直接连通省、市、县 3 级部门数源生产库和公共数据平台的"数据高铁"目标数据库,可建立数源生产库表字段和目标库表字段映射关系,实现数据的实时和离线周期采集,形成数据共享平台的分发资源,从而支撑政务服务、"互联网+监管"、防汛防灾等重大应用。一方面,"数据高铁"可实现数据按需离线采集。通过使用离线计算技术,按分钟、小时、天等周期进行调度,直接拉取数源生产库中的数据到公共数据平台的"数据高铁"数据库中,减少了部署部门信息中心数据库和前置机数据库的中间环节。另一方面,"数据高铁"可实现数据按需实时采集。当前,越来越多的应用场景对数据的实时性提出更高的要求。例如,在天气预警场景中,气象部门需要查看渔船的实时位置信息,以便能在出现极端天气时及时发送短信通知渔民减少出行或及时返航。"数据高铁"使用流式计算[1]技术,可实现数源系统数据在几秒钟之内被采集到"数据高铁"数据库中,"数据高铁"数据库也可实现秒级、分钟级同步数据到应用数据库中,数据采集从离线到实时的转变带来数据归集、共享方式的巨大变革。

如图 7-6 所示,"数据高铁"通过主动读取业务系统生产库的备库日志文件变更记录,在不影响业务系统生产库主库的情况下,将数据读取到公共数据平台中,具备采集数据不入侵业务系统、不影响生产运行和不占用生产资源等优势。

---

[1] 流式计算是指对大规模流动数据进行实时分析,也称流计算。

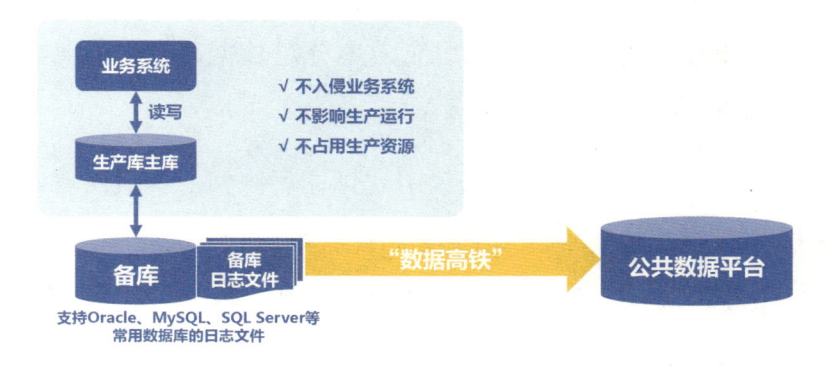

图 7-6 "数据高铁"读数示意

通过"数据高铁"模式可以集中归集数据。"数据高铁"归集数据的模式类似于一个拥有无数个机械臂的机器人,可以到多线程的数源系统中采集数据,最终将数据统一归集到"数据高铁"数据库中。"数据高铁"是一种集中式采集和存储数据的模式。浙江省通过集中部署一套"数据高铁"工具、用一套标准采集数据、运维一套工具,从分布式归集数据转变为集中式归集数据,形成了公共数据供应"一张网"。

3. 共享库和基础库建设

依托大数据分析处理平台,公共数据主管部门以归集交换模式和"数据高铁"模式归集的公共数据为基础,建设数据共享库,根据归集数据的业务分类和数据表的业务关联关系,建设人口综合库、法人综合库、信用信息库、可信电子证照库、自然资源与空间地理信息库五大基础库,为数据共享提供坚实的数据底座。

4. 数据集中式共享

数据集中式共享打造了公共数据分发"一张网"。具体来说,公共数据分发"一张网"是指在完成数据集中式统一归集后,省、市、县 3 级部门可在集中式的数据分发平台中进行数据统一订阅,公共数据主管部门可向公共数据使用部门实时、高效地分发数据,旨在实现数据在全省各部门间通畅地共享。

公共数据分发平台必须确保集中式订阅。例如,从横向看,浙江省在省级层面只能建设一个数据分发平台,对所归集的公共数据进行分发;从纵向看,公共数据分发平台必须包括省、市、县 3 个层级。全省所有公共数据分发平台都是一个集中式的网状平台。公共数据分发"一张网"包括以下两种分发方式。

以查找在线化实现公共数据集中式分发。为满足省、市、县 3 级一体化和集中式的数据分发需求,需要建设在线化的数据查找和分发流程管理平台。例如,在建设浙江省一体化智能化公共数据平台之前,浙江省的公共数据平台由省、市、县 3 级组成,省级部门可在线查询和浏览省级部门发布的数据资源,但无法查看市、县级部门发布的数据资源,同理,市、县级部门也无法查询和浏览省级部门发布的数据资源,由此省、市、县 3 级部门发布的数据资源产生物理和逻辑隔离现象,导致跨层级的数据无法在线查询和浏览。如今,依托 IRS,浙江省实现了省、市、县 3 级部门用户的查找在线化,即数据需求部门可以透明化、可视化地统一在线查询和浏览全省所有部门发布的数据资源。

以接口和批量方式实现数据合理分发、共享。数据主要通过 API 接口和批量数据共享的方式进行分发。数据需求部门可根据数据的实际使用场景,按需选择最合适的数据分发方式。

一是通过 API 接口的方式。接口数据主要用于数据结果比对、数据页面展示。接口数据可通过省、市、县 3 级横向和纵向的封装,实现省、市、县 3 级接口一体化对外订阅。对于无法归集的敏感数据,公共数据提供部门可封装 API 接口到对应层级的公共数据平台中。例如,部分税务数据因较敏感而无法被归集到公共数据平台中，税务部门可对本部门的数据定义接口输入和输出参数，注册封装好的接口到公共数据平台中。公共数据主管部门对注册的接口进行合规性审核后对外发布数据接口。公共数据使用部门可通过 IRS 在线查询数据和申请使用数据。在实践中，API 接口既可横向实现数据跨部门调用一体化，又可支撑省、市、县 3 级纵向一体化，实现自上而下和自下而上的数据分发、共享。

二是通过批量数据共享的方式。这种方式主要用于多数据碰撞、融合、加工和分析，以便挖掘数据的深层价值，也可实现数据智能化的利用。批量共享包括常规的批量共享和数据回流两种。其中，在数据回流方面，浙江省于 2021 年实现自上而下的大规模数据分发、共享至基层[①]。数据回流让原本来自各地各部门，被归集于省、市公共数据平台的数据，分批次回流共享至市、县两级，助力基层政府科学决策、精准服务，赋能基层应用创新。

5. 数据安全、合规地开放

推动公共数据安全、合规地面向社会开放，是充分发掘和释放公共数据价值的重要方式。浙江省是较早推动公共数据开放的省份。经过近些年的实践，浙江省清晰地定义了公共数据开放业务的规范化执行流程（见图 7-7），实现了跨层级协同、全流程管控，在关键审核点保障数据开放的安全性和合规性。

---

① 施力维，王黎婧. 浙江率先实现数据大规模回流基层 数据"回家"，基层智治流来源头活水[N]. 浙江日报，2021-07-10（2）．

数字运营方法和实践

申请注册 → 数据开放实验室基地入驻 → 协议签订，提交"4个1" → 公共数据主管部门审核 → 公共数据提供部门审核 → 将脱敏数据灌入开发环境

模型开发 → 生产环境代发布 → 数据导出服务申请与审核 → 社会应用请求结果数据 → 用户授权 → 数据价值呈现

图 7-7　浙江省公共数据开放业务的规范化执行流程

根据《浙江省公共数据开放与安全管理暂行办法》等的要求，浙江省建设了开放域系统。该系统支撑公共数据在安全、合规的环境中对社会开放，助力社会主体通过该系统进行数据融合的社会化应用创新。结合浙江省公共数据开放的实践来看，做好工具侧的技术支撑，促进公共数据安全、合规地开放，需要着重做好以下4个方面的工作。

数据需求者身份认证。数据需求者（以下简称用户）是最终使用数据的个人或企业，他们是数据开放利用的主体。验证用户的身份是数据安全的第一步。在用户经实名认证后，后续的安全问题才是可追溯、可监管的。浙江政务服务网的"浙里办"用户认证是目前省内最权威的用户认证体系，开放域系统采取信任"浙里办"用户体系的方式，统一用户登录和实名认证。在认证级别上，统一要求高级实名认证。用户只有用经过高级实名认证的账号登录才可以访问受限数据目录，这样可以防止未认证或低等级认证的用户看到受限数据目录。

数据需求审核后开放。经过实名认证的用户可按需申请数据开放。对数据需求的审核是数据开放成效的第一层保障机制，其过程包括针对用户提出的数据需求审查其需求材料、评估其业务价值,最终决定是否向其开放数据。用户需明确数据开放需求清单、数据开放利用协议、数据安全承诺书及数据开放申请表等内容,并经公共数据提供部门、公共数据主管部门的审批才能获准使用数据。相关部门对用户使用数据后的应用服务场景进行分析,从经济价值和社会价值等维度明确其业务价值,对高价值业务场景,允许开放数据。

开放域系统的运营和运维人员实名认证。浙江省公共数据开放的主要载体是开放域系统。开放域系统的运营和运维人员是数据开放整体链路中的核心人员,具有用户侧较高的数据权限,公共数据主管部门需考虑这些人员的资质认证,并配套背景调查、签署保密协议等相关的岗位要求;同时,在每次登录时都需要进行实名认证。通过此类机制,保障开放域系统运营和运维的可管、可控、可追溯。在实际执行中,公共数据主管部门还需全面考察开放域运营单位的资质和运营情况,需优先保证运营单位的整体安全性和稳定性。

结果数据出域与审核。浙江省公共数据开放需基于开放域系统进行,在开放域系统中进行融合计算后得到的结果数据,在审核通过后即可为社会应用所使用,此过程即结果数据出域并审核的过程。公共数据开放必须严格按照"原始数据不出域"的要求,最终对外透出并被利用的必须是计算结果数据。因此,数字运营者有必要从技术出发对数据计算的模型进行核验和代码审查——除了审查原始数据直接出域,还要防止计算数据出域后经可逆的模型或算法进行数据还原。

(三)数据治理在线

如果说打造公共数据供应"一张网"和数据分发"一张网"保障了公共数据流通渠道的顺畅,数据质量就是释放数据价值、实现数据深度利用的基础，因此，高质量的数据必须是准确、完整、及时的。经过多年的公共数据质量治理实践，浙江省形成了包括公共数据提供部门、公共数据主管部门和公共数据使用部门等主体的多元共治格局，这是保障数据高质量流通和利用的重要抓手。

由于各部门生产数据的方式存在差异，如有些数据是手工填写的，有些数据由系统自动产生，因此可能导致数据存在不同的错误，如手工登记错误、业务逻辑变更错误、设备采集错误等，由此易产生大量的问题数据。围绕数据治理，以下从数据常态化治理、"一数一源一标准"治理和问题数据整改3个方面进行论述。

数据常态化治理。省、市、县3级公共数据主管部门通过建设数据治理系统，对以归集交换模式和"数据高铁"模式归集的数据进行常态化治理。公共数据主管部门针对归集的数据配置具备一致性、完整性、唯一性、规范性、准确性、关联性（见表7-2）的通用数据治理规则，对数据进行清洗。在完成清洗后，公共数据提供部门可在同级数据治理系统中下载问题数据清单，在本部门数据生产库中修正问题数据，并重新在目录系统中发起数据归集申请，通过归集交换模式或"数据高铁"模式再次将修正后的数据归集到公共数据平台中。公共数据主管部门在数据治理系统中对修正的问题数据进行常态化治理，直到无问题数据为止。

表7-2　公共数据质量标准的6个维度

维　度	说　明	示　例
一致性	数据内容要符合业务逻辑	如起始时间应早于终止时间、批准时间应早于当前时间、生效时间应早于失效时间
完整性	具体数据项的内容完整情况，即要检查某些数据项内容中不可或缺的数据项是否为空值	如统一社会信用代码、证书有效期等数据项是否为空值

续表

维　度	说　明	示　例
唯一性	具体数据项的内容不能重复，即要对重复的数据项的内容进行检查	如一些重要数据项（如身份证编码、统一社会信用代码等）属于用户唯一标识
规范性	数据字段的类型、格式要符合标准	如企业名称、地址、身份证号码等要符合标准
准确性	具体数据项的准确程度	如为空值的数据项是否置空
关联性	表与表之间要能通过主键进行关联	如高新企业数据表的统一信用代码与市场监管市场主体信息（含个体）和统一信用代码存在关联性

"一数一源一标准"治理。通过打造"一数一源一标准"治理可视化工具，公共数据主管部门和公共数据提供部门一起对公共数据平台共享的每个高频和中频数据项确定唯一的数源单位、生产系统和数据标准，并进行相应的数据治理。浙江省开展的"一数一源一标准"治理主要从以下几个方面进行：一是梳理高频和中频共享数据清单，征求公共数据提供部门的意见，确认数据的权威来源部门，并对该数据的标准负责；二是制定数据元规范，确定数据的名称、定义、数据格式、值域和数源单位等；三是依托大数据分析处理平台，建设省级标准基础数据元库和标准字典库，标准基础数据元库用于存放标准数据项的名称、长度、类型和权威来源等信息，标准字典库用于存放标准枚举值的名称和代码；四是基于标准基础数据元库和标准字典库，打造可视化的"一数一源一标准"治理工具，数源单位可通过可视化页面配置本部门需治理的数据项的通用规则和"一数一标准"治理规则，确保全省数据按照一套标准进行治理，逐步提升数据标准化治理水平。

问题数据整改。问题数据整改的目的是增大数据价值密度。问题数据产生的原因可能有录入误操作，如身份证号码、电话号码、婚姻状态信息等录入错误，或者程序运行异常导致数据重复、冗余。在浙江省，公共数据使用部门通过 IRS 订阅数据后,在使用过程中可能会发现数据和实际不符的情况。这时,公共数据使用部门可通过 IRS 发起问题工单,公共数据提供部门在整改问题数据后,在目录系统中重新发起数据归集工单,通过归集交换模式或"数据高铁"模式将治理后的数据同步至公共数据平台。公共数据使用部门在 IRS 中对问题数据进行验证,并对公共数据提供部门的数据整改结果和质量进行在线评价。浙江省通过建立问题数据整改机制,形成问题数据的管理闭环,助力实现数据的高质量供给。

综上所述,数据的供需、通道和治理三大在线工具,为促进公共数据的高效归集、治理、共享和开放提供了重要保障,为建立实时、准确的高质量的数据资源体系夯实了技术底座。在这些方面,数字运营者亟须做好相关技术工具的支撑。

二、支撑数据运营

为了更好地支撑数据运营,数字运营者需要为数据资源体系打造可视化的数据高质量运营工具,对数据流通各阶段的数据情况做到可视化、在线化管理,以便不断提升数据资源体系的数据可用性和质量。数据运营侧的技术支撑主要包括以下 3 个方面。

(一)打造数据说明书管理工具

数据说明书主要针对已归集的高频共享数据表,在公共数据提供部门填报,公共数据主管部门在审核填报内容的正确性和规范性后,从数据范围、关联业务表、取数逻辑、数据字典信息、业务发生规律、表结构修改记录、数据内容修复记录、示例数据和其他说明等多个维度进行内容展示,从而辅助公共数据使用部门更好地阅读和使用数据。数据说明书的展示内容如表 7-3 所示。

表 7-3　数据说明书的展示内容

维　度	说　明	示　例
数据范围	包括数据覆盖时间范围、时间范围备注说明、数据覆盖地域范围和数据覆盖业务范围等	如数据时间覆盖范围为"2003年至今"
关联业务表	展示使用本数据发布的数据接口清单,清单信息包括接口名称和接口编码	如××市流动人口的基本信息接口
取数逻辑	展示数据表的常用 SQL（Structured Query Language,结构化查询语言）取数逻辑	—
数据字典信息	展示数据表中包括的所有字典信息,包括字典的代码、含义、说明信息	如代码"1",含义为"男",说明为"男性"
业务发生规律	展示数据产生的业务时间点	如更新周期为"每日"
表结构修改记录	展示数据表结构变更记录信息,包括变更时间、变更类型和变更内容	如变更时间为"2022-02-08",变更类型为"新增字段",变更内容为"新增-字段-登记状态名称"
数据内容修复记录	展示数据表中数据内容的修复记录信息,包括修复时间、修复范围和修复内容	如修复时间为"2022-02-08",修复范围为"更新数据",修复内容为"更新时间"
示例数据	展示数据表中的真实数据,并对敏感数据进行脱敏	—
其他说明	展示数据表中的其他信息	如"数据仅适用于浙江省"

（二）打造数据质量评分度量标准工具

数据质量评分度量标准主要从数据的一致性、完整性、唯一性、规范性、准确性、关联性维度进行打分和说明。打造数据质量评分度量标准工具,对数据治理后的质量从不同维度进行打分,可以辅助数字运营者有针对性地对数据质量进行提升。

（三）打造数据认证工具

数据认证是指对数源单位归集的重点数据表进行数据质量、管理成熟度、服务保障、共享成效维度的多个指标进行认证打分,在数字运营者在数据认证工具页面配置每张数据表的认证任务后，数据认证工具自动生成可视化的数据认证结果及得分报告，确保公共数据主管部门和数字运营者便捷、快速地掌握数据表各维度的不足，从而有针对性地制订每张表的高质量服务提升计划。数据认证维度和指标说明如表7-4所示。

表 7-4　数据认证维度和指标说明

认 证 维 度	指 标 说 明
数据质量	包括时间覆盖度、地区覆盖度、业务覆盖度、数据标准化率、清洗问题数据占比、反馈问题数据占比、归集及时性、数据时效性
管理成熟度	包括数据易用性、表结构稳定性
服务保障	包括问题数据整改情况、数据审批通过率、数据审批及时性
共享成效	用户对于数据使用的评价星级

三、保障数据安全

数据的安全边界是动态和无边界的，会随着数据归集、流通共享和使用场景的变化而变化。

例如，某市民在婚姻登记处登记后，该婚姻数据的安全边界在婚姻登记处的系统中；在民政部门基于业务需求调取婚姻登记处系统的婚姻数据后，该婚姻数据的安全边界扩大至民政部门；在公共数据平台归集了民政部门的婚姻数据后，该婚姻数据的安全边界扩大至公共数据平台；在该婚姻数据被其他系统调用后，该婚姻数据的安全边界扩大至其他系统。简而言之，该婚姻数据的安全边界随着场景的延伸而不断地扩大。数据是流动的、场景是变化的，为保障数据安全，数字运营者必须建立一个无边界的数据动态安全防护体系。

为保障公共数据的动态安全，浙江省实行了"谁收集谁负责、谁使用谁负责、谁运行谁负责"的责任制，并采取了一系列的安全防护措施。

这些措施包括数据分类分级、精细化管理、平台网络隔离和数据脱敏等。其中，数据分类分级是指对公共数据从多个维度定义分类分级规范，实现数据资源在采集、存储、共享和开放等环节的安全保护，促进公共数据共享开发和增值利用；精细化管理是指在数据批量分发过程中，对某个应用只授权所需的对应区域和时间范围的字段，并使公共数据使用部门只可导出结果表中的非敏感数据；平台网络隔离是指进行生产网络、办公网络和互联网的基本隔离；数据脱敏是指公共数据使用部门在查询数据时，需对身份证号码、地址、电话等敏感数据进行动态脱敏。

第三节　数据资源体系的业务支撑

大数据的业务支撑需要形成高质量的资源供给。一般而言，数据在政府内部流通即为数据共享，当面向社会流通利用时即为数据开放。为了推动整个数据生态良性发展，浙江省在实践中进行了一些示范开发。以下从夯实数据基础和促进数据利用两个方面进行介绍。

一、夯实数据基础：支撑全链路全闭环管理

要充分做好数据资源体系的业务支撑，就要围绕数据资源体系的组织、制度、流程和评价进行闭环管理，实现数据采集、数据归集、数据治理、数据共享和数据开放的全链路管控，从而助力实现数据领域的高质量资源供给、示范开发和生态培养。

（一）数据采集：支撑数据编目

在数据采集方面，公共数据主管部门制定年度数据编目任务的目标和要求，根据部门的数据编目任务妥善安排实施计划；数字运营者要做

好技术支撑，并协助公共数据主管部门对每个部门提交的数据目录进行质量检查。在完成质量检查后，公共数据主管部门对数据编目的情况进行"晾晒"，助力公共数据提供部门持续性优化和提升本部门的数据目录的质量。

（二）数据归集：支撑好两种数据归集模式

在数据归集方面，数字运营者主要针对归集交换与"数据高铁"两种模式提供相应的支撑：对于归集交换模式，要对业务部门推送数据库的前置机进行技术方案评估，评估部门的前置机数据是否可以被推送到归集库；对于"数据高铁"模式，要对"数据高铁"归集数据的部门进行技术可行性评估，分析历史高频的共享数据清单，完成高频共享数据从归集交换模式到"数据高铁"模式的切换，并针对切换的数据表妥善安排切换计划，依序逐步切换，持续提升"数据高铁"的在线率，确保高频数据的时效性和完整性，支撑好重大业务应用。此外，数字运营者还需将高频共享"数据高铁"通车的进展定期同步到各部门，推动"数据高铁"模式逐步替换归集交换模式，助力提升数据归集的速度。

（三）数据治理：支撑多元共治闭环管理

在数据治理方面，数字运营者支撑公共数据主管部门通过分析并获取数据共享的高频数据表，调研公共数据提供部门，为每个数据项定义数据元规范、权威来源，对公共数据提供部门配置的通用规则和"一数一标准"治理规则进行审核；通过数据认证、质量分等管理手段，对公共数据提供部门的数据质量进行考核和"晾晒"，实现数据高质量供给。此外，数字运营者还支撑公共数据主管部门对公共数据使用部门反馈的问题数据建立"发现—反馈—修正—共享"整改机制，并对问题整改情况进行考核和"晾晒"，实现问题数据闭环管理。数字运营者要在上述流程中做好工具支撑。

此外，数字运营者还要助力多个部门对问题数据进行协同管理和维护。通过对问题数据进行全流程的运维，提升问题数据处理效率。公共数据使用部门对问题数据进行提交和反馈，公共数据主管部门对问题工单进行统一处理和管理。公共数据主管部门在无法处理问题工单时，需联合公共数据提供部门进行问题数据修订和整改。多主体协同处理问题数据的方式可以提升问题数据处理效率，从而提升使用者的服务获得感。

（四）数据共享：支撑高效、稳定供给服务

在数据共享方面，公共数据主管部门指导公共数据使用部门进行项目空间申请，审核和开通数据共享的申请，并对清洗后的数据按地域切分，开通到下级项目空间中，确保数据高效分发。

数字运营者需要协助多个部门进行协同管理和维护，主要做好以下工作。

保障数据服务的稳定性。为提升数据流通链路的稳定性，公共数据提供部门、公共数据主管部门和公共数据使用部门等需要协同管理与维护整个数据流通链路的稳定发展。当公共数据提供部门提供的接口和批量数据进行更新时，公共数据主管部门要及时通知公共数据使用部门对订阅的数据进行相应调整，确保接口调用、批量数据使用的稳定性。为了维持服务的稳定，公共数据使用部门在接口调用数据过程中，不可使调用量超过申请的调用次数上限，公共数据主管部门做好接口调用的监控工作并及时触发对应的告警。

开展数据服务运维工作。数据服务运维的主要实施路径是，通过对

数据审批及时性进行运维,来提升数据使用体验感。数据审批及时性包括数据需求审批及时性和数据审批共享及时性两类。其中,数据需求审批及时性是指当公共数据使用部门在 IRS 中无法查询到所需的公共数据时,需在 IRS 中发起数据订阅需求,公共数据主管部门对数据订阅需求进行合理性审批,公共数据提供部门在规定的时间内完成数据订阅需求响应;数据审批共享及时性是指当公共数据使用部门在 IRS 中可查询到归集的公共数据时,公共数据主管部门和公共数据提供部门需要在规定的时间内审批数据订阅需求,尽可能快速地满足使用公共数据使用部门的需求。从 2022 年 3 月开始实施的《浙江省公共数据条例》将公共数据共享审批的诸多实践进行固化提升,对公共数据主管部门、数据提供单位提出了具体要求[1]。数据需求审批和数据审批共享的及时性反映了公共数据使用部门获取所需数据的时间长短,也是数据多元共治格局的重要体现。

(五)数据开放:支撑公共数据释放社会价值

满足社会需求,推动公共数据面向社会开放,是充分释放公共数据价值的重要方式。近年来,浙江省大力推进公共数据开放,探索数据开放运营授权机制。在实践中,数字运营者主要协助对数据使用方提交的数据开放需求进行审核和开通,赋能数据使用方使用开放域工具,并为数据使用方开发的数据模型开发对应的应用接口,确保社会侧数据使用

---

[1] 《浙江省公共数据条例》第二十五条规定:"公共管理和服务机构申请使用无条件共享数据的,公共数据主管部门应当在两个工作日内予以共享。申请使用受限共享数据的,公共数据主管部门应当自收到申请之日起一个工作日内征求数据提供单位意见,数据提供单位应当在三个工作日内反馈意见。数据提供单位同意共享的,公共数据主管部门应当在两个工作日内予以共享。数据提供单位不同意共享的,应当说明理由,公共数据主管部门应当自收到反馈意见之日起两个工作日内完成审核,认为应当共享的,应当在两个工作日内予以共享,并告知数据提供单位;认为不应当共享的,应当立即告知提出申请的公共管理和服务机构。"

方对政府原始数据的"可用不可见"开放和利用。

综上所述，数字运营者在通过工具支撑数据采集、数据归集、数据治理、数据共享和数据开放的同时，要深入支持公共数据主管部门拉动省、市、县各级各部门的上万人参与与大数据相关的日常运营和运维工作；公共数据提供部门需要有对应的专员负责数据编目、数据归集、问题整改，并且需要有数据申请使用、接口申请使用、数据开放申请使用等对应节点的审批专员；公共数据主管部门也需要有对应节点的审批专员；公共数据使用部门需要有对应的专员开展数据申请、数据使用和数据调用的工作。基于此，成千上万的工作人员支撑着数据的业务治理侧，保障了数据资源体系动态、有序、稳定、高质量地进行内循环和外循环。

二、促进数据利用：数据共享与开放创新实践

大数据支撑业务的本质是要以数据最终的使用者为中心，有力地支撑好业务，尤其是要重点支撑数字化改革重大应用。支撑的对象主要包括政府侧和社会侧两个方面，政府内部的业务支撑即数据共享应用支撑，社会侧的业务支撑即数据开放应用支撑。

（一）数据共享助力提升政府治理体系和治理能力现代化水平

围绕数字化改革，以公共数据共享促进业务协同，支撑全省多跨场景应用，提升政府治理体系和治理能力现代化水平，高水平助力政府决策科学化、社会治理精准化和公共服务高效化。以下以浙江省"一网通办"和浙江省金融综合服务应用为案例进行解读。

1. 浙江省"一网通办"

以浙江省"一网通办"为典型代表，随着"浙里办"日活量、"一

网通办"日办件量的不断提升,对公共数据平台共享数据的质量要求越来越高。本书第6章已经专门介绍过"一网通办",这里重点围绕数据治理,解读高质量的数据如何支撑浙江省"一网通办"的业务办理。

以"出生一件事"办理为例,它涉及4个部门5个事项,在婴儿出生后,家长一般需要在卫健部门办理出生医学证明,在公安部门办理户籍事项、登记注册身份证信息,在人社部门办理社保事项,在医保部门办理少儿医保和住院报销事项。在实现"一网通办"以前,家长需要跑5个部门窗口、提交20份材料、填写60项信息、平均耗时2天才能办理完上述事项。在依托公共数据平台数据共享实现"一网通办"后,家长只需在移动端或PC端填写14项信息、提交4份材料,填写过程耗时几分钟,等待几个小时就可以办理完毕,办结后相关资料和证件会被快递到家。之所以能如此大幅度地提升办理效率,是因为实现了高质量的公共数据在卫健、公安、人社和医保部门应用系统之间的高效共享。

围绕公共数据共享促进业务协同,浙江省"一网通办"的实践历程如下。

(1)挑战——公共数据的质量问题。

随着企业和群众基于"一网通办"的办事频率越来越高,对公共数据的要求也越来越高。公共数据的质量问题表现在以下3个方面。一是数据及时性问题。数据未及时更新,影响数据使用。例如,某市民上周和妻子领取了结婚证,本周购买了一套房子,但在办理不动产登记时,系统数据显示该市民为未婚,导致该市民的妻子无法办理不动产权登记。产生这种现象的原因在于,民政部门的婚姻登记数据未及时共享至不动产登记部门。二是数据完整性问题。数据字段信息空缺、遗漏。例如,在公共数据平台中,某市民的身份证号码少了末尾4位,导致在办理业务时通过身份证号码检索不到该市民的身份信息。三是数据准确性问题。例如，某市民博士毕业后在某市工作，在准备申请人才补贴时，发现在公共数据平台中自己的学历仅为大专，这表明学历数据的准确性出现了问题。

（2）破题——建设"数据高铁"、开展数据治理。

公共数据的质量事关重大，浙江省亟须以数字化手段解决提升公共数据质量的难题。解决方式可以有以下两种。

一是通过"数据高铁"提升数据实时性。前文已经介绍过浙江省"数据高铁"的机制、原理和技术架构，即通过对部门业务系统生产库日志进行实时扫描，实时感知部门业务系统生产库数据的变化，并将更新后的数据实时同步至公共数据平台，确保供应的公共数据实时、鲜活。

为满足"一网通办"政务服务业务的需求，浙江省开通了11个地市29个省级部门的40条"数据高铁"，接入313个业务系统，实现845类数据的实时采集，满足全省企业和群众网上办事的需求。以浙江省卫生健康委员会的"再生育审批"事项为例，经测算，在"数据高铁"通车前，12.7%的婚姻登记证数据和65%的出生医学证明数据延迟超过1天[1]；在"数据高铁"通车后，实现了公安部门的常住人口基本数据、居民身份证和居民户口簿数据，民政部门的婚姻登记证数据，以及卫健部门的出生医学证明数据实时共享，群众办理"再生育审批"事项更快捷。

二是通过数据治理提升公共数据的质量。为解决提升公共数据质量的问题，浙江省主要经历了3个数据治理过程。首先，存量数据清洗治理。基于已归集的存量数据，结合"一网通办"等业务规则对数据进行

---

[1] 金春华，王黎婧，张湘. 解密数据高铁"浙江号"[N]. 浙江日报，2021-05-28（8）.

清洗治理，将发现的数据质量问题通过数据治理系统反馈给公共数据提供部门进行治理。浙江省制定了 4000 多条个性化规则，通过多源校核比对等手段进行数据清洗、发现问题并完成整改。其次，共享数据快速治理。由数字运营者建立问题工单反馈系统，企业、群众等在"一网通办"办事过程中，如果发现了共享数据存在问题，就可以进行反馈，反馈通过问题工单系统流转至公共数据提供部门，公共数据提供部门对存在问题的共享数据进行核查和整改，实现全闭环管理。最后，推动数据标准化治理。一方面，浙江省推进"一数一源一标准"治理，即为每个数据项确定唯一的公共数据提供部门、生产系统和数据标准。截至本书成稿时，浙江省已完成了涉及个人的人口信息、学习教育信息、就业社保信息、健康医疗信息、证照档案信息、违法处罚信息，以及企业的登记信息、经营信息、机构团体信息、经营许可信息和参保缴费信息等 2334 个高频共享数据项的标准化治理，并将这些数据项的元规范纳入高频共享数据元标准库，全省统一标准，方便共享。另一方面，浙江省通过多部门数据融合比对分析，校正错误数据。例如，浙江省通过将多个部门的死亡数据进行融合比对，形成死亡人口专题库，基于死亡人口专题库和民政部门的婚姻登记证信息进行对比，对部分问题数据进行了更正。

随着"数据高铁"技术和数据治理的持续发展与应用，浙江省"一网通办"高频共享数据的及时性、完整性和准确性有了较大幅度的提升。

（3）成效——公共数据的质量提升支撑"一网通办"。

公共数据质量的提升有力地支撑了"一网通办"。一方面，浙江省"一网通办"数据共享实现再提升，全省事项字段、材料共享率明显提升，每年约能让企业和群众少填表单字段约 6.1 亿项、免交申报材料 6990.8 万份，实现"数据跑路"代替"人工跑腿"；另一方面，基于更及时、更高质量的共享数据,浙江省陆续推出 40 个高频"秒办"事项,实现零材料申报、零人工审核、零时延办结。以"城乡居民基本医疗保险参保信息变更登记"事项为例,浙江省已经实现群众"表单零填写、材料零申报、一键秒速报",年均"秒办"办件量达到 127 万件,真正实现机器审核代替人工审核,大幅提升了办事效率。

(4)小结——公共数据供给向高质量阶段跃升。

浙江省"一网通办"是提升公共数据的质量和共享及时性的典型案例。这种数据质量提升阶段可以定义为公共数据高质量供给起步阶段。在这个阶段,浙江省通过"数据高铁"、数据治理等手段解决了数据供给时效、数据大幅提质等关键问题,助力公共数据平台实现从"可用"的流通阶段向"好用"的质量提升阶段的跃升。

2. 浙江省金融综合服务应用

在数字时代,信息是海量的,传统金融服务以人力收集和经验判断为主的模式存在明显的短板,表现为服务及时性不强、覆盖面不广、准确性不高等。中小微企业"融资难、融资贵"等问题的出现,对数据的及时性、全面性、准确性提出了更高的要求。本案例以浙江省金融综合服务应用为例,介绍公共数据如何迭代升级至准实时、高质量的阶段。

浙江省金融综合服务应用的底层业务逻辑是满足中小微企业融资"短、频、快"的需求。这要求所共享的公共数据实时在线、全面准确。这里以金融专题库(以下简称金融库)为例,介绍公共数据准实时、高质量阶段。该阶段的主要历程如下。

(1)挑战——数据及时性、全面性、准确性要求高。

在"一网通办"阶段,公共数据一般在 1 小时内供给就基本能满足企业和群众的办事需求。但金融业高度依赖数据，在当前金融服务快速匹配和响应阶段，贷款速度必须提升，而贷款速度提升是在对实时、精准、全面地共享公共数据提出要求。在数据及时性要求方面，在传统信贷模式下，不动产抵押等贷款业务需由银行经办人陪同申请人携带资料去现场办理，耗时耗力，特别是异地办理往往需要花费一周以上的时间，这将导致银行不能及时、快速地解决企业和群众的燃眉之急。在数据全面性、准确性要求方面，在传统信贷模式下，银行开展信贷调查往往需要经办人员去现场查看，上门收集资料，或者通过网络盲查、向第三方购买来收集资料，这将导致获取的数据不够全面、准确。以上情况势必导致银行"贷得慢"和"不敢贷"等问题。

（2）破题——建设高质量的金融库。

政府公共数据贯穿企业和群众获取贷款的信息获取、信息核对等核心业务流程，是全流程中最为基础和关键的数据。为实现浙江省金融治理体系和治理能力现代化的目标，助力股权质押、知识产权质押、不动产抵押贷款等金融服务核心业务高效协同线上服务，推进业务流程数字化，浙江省统筹建设了高质量的金融库。金融库的建设过程包括以下几个步骤。

一是明确金融库的数据内容。金融库包括中小微企业信息、动产抵押信息、社保欠费企业信息等以企业和个人为中心的多类重点数据，支撑信贷"云超市"、"农户e贷"、不动产抵押贷款等场景应用。

二是运用"数据高铁"打通多部门数据供给链路。浙江省建设"数据高铁"，实现自然资源、市场监管等29个省级部门和11个地市的相关1016类业务数据分钟级实时同步共享，赋能抵押登记、公积金提取、惠农直通车等业务操作全程线上快捷办理，支撑一系列线上纯信用"秒贷"产品。

三是配置数据智能治理。数据的丰富度和准确度关乎金融贷款服务的成败。浙江省依托一体化智能化公共数据平台，根据银行业务逻辑，以企业和个人为中心，整合了市场监管、税务、环保等 57 个省级部门的 10 910 个数据项、40 多亿条动态更新的高价值数据，按照金融数据应用标准制定了 3718 条数据清洗规则，自动对数据质量进行每日核验、异常预警，并将结果反馈给公共数据平台，实现数据治理的闭环和自动管理。此外，浙江省还针对不同的金融服务应用场景制定了 1000 多项指标，形成金融服务业务层数据，支持银行快速检索数据，灵活定制企业画像、个人档案、风险管理等数据建模服务。

（3）成效——高质量的数据支撑金融服务。

浙江省金融综合服务应用的成效体现在两个方面。一方面，实时共享数据支撑授信提款服务。例如，浙江省工商银行的"农户 e 贷"产品依托实时共享数据，批量化开展农户识别和预授信工作，在农户手机申贷后 30 秒内即可授信提款，已为 26 万户农户精准供贷超 1200 亿元。另一方面，治理后的高质量的数据支撑银行惠普服务。浙江省银行普惠服务超 70%的数据可直接从金融库免费获取，浙江省金融综合服务应用已累计支撑银行调用数据超 2.6 亿次（日均 50 余万次），累计服务企业超 800 万次，支撑 300 多个智能模型利用批量数据进行训练校准，大幅提升普惠信贷的覆盖面和准确性。

（4）小结——现代化高质量的数据供给体系初步形成。

浙江省通过"数据高铁"实时汇聚全省不动产、企业各维度的数据，建设金融库，实现公共数据的融合，为各应用提供实时数据共享接口服务及低时延的批量数据服务，为金融业务决策提供高质量的数据支撑。在这个阶段，实时，在线，贯通上、中、下游协同共治的现代化高质量的数据供给体系初步形成。未来，除了加强中、下游的数据治理，浙江省还可结合数据探查、数据标准化管理等技术，加强上游生产端数据源头的治理，进行上、中、下游协同共治，全方位提升数据质量。

（二）数据开放有效赋能社会应用创新

推进公共数据开放和应用创新，促进数据要素有效流通，是赋能社会应用创新的重要手段。这种赋能要在确保数据安全的前提下，最大限度地开放数据资源，促进数据关联应用，激发数据生产要素对经济社会的放大、叠加、倍增作用，充分释放公共数据的价值。

自 2020 年起，浙江数据开放创新应用大赛成为浙江省推动公共数据开放的试验田。在政府大力支持、全社会积极参与的情况下，从 2020—2022 年 3 届大赛中涌现出一批用户获得感强、经济效益明显的数据开放创新应用。以下通过其中两个案例来解读公共数据开放如何有效赋能社会应用创新。

1. 海洋"清道夫"项目

海洋运输在全球贸易中占据着非常重要的地位。作为承担运输的载体——船舶，在给人们带来能源、矿产资源和物美价廉的产品的同时，也向海洋中排放了油污水、生活垃圾等大量污染物。2018 年的数据显示，海洋中塑料与浮游生物的比例已达 1∶2，每年给海洋生态系统造成的损失高达 130 亿美元。因此，加强船舶水污染物治理迫在眉睫。

如何创新船舶水污染物防治新模式、新方法和新手段，解决政府在船舶水污染物治理过程中投入巨大但成效甚微的问题，是海洋"清道夫"

项目试图要解决的核心难题。

（1）挑战——船舶水污染物治理全流程信息碎片化。

船舶水污染物治理全流程信息碎片化主要体现在3个方面。一是船舶水污染物收集难。船舶的流动性大、分布面广、总产废量巨大，但单船产废量偏小，船舶违规排放无成本；废弃物没有价值，造成无人收、没人要；政府对治理船舶水污染物的投入大，但成效甚微。二是船舶水污染物协同治理难。船舶水污染物治理涉及生态环境、综合行政执法、交通运输等多个部门，部门间的职责交叉、分工不明确、数字化管理滞后，船舶水污染物协同处置合力弱。三是社会公众参与难。船舶水污染物治理行业整体上处于原始无序状态。产业链信息割裂、零散，形成"数据孤岛"，数据链不连贯，缺少指挥和协调的"大脑"与监督平台。总的来说，船舶水污染物治理难的根本原因是治理船舶水污染物的全流程信息和职责碎片化，无法实现对治理船舶水污染物的各阶段（包括收集、转运、处置、监管等）的数字化、集中式、透明化管理。

（2）破题——基于公共数据实现船舶水污染物全流程一体化管理。

海洋"清道夫"项目以政府授权的船舶（渔船）相关数据为基础，与公共数据平台纳入的人力、物流运力、处置能力、处置资质等资源进行自动匹配，将渔船水污染物的产废、运输、处置3端信息进行协同对应，建设了一条渔船水污染物治理的"信息高速公路"。

一是基于公共数据实现全流程数字化交接。海洋"清道夫"项目对接公共数据平台，获取渔船各维度的数据，实现渔船水污染物收集、转运、处置、监管等全流程数字化交接。在渔船在线提交运废申请后，海洋"清道夫"项目通过系统智能引导，实现了渔船水污染物的精准收集、集中转运，形成了"产废端申报—运输端入仓—处置端处置"的高效衔接流程；将处置各环节数据按照污染物监管权责实时推送至海事、港航、生态环境等部门，实现部门间污染应急联动响应、污染物排放联动执法、污染物处置联动反馈。海洋"清道夫"项目所使用的部分公共数据类型和数据项如表7-5所示。

表7-5 海洋"清道夫"项目所使用的部分公共数据类型和数据项

数据类型	数据项
浙江省渔船定位数据信息	船舶ID、终端编号、终端类型、位置类型、经度、纬度、航向、航道向、速度、船名、渔区编号等
中华人民共和国道路危险货物运输许可证	统一社会信用代码、业户名称、地址、经营许可证字、经营许可证号、经营范围、发证日期、经营状态等
船舶营业运输证	船舶登记号、持证主体、持证主体代码、本船核定的经营范围、本证使用期限、船舶管理人、船舶管理人许可证号、船舶经营人、船舶经营人许可证核定的经营范围、船舶所有人、船舶总吨、船检登记号、船籍港等
省海洋与渔业局渔业船舶检验证书	渔船编码、渔业船舶检验证书编号、渔业船舶检验证书发证日期、渔业船舶检验证书有效期、船舶所有人名称、船名、航行区域、净吨位、总吨位等
省海洋与渔业局渔业船舶检验证书注销证明	船舶检验登记号、船舶所有人名称、船名、渔船编码、发证机关、渔船检验信息唯一标识等
船舶基础信息	船舶所有人名称、作业方式、作业特征、检验登记号码、总吨位、船名等
内陆渔业船舶证书	渔船编码、船业类型、船名、渔船捕捞许可注销信息唯一标识、总吨位、发证机关等
海洋与渔业行政处罚渔船信息	渔船编码、行政或刑事处罚情况、处罚日期等
船舶实时位置信息	船名、定位时间、接收时间、纬度、经度、方向、速度等
定人联船责任人信息	证件号码、联系电话、姓名、船舶名称等

二是建立渔船"红、黄、绿"三色码管理机制。海洋"清道夫"项目通过对渔船的污染物申报、收集、处置等历史数据进行统计和分析，结合渔船基础数据和历史行为数据建立计算模型，评估渔船的行为画

像，建立渔船"红、黄、绿"三色码管理机制，实现对不同颜色渔船的精准管理。此外，海洋"清道夫"项目还结合渔民主动纳污、作业安全自律等信息，对"红色"渔船进行预警和处罚，引导渔民自觉加强污染物防治。

（3）成效——为政府治理船舶水污染物赋予数字动能。

海洋"清道夫"项目利用公共数据平台中的船舶定位、航线、证书、位置、联系人等相关信息，结合渔港污染物、收集企业、处置企业、运营企业等数据，提高船舶水污染物治理效率，大幅降低船舶水污染物处置成本，为政府治理船舶水污染物赋予数字动能。截至2022年9月底，台州市6个沿海县/市/区已建设"海洋云仓"52套，设立海洋垃圾暂存点16个、垃圾回收点"小蓝之家"15个，吸纳沿海镇/村困难群众超过210人，接入4000多艘海上渔船，构建了全方位的立体收集网络，共收集海洋垃圾4500多吨，减少碳排放2300多吨，使政府治污成本降低50%。

（4）小结——数据开放是政府治理模式实现新突破的重要驱动力。

海洋"清道夫"项目通过政府数据和企业自有数据的融合，为政府治理模式实现新突破提供重要驱动力，主要体现在以下两个方面。一是政府监管机制实现新变革。通过建立"信用评价+分类监管"的船舶水污染物数字监管体系，推动被动纳污向主动纳污转变。海洋"清道夫"项目解决了船舶水污染物有效监管难的核心问题，将渔民主动纳污纳入渔船和渔民信用评价内容，实行信用评级赋码；通过应用实时呈现问题整改、船舶水污染物处置情况等监管指数，强化了全过程监测、可量化评估，推动落实了守信激励、失信惩戒措施，有力地提升了治理效能。二是政府治理模式实现新突破。海洋"清道夫"项目改变了以往政府担当治理主体、财政提供资金的治理模式，探索了多元主体参与、市场链接产业的治理新模式，让政府从治理者变为服务者与监管者，让渔民从污染者变为生态保护者，让社会公众从消费者变为环保参与者，让弱势收集者变为产业受益者。

2. 应急救援产业互联项目

我国是一个公路交通大国。《2021年交通运输行业发展统计公报》的数据显示，截至 2021 年年末，我国公路总里程达 528.07 万千米，其中高速公路为 16.91 万千米。伴随着公路及高速公路的发展，交通事故成为突出的安全隐患。在交通事故应急救援中，除了政府救援，社会救援也成为重要的参与力量。2015 年 10 月，中华人民共和国民政部印发的《关于支持引导社会力量参与救灾工作的指导意见》明确了支持引导社会力量参与救灾应坚持"政府主导、协调配合；鼓励支持、引导规范；效率优先、就近就便；自愿参与、自助为主"的原则。

如何高效实现"协调配合、引导规范、效率优先、就近就便"，消除政府指挥和社会资源之间的信息鸿沟，是本案例要解决的难题。

（1）挑战——社会救援资源的使用效率低下。

重大交通事故和危化品交通事故具有偶发性，但当事故发生时，往往需要专业的救援人员和装备参与施救。专业的救援人员和装备往往散布在社会各地，且无法 24 小时待命并及时赶到现场。第一时间找到最合适的资源，合理调动社会资源最快参与到应急救援中去，是应急救援产业互联项目面临的第一个挑战。

社会救援力量可以通过建设平台实现更高效的调度，但难以只依靠自身力量解决规范化问题，这就需要政府资源特别是公共数据来解决这些问题。此外，应急救援还需要快速标识、定位、定义危险行为，需要

◎ 第七章 大数据

从事后救援走向事前监测、预警，救援平台需要更智能，这些迫切的需求也对公共数据提出了更高的要求。

（2）破题——基于公共数据实现社会救援资源的高效利用。

应急救援产业互联项目将公路运输及危化品运输和救援资源涉及的危化品生产企业、运输企业及车辆、驾驶员及资质、救援驻点、救援企业及队伍、救援装备、救援物资等所有要素数字化，实现政府资源与社会资源的精准调度、高效利用。

一是基于公共数据建立规范台账，实现可控可管。根据要求，危化品生产企业、运输企业、储存企业、驾驶员及其他从业人员、救援人员和特种装备等需要通过政府认定资格、授权经营和监管备案。应急救援产业互联项目利用政府开放的公共数据，对危化品及交通运输领域的社会资源进行认证，在确认其真实性和准确性后，将其纳入应急救援数字体系中进行监管，发挥其主动防御风险和提供救援服务的作用。应急救援产业互联项目利用的公共数据清单如图7-8所示。

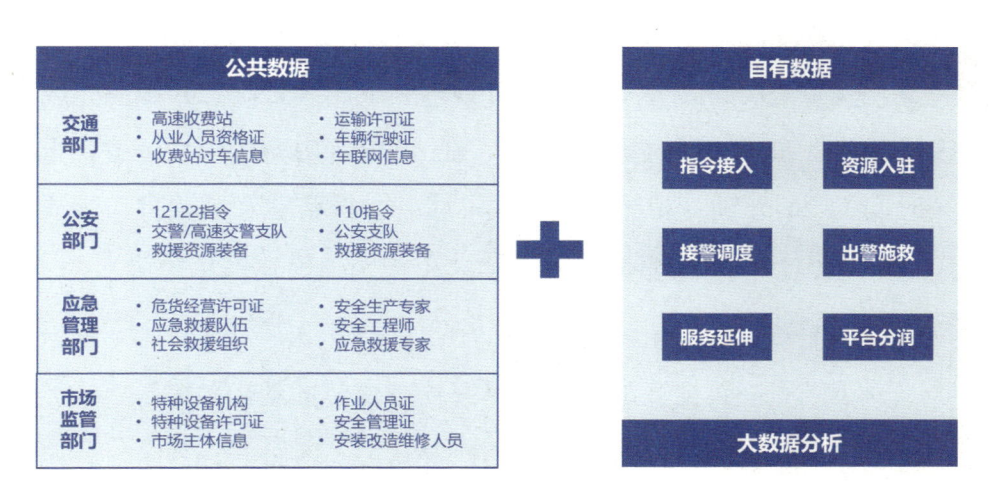

图7-8 应急救援产业互联项目利用的公共数据清单

政府登记、监管数据是平台规范化的基础。公共数据开放使得被调度、被监管的资源为平台可见和可管,配以智能调度,从而将平台的统筹能力最大化。

二是形成事前预测、预警能力。应急救援产业互联项目基于公共数据和自有数据,对危化品从业人员进行建模,包括基础属性(如性别、年龄等)、兴趣偏好(如运动、娱乐等)、行为属性(如驾驶习惯、违章情况、生活作息等)、人群属性(如挣钱养家、卡车达人等)等维度;按建模结果对危化品从业人员进行分类分级;对处在运输状态的危化品车辆驾驶员的各类行为(如疲劳驾驶、分神驾驶和违规驾驶等)进行实时监测、自动抓拍;在进行智能识别后先进行语音提醒,再进行人工干预,实现主动安全介入,直至消除安全隐患。应急救援产业互联项目结合人员标签和行为识别,以及机器不间断、高效运算的特性,可实现远高于人工抽查、人眼识别等传统方式的智能化水平。

(3)成效——高效的应急救援平台。

截至 2021 年 10 月,应急救援产业互联项目成功接出警 1 万多个施救任务。救援人员和装备平均在 1 分钟内完成出警,在 3 分钟内完成事故现场联络,在 15 分钟内到达现场,在 30 分钟内完成救援任务,平均救援时间为 26 分钟。相比传统模式,应急救援产业互联项目在事故救援中争取到 5~15 分钟的提前时间,真正实现了"救死扶伤快人一步"的终极目标。

(4)小结——数据开放可有效提升社会资源的使用效率。

从实践成效看,依托政府开放的公共数据和自有数据,应急救援产业互联项目有效地提升了道路救援的效能,让社会资源在道路救援中发挥了更为重要的作用。一是数据融合实现平台化统一调度，使资源使用更高效。应急救援产业互联项目将社会救助资源以数字化的方式量化，通过与政府开放的公共数据充分融合，在互联网侧形成了与政府应急救援体系对应的数字孪生体系，打破了物理世界中组织机制、区域和时间的约束，形成了一个以处置事故为中心的整体行动体，极大地提高了监管预防能力，大大缩短了事故发生后的救援响应时间，提升了救援效率。二是数据融合让平台更智能。对于长时间段内偶尔出现的异常行为的识别，量化模型往往比人工更有效、更可靠。量化算法严重依赖数据，应急救援产业互联项目通过数据开放，结合企业自行采集的特定数据，实现了智能化的预测、预警场景，实现了数据资源的深度开发和利用，使平台更为智能。

第四节　大数据未来展望

从发展进程看，浙江省的公共数据平台已经充分实现了数据流通阶段的目标。在这个阶段，浙江省通过持续不断地完善和优化大数据的组织、制度、流程、评价及工具支撑，基本解决了数据流通问题。从数字运营的角度出发，接下来，数字运营者应坚持数据驱动业务的数字运营理念和方法，基于持续治理后的数据，以业务需求和场景为驱动，对多元数据进行深度的碰撞、管理和分析，沉淀出共性数据模型产品，以此将数据转化为知识资产，赋能重大应用和基层需求迫切的应用场景，提升企业和群众的满意度与获得感。业务数据化、数据业务化，业务和数据互相反哺，共同服务于业务运营、场景创新和数据价值释放。此外，数字运营者还需重点保障数据资源体系全链路的数据供给侧和消费侧的稳定性和安全性，提升数据运营的服务质量和管理水平。依托数据高质量供给的基础，数字运营者需引入算法和人工智能技术，为数据从一体化进入智能化做好谋划，提升数据的自动化和智能化水平。着眼未来，从数字运营的角度看，以下几点将成为大数据业务的重要发展方向。

第一，进入数据转化为知识资产阶段。以初步治理后的数据为基础，数字运营者基于 One Data 理念，利用统一本体对象、统一模型规范、统一数据服务技术手段，以业务场景为牵引，将业务需求转换为数据需求，依托数据模型可视化运营系统，设计业务模型和数据模型原型，依托大数据分析处理平台，开发和落地数据模型对应的物理表，并将落地的物理表授权给公共数据使用部门验证和使用，确保数据模型被有效使用。在数据模型运营的过程中，依据业务场景需求变更和反馈意见，数字运营者需要不断提升数据模型的实用性和可用性，确保数据模型完全适配业务场景需求，实现数据业务化，以数字化手段提升业务服务和管理水平。数字运营者需要基于数据模型不断提升运营管理水平，形成实用、可用、好用的数据模型知识资产体系，为数据使用方提供"贴身式"和"伴侣式"的数据服务，并对形成的数据模型知识体系，实现"一地创新、全省共享"的数据价值放大赋能。

第二，进入数据可靠、可信对外授权阶段。围绕重大战略目标，数字运营者支撑公共数据主管部门优先在与民生紧密相关、社会需求迫切的场景，推动公共数据开放利用，实现新突破，进一步发挥数据能量价值，赋能基层治理现代化；在确保公共数据安全的前提下，探索公共数据授权运营方法，确保数据能在发展和安全的大局之下，找到一个可靠、可信的方式对社会侧进行授权，培育新型数据服务形态，使其融入社会经济活动领域的各类应用，让群众协同参与数据核验、质量监督与互动反馈，形成政府、群众、社会等多元主体参与的数据治理新模式，实现数字赋能更科学、更精准、更高效；通过探索数据开放运营机制，建立数据要素市场体系，将数据快速融入生产、分配、流通、消费和社会服务管理等多个环节，深刻改变生产方式、生活方式和社会治理方式，推动经济、政治、文化、社会、生态等多个领域重大而深刻的变革。

第三，进入数据全链路稳定保障阶段。数字运营者支撑公共数据主管部门依托公共数据平台数据流通基础，打造数据从生产到应用的全链路可视化运维系统，通过批量或接口上报的方式获取目录、归集、治理、共享等子系统数据表的上下游和运行状态等信息，逻辑串联现有目录、归集、治理等子系统中数据表的流转链路，帮助公共数据使用部门直观地理解数据的来龙去脉，降低数据异常溯源排查门槛；在集中整合各子系统中数据任务的监控告警功能后整体运维，辅助数据运维人员统一对异常的数据流转问题快速进行定位和处置，提升数据运维效率；制定各子系统中重点数据表各节点的 SLA 指标，帮助数字运营者统一管理和优化公共数据平台核心服务指标，提升公共数据平台的运营管理水平。通过数据全链路保障建设，实现公共数据平台数据全生命周期的可视化、集中化、可量化的统一管理，保障公共数据平台全链路数据的稳定性。

第四，进入数据全链路安全保障阶段。数字运营者支撑公共数据主管部门依托公共数据平台的数据安全基础，打造数据从生产到应用的全链路数据安全监控系统，基于零信任的原则，通过获取公共数据平台的多个访问主体（包括人、设备、应用系统等）各维度的信息，校验访问主体的身份和行为可信度、环境和应用系统的可信度、多端用户使用接口场景信息，对访问主体的一次访问请求做出是否放行的决策建议，决策建议包括拒绝访问、访问引导和风险通知等。此外，数字运营者和应用系统管理人员还要共同制定个性化的数据访问管理策略/规则，并根据经验积累，精细化演进数据安全监测系统平台的访问策略/规则，为各类数据库和系统（包括平台、网关、应用系统、数据查询工具等）提供可信的主体身份管理及访问控制服务，健全全周期的数据全链路安全防护体系，提升核心防护技术能级水平，保障公共数据平台全链路数据的安全性。

第五，进入数据智能化阶段。 数字运营者支撑公共数据主管部门在实现数据高质量供给的基础上，基于公共数据平台，引入"大脑"能力，围绕特定业务或领域，通过 IRS 综合集成数据、算法、模型、工具、知识、算力等数字资源，形成以数据计算分析、知识集成运营、逻辑推理判断为核心的智能化能力中心，全面支撑数字化改革应用，提升各领域业务的运行监测评估、预测和预警、战略目标管理的能级水平，实现质量变革、效率变革、动力变革；基于引入的"大脑"能力，推动数据资源体系从一体化进入智能化阶段，促进数据深度开发和利用，大力挖掘数据的潜在价值；根据重大领域业务应用场景使用"大脑"要素的时间维度、频次等属性，利用算法、人工智能等技术智能化地为业务应用场景推荐适配的"大脑"要素，助力业务场景应用高效运行。随着数据资源体系的不断发展，未来的大数据将从"治"向"智"演进。

第八章 大运维

随着数字化进程向纵深推进，以综合集成、多跨协同、多方参与为特征的应用不断涌现。众多应用逐渐成为一个复杂巨系统。在复杂巨系统内，各模块相互调用、运行环境相互依赖，给可用性和安全性带来严峻的挑战。传统的运维服务存在两个问题：一是空间上离散，"铁路警察各管一段"；二是时间上缺乏全生命周期的管控，仅对系统上线后的可用性和安全性负责。为此，基于"数字孪生、态势感知、全链快响"理念，按照"三段三责"的全生命周期管控机制，建立一套整体、规范、智能的大运维体系已迫在眉睫。

第一节 大运维体系概述

数字化变革必须守牢可用性和安全性红线。运维安全工作必须坚持"安全是1，其他是0"的理念，结合"三段三责"、Google SRE[1]的3S、支付宝的 nPRT[2] 和"5A+1"[3]四大方法论提升可用性和安全性，并采用

---

[1] SRE 是 Google 提出的关于运维工程师如何开展运维工作、提升系统可用性、降低系统故障率的一系列理念和方法。在 SRE 的实践中，Google 通过设置 3S 指标来度量当前团队的服务能力。

[2] nPRT 指控制风险的四大因素：n 即风险的数量；P 即风险概率，指风险转化为故障的概率；R 即故障影响范围，指在单位时间内，一个故障造成的危害的影响；T 即故障影响时长，指一个故障持续的时间。风险期望值会随着 n、P、R、T 值的减小而减小。

[3] "5A"是指身份认证、授权、访问控制、行为审计和资产保护，"1"是指技术开发单位。

数字化的手段、工具和方法，推动运维安全工作迭代升级。

就运维安全工作而言，业务变革要秉持数字运营的核心理念，按照数字运营方法，围绕运维安全制度建设、数字化平台和运维工具建设，打破传统运维方式和业务主体间的组织壁垒，重塑生产关系，将运维安全工作人员的技术和服务能力"原子化"，统筹运维安全机制和智能技术发展，建立运维安全有机整体，形成全新的大运维体系，从而推进整体性工作。开展大运维工作将能更好地守住大平台和大应用的安全底线，做好"全领域、全周期、全主体、全时段"的安全保障工作，做到安全问题"早预防、早发现、早处置、早恢复"，保障大平台和大应用中各类资产的保密性、完整性、可用性，进而保障它们长期安全、稳定地运行。

一、大运维体系是数字化的必然要求

面对复杂的运行环境，大运维体系取代传统的运维体系成为推进数字化向前发展的必然要求。其核心目标是实现整体、规范、智能。

提升运维的整体性。 传统运维的不足之处是，系统建设方之间的运维流程与响应机制相对独立，运维对象管理、风险监控配置、故障应急处置较为割裂和离散，且协同效率低，在运维机制和运维流程层面缺乏整体性。对此，运维工作需要统一运维对象定义、应急响应流程的要求，建立运维有机整体，从而提升整体性。形成具备整体性的大运维体系需统筹运维机制和智能技术发展，保障应用整体持续在线、安全、稳定地运行，为复杂系统的"在线服务"保驾护航。

提升运维的规范性。 传统运维没有建立起稳定、规范的运维机制，运维人员仅以主观经验或约定俗成的方式指导故障处置流程，故障有处置但无规范化的管理。对此，大运维体系需要从碎片化的运维工作中提取出事实依据，从而建立统一的运维安全制度流程与标准规范，明确安全责任和边界，形成完善的运维安全协同机制，将大平台和大应用的运维安全工作连成网，继而使所有操作都有依据、有条理、有章法，实现全周期的运维闭环管理。大运维体系需将运维规范制度沉淀到工具中，协助运维人员保障业务安全、稳定，实现源头控制，夯实健康保障。

提升运维的智能化水平。传统运维缺乏智能化的工具，往往是被动式地处理问题，以"出现告警就处理告警，无告警就无处理"的方式抢修大平台和大应用的故障。这种以人工判断为主，依靠经验开展工作的方式已无法保障业务服务保持实时在线和常态健康。同时，传统运维在监控预警、告警、问题发现及故障处置等各个环节的准确性不高，在数据采集、异常诊断分析、故障处理的效率等方面均有待提高。对此，大运维体系需注重智能化运维建设，通过本地建模和风险建模，对各类运维主体和风险进行数字化刻画，形成对运维对象的数字孪生，实现运维态势的全局监测，将传统运维的事后处置优化为事前预警；融合运维要素，建设动态本体数据仓库，建设集成专家知识、算法模型和数字化工具等组成部分的运维大脑（Digital Management System，DMS），运用数字智能驱动运维自动化、智能化，实现"数字孪生、态势感知、全链快响"。

此外，大运维体系还应从流程、技术和制度的角度确保各环节和各类资产及应用的安全性，形成信息系统安全文化，提高员工的安全意识。

二、大运维体系的建立思路

从数字运营的角度看，为了实现大平台和大应用安全、稳定运行的目标，大运维体系的建立要遵循两大核心思路：以一体化应对碎片化带来的挑战、以智能化应对复杂系统带来的挑战。

（一）以一体化应对碎片化带来的挑战

大平台和大应用的运维安全工作是一个多角色、多主体协同的复杂过程，面临着复杂的组织挑战，因而需要形成一体化的运维安全机制来应对挑战。

第一，要确定一体化的运维目标、职责、流程、制度和规范，从而优化运维安全工作的管理。 传统运维采用分散式的管理手段，部门与部门之间的职责划分不清晰，缺乏有效的沟通和协作机制，导致不同部门依据不同的流程来管理运维工作。在缺乏从一个统一的视角进行集中化管理的情况下，运维人员无法及时发现潜在风险，当故障发生时将直接导致多处报警，不同部门要花更多的时间定位和解决问题，运维工作杂乱无章、效率低下。

为此，大运维体系首先需确定一致的运维目标——提升应用可用性和保障应用安全性，确保运维人员的工作目标在整个组织内保持一致；其次，需重新定义运维的职责，明确 3 个阶段各主体的对应责任，运维安全工作仅靠运维过程中的技术保障是不够的，它贯穿了应用系统的全生命周期，在设计开发、测试鉴定、运营和运维 3 个阶段都有各自的使命和职责，3 个阶段的主体都要推动对事件、风险的举一反三。此外，大运维体系还需要采用标准化的系统运维服务流程来管理工作，保证系统业务服务的可持续性，具体涵盖对象纳管、实战演练和应急处置三大阶段。对象纳管可保障应用在转维后被全面监控、风险不遗漏。实战演练可确保应急预案的有效性，且在应急处置阶段能够对故障进行快速"止血"的操作。

运维工作主要通过提升系统可用性来提升服务质量。系统可用性反映其在一段时间内正常运行的能力，即系统能够持续提供服务而不出现故障或停机的时间占比。提升系统可用性可通过在人员管理、资源管理、故障管理、变更管理、考核管理等方面制定相应的运维制度和规范来实现。其中，人员管理涉及对运维人员技能和行为的规范要求；资源管理主要对软/硬件资源的申请、使用、管理、下线等事项做统一的规范；故障管理是对线上故障等级定义及故障认责方认定等做统一的规范；变更管理是对线上系统操作的执行做统一的规范；考核管理是对运维考核的考核项做统一的规范。同时，运维工作应建立问题排查反馈、故障应急处置等机制，规范运维日常工作机制和流程。

安全工作主要通过安全管理活动构建安全屏障，为实现大运维体系的整体、规范、智能奠定安全基础。提升安全性需要考虑两个方面：一是系统必须具备足够的安全权限，保证数据不被非法访问、窃取和破坏；二是系统操作安全可靠，系统应同时具备安全权限，不让非法用户操作系统，同时要具备足够的容错能力，以保证合法用户在操作时不会引起系统出错，充分保证系统数据的逻辑准确性。为此，运维团队设定"进不去、读不懂、攻不垮、改不了、拿不走、赖不掉"的安全工作目标，通过云、网、数据、应用、两端的安全举措提升整体安全性，实现应用安全和数据安全。基于零信任的原则，运维团队将全链路的资产、行为进行监控与保护，并构建"5A+1"的框架，从现状梳理、安全排查、风险管理、方案制定、风险处置、风险核查等维度开展安全管理及评价工作。在安全制度规范方面，运维团队需从上到下、从粗到细形成各类文件，既要有建立安全体系、明确划分各主管机构的职责分工及整体安全管理范围的总体方针，又要有人员管理、策略管理等管理规范，业务上架、应用发布等技术规范，安全变更、漏洞管理等运营规范。

基于上述一系列一体化的建设，把零散的运维组织编排为一个整体，遵循一致的运维规范和流程，实施一致的运维考核评价规则，可以应对传统运维碎片化带来的挑战。

第二，要开展运维安全服务的全过程管理。 传统运维缺乏全过程管理，仅在事后进行处置，忽略设计开发阶段和测试鉴定阶段对系统安全性、可用性的考虑。例如，在设计系统架构时没有基于集群化和冗余的原则而使用单节点，当故障发生时，系统将不能从其他服务器中实现恢复，给运维工作带来挑战。

为此，运维安全工作需分阶段、分责任。只有从制度、技术、能力方面进行全面整改，才能全链路确保安全工作顺利进行。在设计开发阶段，运维安全工作重点保障架构可用性、安全性、编码安全、等保密评、资产评估等安全设计，把好安全第一道关；在测试鉴定阶段，运维安全工作重点保障质量测试、性能测试、安全测试，通过测试把好安全第二道关；在运营和运维阶段，运维安全工作重点保障转维安全、预警监测、安全检测、预案演练、应急处置等工作，提升安全管理的主动性，实现突发快响、高效协同。例如，设计开发阶段可以参考少依赖原则，从系统依赖的角度（包括上下游的变更、所依赖的云产品和第三方接口等），尽量减弱系统依赖性，同时结合弱依赖原则，可以减少 A 系统对 B 系统的风险转嫁，从而降低风险转化为故障的概率。

大运维体系重点聚焦第三个阶段（运营和运维阶段）的主体，以事前、事中、事后为主线，做好审核、评估、监测、检测等工作：在事前阶段，通过运维安全规划、系统体检、系统稳定性评估审查、应急预案制定和演练等提前发现与预防安全风险；在事中阶段，做到快速应急响应和信息拉通,快速处置故障并恢复大平台和大应用的运行;在事后阶段,组织故障复盘,分析问题根因并制定解决方案,对故障问题举一反三,对系统进行全量排查并形成预案,实现运维安全服务全闭环管理。

(二)以智能化应对复杂系统带来的挑战

大平台和大应用的运维安全工作涉及复杂的系统关系,需要通过建设 DMS,不断积累业务专家组的业务理解和技术专家组的技术能力并将其固化成运维工具,来提升运维团队的整体服务能力,从而推动传统运维向智能运维转变。DMS 的建设要实现整体、规范、智能的目标,就必须遵循全新的理念和方法,重点把握数字孪生、态势感知、全链快响这 3 组关键词。

数字孪生。数字孪生又称数字映射、数字镜像,是充分采集和利用运行数据与智能分析在虚拟空间完成映射,从而反映相对应实体的全生命周期的过程,主要通过对资产、组织、行为的数字孪生实现运维全生命周期管控。其中,资产的数字孪生是对两端、应用、组件、数据、云网 5 类对象的运行进行数字孪生,定义各类资产的对象、属性及关系,详尽地掌握各类资产的运行状态,清晰地展现故障原因及影响范围。大运维要保障的对象是包括大平台和大应用在内的所有系统。因此,要实现数字化运维,就要让这些系统信息在线化,所有系统的相关信息,如系统的组成、架构,系统间的调用关系,部署架构,云资源的使用情况,生产环境参数配置等,都必须登记在册,还要能实时感知系统的运行状态。组织的数字孪生是对大运维和小运维团队进行数字孪生,包括基于 5 类对象的两端、应用、组件、数据、云网负责人,以及基于运维流程的资产维护员、演练负责人和应急处置人。通过组织的数字孪生可以实现明确的职责划分、高效协同，进而协助大运维团队对组织进行高效管理。行为的数字孪生是对组织内的人员如何根据规范执行操作流程的数字孪生，包括对象纳管、实战演练和应急处置三大阶段的关键节点工作，可以实现风险处置流程的全面透视。

态势感知。通过采集运维数据和日志信息，利用历史教训形成的知识、风险数据模型进行处理和分析，建立动态拓扑关系，生成应用图谱，展示应用间的相互调用关系和应用内部各层级资源调用的状态，并统计当前应用范围的运维质量数据，对应用的可用性和安全性进行风险实时感知。通过时间序列的方式为运维指挥员呈现完整的预警、告警消息，找到源头预警，进而为制定故障处置决策提供依据。

全链快响。通过对各类故障进行处置，在发现故障时快速调度涉及的包括政府、企业、开发商和平台各层负责人等在内的各方主体，实现多维度的全方位协同；根据系统之间的调用关系，评估故障的影响范围，为快速处置故障、"止血"提供有效的决策指挥；对故障进行全视角跟踪，支撑运维指挥员掌控处置进度，响应处置复盘情况，从而实现故障信息"一平台流转"和处置全程留痕。事后根据处置结果考核故障处置和响应效率，激励组织内人员，形成科学化的响应机制。

第二节　大运维体系的总体框架

建立大运维体系的关键抓手在于形成统筹管理能力，要在运维安全服务全流程中实现统筹管理，以整体统筹模式对接各技术开发单位，形成多方协同。具体来说，即按照全周期管控、全方位协同两大机制，覆盖 3 类对象，明确可用性和安全性两大指标，建立覆盖设计开发、测试鉴定、运营和运维 3 个阶段的大运维体系，实现早发现、早预防、突发快响、高效协同的目标，提升基础设施和网络安全的保障水平。大运维体系的总体框架如图 8-1 所示。

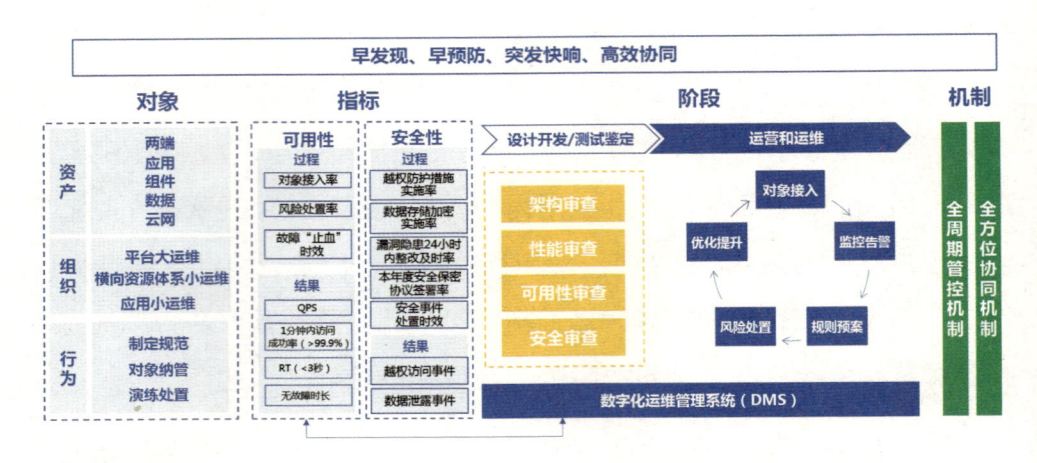

图 8-1　大运维体系的总体框架[①]

一、3 类对象：资产、组织、行为

运维服务的高效运行主要通过对 3 类对象，即资产、组织、行为的全局化管控来实现：基于对资产的接入和监测，协调组织内部资源和明确各方责任主体，管理和考核组织的运维行为，从而帮助运维人员快速进行诊断，确保在出现故障时能够快速恢复正常运转。

资产是指两端、应用、组件、数据、云网，通过对资产统一接入纳管，实现对省、市、县 3 级各类重点应用，大应用中的子应用，以及应用中组件、数据和应用所属的云网等每一类资产的动态监测，具备及时发现风险的能力，从而实现对平台整体的可用性、安全性的保障。两端

---

① 图 8-1 中的架构审查、性能审查、可用性审查、安全审查属于研发测试团队的工作职责，研发测试团队应在应用转维前做好这 4 个方面的工作。

248

是指移动办公平台和移动办事平台资产，通过终端实现政务办事服务聚合和政务办公服务聚合。应用是指由各建设单位建设和发布的应用系统，包括页面、接口、PC 端和移动端等服务内容，是大运维大安全管理的重点。组件是指由建设单位单独开发用于通用能力共享的服务，包括 SDK、API 接口等形式。组件的稳定性影响所有下游使用的应用系统。数据是指生产库、数据仓库等数据类资产，数据安全是重中之重，对数据资产的保护是大运维大安全必须保障的。云网是指 ECS[①]、RDS[②]、DRDS[③]、MQ[④]、ES[⑤]、政务网络等基础设施类资产，基础设施一般由云平台提供，为各类应用、数据提供基础运算平台。云网的可用性和安全性直接影响上层应用、数据的稳定性，是基础保障的重点。大运维需要将 5 类对象全部纳入管控范围，实现应纳管尽纳管。通过识别对象、确定指标、纳入监测，形成及时发现风险、处置风险的能力。

组织是指为提升平台可用性和安全性而形成的团队。以数字浙江公司为例，大运维组织是由一个个简单的运维单元构成的，单一运维单元由 B、L、A 三大类角色组成。B 是指平台大运维，L 是指横向资源体系小运维，A 是指应用小运维。B 由大运维指挥员和各领域的运维专家构成，由省公共数据主管部门和数字运营单位组成"1+1"全省的大运维

[①] ECS（Elastic Compute Service）即弹性计算服务，是阿里云提供的一种云计算服务，它允许通过云端租用虚拟机实例来运行应用程序。

[②] RDS（Relational Database Service）即关系型数据库服务，是一种云计算服务，用于管理和托管关系型数据库。

[③] DRDS（Distributed Relational Database Service）即分布式关系型数据库服务，它是基于 MySQL 数据库实现的分布式关系型数据库解决方案。

[④] MQ（Message Queue）即消息队列，是一种在分布式系统中传递消息的中间件，主要用于解决系统之间异步通信的问题。

[⑤] ES（Elasticsearch）是一个开源分布式搜索和分析引擎，被用于快速且实时地存储、搜索、分析大规模的结构化和非结构化的数据。

中枢。L 由平台水平各层的小运维构成，如两端、应用、数据、组件、云网都有各自层级的小运维。

行为是指 B、L、A 三大类角色采取和开展的一系列操作和活动。B 需要提供 DMS 平台工具，提供管理各类资产的标准，提供管理各类角色的规则，在资产纳管环节负责重大应用转维的完备性审核。L 负责省、市、县 3 级的两端、应用、数据、组件、云网的可用性和安全性运维，负责非重大应用转维的审核确认。A 负责具体应用的可用性和安全性运维，在资产纳管环节负责按照资产接入标准和规则完成资产接入、实战演练、应急处置。B、L、A 角色行为的关系：B 制定规范、规则，提供工具，驱动小运维；L 按照规范、规则审查 A 的对象纳管率，实现运维在线；A 依托工具，负责资产在线、演练在线、处置在线等工作。

二、两大指标：可用性和安全性

（一）基于 3S 理论定义可用性指标

随着业务的不断演进，系统数据量不断增大，技术栈越来越复杂，系统模块越来越多，造成系统故障风险场景越来越多，可用性问题越来越严峻。系统可用性衡量的是一个系统正确地对外提供服务的能力。基于 3S 理论定义可用性指标，明确 SLI 和要实现的 SLO，签署最终的 SLA，可以提升系统的稳定性。

大运维体系的可用性指标包括过程指标和结果指标两类。过程指标主要包括对象接入率、风险处置率和故障"止血"时效。结果指标主要包括 QPS、1 分钟内访问成功率（>99%）、RT（<3 秒）和无故障时长。

对象接入率是指在系统转维时，系统基于 5 类对象的已接入监控与应接入监控总数的比率，一般用百分比表示。运维团队在 DMS 上配置监控项时，需要确保应接尽接，以便在发现问题时及时以预警、告警的形式通知运维人员进行处置。

风险处置率是指在特定时间内解决和处理了风险事件的比率，一般用百分比表示。该指标通常用于衡量风险管控的有效性，即处置风险事件的速度和效率如何。如果风险处置率较高，就表示组织能够及时和有效地处置风险事件，保证业务的正常运转。

故障"止血"时效是指在故障发生后需要修复故障的时间，故障"止血"时间短，说明组织能够快速识别故障原因，并采取有效的应急预案来避免业务长时间中断产生的影响。

QPS（Query Per Second）即每秒查询率，是一台服务器每秒能够响应的查询次数，是对一个特定的查询服务器在规定时间内处理流量多少的衡量标准。每个系统的 QPS 值都有一个相对极限值，在应用场景访问压力下，只要超过系统最大值，最大 QPS（峰值）就是对服务端抗压能力的衡量指标，极有可能发生服务端宕机，或将超过能力范围内的请求忽略掉，返回限流错误给客户端的情况，从而降低系统的可用性和服务质量。

1 分钟访问成功率是指在 1 分钟内发起的请求中，成功访问的数量与总请求数量的比率，用于衡量系统的响应能力和可靠性。

RT（Response Time）即系统响应时间，是系统对用户的输入或请求做出反应的时间。RT 的计算要考虑到用户的数量，用户越多，响应时间必须越快，否则就难以保证每个用户都有可以接受的 RT。RT 是系统性能的一个重要指标，也是应用程序服务质量众多属性中的重要属性之一，用于衡量使用服务的满意程度，描述服务的性能特点。

无故障时长即系统能够正常运行的时间，系统可用性越高，发生故障的次数和时间越少，无故障时长就越长。它还能反映出系统发生故障后运维人员响应和处置的效率。

（二）基于"5A+1"①理论定义安全性指标

大运维体系通过采用贯穿架构设计、风险评估、风险处置和举一反三的"5A+1"安全框架定义安全性指标。"5A+1"分别是身份认证、授权、访问控制、行为审计、资产保护和技术开发单位。身份认证是确保只有合法用户才能访问系统的关键环节，主要包括账号及认证两部分，确保发出请求的主体真实、具象、合法且唯一，以便保障每次访问或调用的安全性。授权是对已认证用户分配访问权限的过程，即通过身份验证后，明确此主体被授权本次访问的内容及权限，拒绝超过权限范围的违规访问行为，需要对权限进行分配与及时变更。访问控制是指限制用户对系统资源的访问，以便保护系统和数据的安全。访问控制主要对非合法主体的访问、合法主体的非授权访问或滥用资源进行判断及拒绝，主要包括机密性、完整性、有效性控制。行为审计是对用户操作进行记录和监控的过程。大运维体系通过对系统和用户行为的实时监控，可以及时发现安全事件，并快速进行响应。资产保护则涉及对政务网络的软/硬件、数据等资产进行全面保护。在资产保护过程中，大运维体系要根据资产价值和风险等级，采取相应的安全措施。技术开发单位在政务网络中扮演着重要的角色。为确保技术开发单位提供的产品和服务符合安全要求，政务机构应审核技术开发单位是否存在安全意识薄弱，以及在项目保密、源码保密、可信设备等方面存在风险等问题，若存在，则应

---

① "5A+1"通过身份认证实现进不去，通过授权实现读不懂，通过访问控制实现攻不垮，通过行为审计实现改不了，通过资产保护实现拿不走，通过 ISV 实现赖不掉。

督促其进行整改。

大运维体系的安全性指标也包括过程指标和结果指标两类。过程指标主要有越权防护措施实施率、数据存储加密实施率、漏洞隐患 24 小时内整改率、本年度安全保密协议签署率和安全事件处置时效；结果指标主要有越权访问事件和敏感数据泄露事件，目的是提升系统安全能力，从而协助安全人员优化安全工作。

越权防护措施实施率是在认证和授权、最小权限原则、输入验证、会话管理、审计日志、安全编码规范、定期安全审查和更新等方面的已实施情况和应实施情况的比率。越权防护措施实施率通常用于衡量这些技术、规范的执行程度。越权防护措施实施率会受技术水平、安全意识、资源分配等因素的影响。要提高越权防护措施实施率，就应提高安全意识、落实防护措施及不断优化安全实践。

数据存储加密是指将数据存储在计算机或其他电子设备上时，使用加密算法将数据加密，以便只有拥有正确密钥的人才能解密并查看数据。这可以帮助确保敏感数据在存储和传输过程中不会被未经授权的人访问或盗取。**数据存储加密实施率**用于衡量这项技术的执行程度。

漏洞隐患 24 小时内整改率是指在信息安全管理过程中，对发现的漏洞和隐患在 24 小时内进行整改的比率。每个系统都有可能存在各种漏洞和风险，及时发现并整改这些漏洞和风险可以降低系统被攻破的风险，保护系统的稳定性和安全性。在实际情况中，漏洞隐患 24 小时内整改率通常由相应的信息安全管理人员或团队来把控。高效的漏洞整改管理流程和规范的管理标准可以提高漏洞隐患 24 小时内整改率。然而，要想持续地改进，就需要进行整改效果评估和持续跟踪，及时修正不足，确保信息系统的可持续发展。

本年度安全保密协议签署率是指组织在制定或更新安全保密协议时，员工或相关人员在本年度内签署的比率。安全保密协议通常包括对保密信息的使用限制、信息安全政策和规定、信息资产的保护措施等内容。高的本年度安全保密协议签署率可以表明组织对安全保密的重视程度高，并且可以提高员工的安全意识和保密意识，降低员工故意或无意地泄露敏感数据的风险。为了提高本年度安全保密协议签署率，组织可以采用多种策略，如制订相应的宣传计划、加强对员工的培训和督促、提高签署本年度安全保密协议的重要性和必要性等。

安全事件处置时效是指在发生安全事件后，组织需要采取行动来处置该事件的时间。通常情况下，处置时间越短，组织受到的损失就越小。安全事件处置时效需要考虑多种因素，包括事件的严重程度、组织内部的安全流程和决策层次、技术和人员资源的可用性，以及与外部利益相关者的沟通协调等。在确定危害程度和紧急程度后，组织应该根据实际情况采取合理的处置措施和方案，确保在规定时限内完成处置工作，防止安全事件进一步恶化。

越权访问事件是指在信息系统运行期间，未经授权的用户或系统访问到未授权的数据或应用程序的情况。不发生越权访问事件是信息系统安全的基本要求。越权访问事件通常是系统内部的安全漏洞被恶意利用，或者系统管理人员和其他有权限的人员滥用权限导致的。

敏感数据泄露事件是指在信息系统运行期间，组织内部敏感数据被未经授权的人员或系统获取和利用的情况。敏感数据包括财务数据、私人信息、研究和开发资料等。敏感数据泄露事件通常会导致组织的声誉受损、数据泄露和业务中断等严重后果。

三、3个阶段：设计开发、测试鉴定、运营和运维

（一）设计开发阶段

系统在设计开发阶段需要同时考虑可用性和安全性。系统可用性的影响因素除了运维管理（如不规范的变更等），还有系统架构初期的设计方面的因素，如不准确的流量预测、欠考虑的资源冗余方案等。安全性是信息系统的第一道防线，在设计开发阶段同样需要被优先考虑。

可用性设计需按照 $nPRT$ 原则，通过四大因素管理风险期望值。其中，n 是指风险的数量；P 是指风险转化为故障的概率；R 是故障影响范围（如当应用发生故障时，是整体服务不可用，还是部分模块不可用等）；T 是指故障影响时长。同时，可用性设计还应遵循 $nPRT$ 的十大原则：少依赖、弱依赖、仿真测试、隔离、分散、均衡、自我保护、灰度、冗余和"止血"优先。其余常见的系统可用性架构设计方案包括负载均衡、数据库主备部署、容错和限流等。以容错方案为例，系统出现错误是不可避免的，一个好的容错方案可以大大提高软件对错误的兼容程度，使得系统在遇到突发错误时仍能保证一定的可用性。可用性设计一方面需要避免单点，通过部署多个节点解决故障节点业务承接的问题，一般来说，节点越多，容错效果就越好；另一方面需要进行服务降级，即"牺牲局部、保全整体"，在系统将要崩塌时，优先保证主线业务的运行。

安全性设计要遵循"5A 原则"，即身份认证、授权、访问控制、行为审计和资产保护。物理层、网络层、系统与平台层、应用与数据层的安全架构设计的合理性都需要从上述 5 个方面被考量。

(二) 测试鉴定阶段

测试鉴定阶段需要同时对系统的可用性和安全性进行审核。

测试可用性考虑的情况有 3 种：一是内部组件故障，如单节点故障或集群故障；二是外部依赖故障，即系统自身依赖的外部系统故障，许多大型的复杂系统通常需要依赖外部系统来扩展自身的功能；三是满 CPU （Central Processing Unit，中央处理器），以及硬盘和内存的满负荷压测。

测试安全性是指验证有关应用程序的安全等级和识别潜在安全性缺陷的过程，主要目的是查找软件自身程序设计中存在的安全隐患，并检查应用程序对非法侵入的防范能力，安全指标不同，测试策略就不同。常见的安全性测试有静态代码检查、动态渗透测试和常规漏洞扫描等。静态代码检查主要通过代码走读的方式对源代码的安全性进行测试，包括数据流、控制流、信息流等，通过这些测试方法与安全规则库进行匹配，发现潜在的安全漏洞。静态代码检查主要在编码阶段进行测试，以便尽可能早地发现安全性问题。动态渗透测试主要借助工具或手工来模拟黑客的侵入，对应用程序进行安全性测试，进而发现系统中的安全性问题。动态渗透测试一般在系统测试阶段进行，但覆盖率较低，因为在测试过程中很难覆盖到所有的可能性，只能尽量提供更多的测试数据来达到较高的覆盖率。常规漏洞扫描通过主机开放端口、端口对应服务及服务状态，以及对漏洞发布信息的实时跟踪和分析，及时更新漏洞的补丁信息和修补建议，一般保持每周一次的漏洞库更新频率，并在遇到紧急、重大的漏洞时及时更新。

(三) 运营和运维阶段

运营和运维阶段由 5 步构成：一是对象接入，通过运维 5 类对象的接入和运行日志的接入，自动绘制动态拓扑关系图，实现运维对象全纳管；二是监控告警，通过 5 类日志对接两端、应用、组件、数据、云网的运行状态，配置包括监控项配置、预警通知和告警通知在内的日志监控，提高预警和告警监控的准确性与有效性，并通过举一反三不断提升监控质量，最终实现资产运行状态全监控；三是规则预案，通过提炼专业知识，设置预警规则共享风险规则，分析历史故障，设置应急成员，加强应急演练，提升"止血"效率；四是风险处置，依据"五快"（快响应、快排查、快"止血"、快恢复和快复盘）闭环处置模型，快速拉通责任人定位风险并"止血"，高效协同处置风险；五是优化提升，通过事前健康监测分析、事后处置效率分析来补短板和强弱项，并通过考核"晾晒"机制，撬动大运维体系各相关方高效协同、提质提效。

四、两大机制：全周期管控、全方位协同

（一）全周期管控机制

运维工作的核心目标是保障线上业务稳定运行、减少故障发生次数、缩短故障发生时间。因此，稳定性方向的建设工作可以从故障的整个生命周期角度入手。

全周期管控主要通过建立制度规范，实现对设计开发阶段、测试鉴定阶段、运营和运维阶段流程的管控：在设计开发阶段，根据架构审查规范对系统的安全性和可用性设计进行评审；在测试鉴定阶段，根据压力测试规范、渗透测试规范和漏洞扫描规范，对系统的性能、可用性和安全性进行验收审核；在运营和运维阶段，通过系统转维规范、安全监测规范、重保管理规范、故障管理规范等 12 类规范，严格执行对象接入、监测预警、应急响应、风险处置和优化提升工作。

（二）全方位协同机制

全方位协同机制是指基于运维全周期管控，形成的 3 种角色类型（建设单位、大运维和建设厂商）、六大角色（指挥员、系统管理员、运维指挥员、资产管理员、监控管理员和故障处置员）的运维人员协同机制。在设计开发阶段和测试鉴定阶段，系统建设厂商的资产管理员发出转维申请，由大运维的系统管理员进行转维申请审核，转维申请通过后由建设单位统筹管理。在运营和运维的平时阶段，系统建设厂商要对各类日常运维故障和安全事件及时响应、诊断、分析和分发问题，跟踪并解决问题，实现"风险态势可掌握、故障事件可跟踪"；要根据数字孪生、态势感知、全链快响等原则，进行安全风险处置，实现资产清、漏洞清、责任清、进度清，提升运维安全管理能力。需要注意的是，大运维必须通过运维安全工作实践，及时进行知识及管理的经验总结，实现运维安全能力的不断提升。知识是从每一次故障、风险处置中积累而来的，沉淀预警和告警规则、应急预案、制度规范、考核管理等全流程的知识，一方面有助于避免反复产生同样的风险与问题；另一方面可赋能相关配置、重构管理，以便指导运维工作高效、有序地进行。在运营和运维的应急阶段，系统建设厂商发现故障并对故障进行通告，大运维人员协助全链拉通故障相关责任人进行故障问题定位；在定位后，系统建设厂商根据故障原因进行故障处置和"止血"操作，并完成故障复盘报告和举一反三，最终对故障进行整改（整改进展由建设单位进行考核和管理）。

第三节　大运维体系的实施路径

大运维体系的建立要基于运维业务和工具的有机融合，依托运维管理工具——DMS，实现组织、资产、监测、演练、处置、知识、管理"七个在线"，推进数据驱动的智能化运维安全保障，系统性、全链路地解决大平台和大应用的脆弱性问题，实现"早治病、治未病"（风险早发现、问题快处置）。

DMS 包括组织管理中心、对象管理中心、规则预案中心、监控告警中心、风险处置中心、指挥调度中心和分析评价中心七大能力中心（见图 8-2），为运维人员提供全方位、全周期和智能化的运维管理工具支撑，支撑各项运维工作高效开展，保障大平台和大应用安全、稳定地运行。

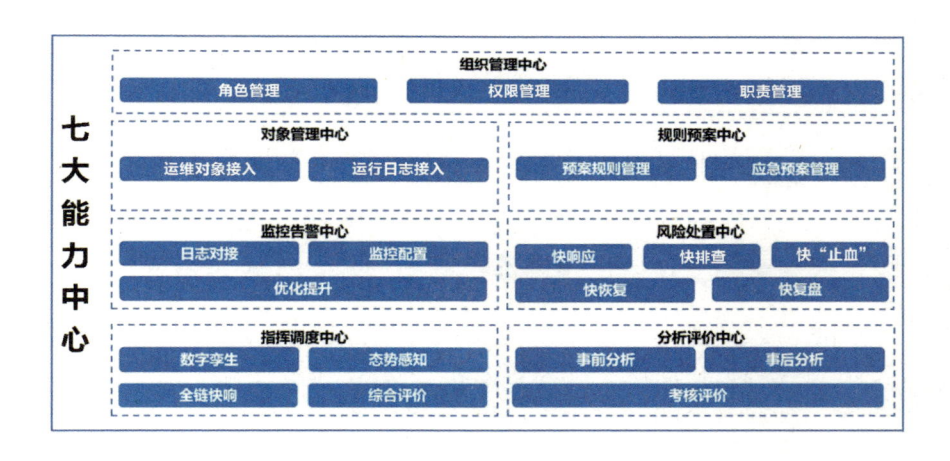

图 8-2 DMS 的七大能力中心

一、组织在线

要建立大运维体系，首先要实现运维安全团队组织在线。组织在线是指 B、L、A 三大类角色——平台大运维、横向资源体系小运维和应用小运维，通过在线服务将组织的信息和业务流程转移到 DMS 上，实现组织信息化、智能化的一种工作状态。将组织管理、运维业务流程、组织人员信息统一整合在 DMS 上，可以提高组织管理效率、使权责分明，从而实现在故障发生时找到人、找对人。

大运维与小运维两大类主体形成"一支队伍"，将线下组织架构、成员协作活动等关键要素集成到线上，实现与线下组织运行相互促进、高效协同，为组织运行提供灵活、稳定、智慧的组织保障。

其中，大运维负责项目及其子项目、组件、接口的服务可用度管理。具体来说，该类主体要建立规范制度，定义和审批项目流程，管理项目部署并进行发布；要定义和配置监控项，维护监控大屏，处置预警、告警并排除故障；通过稳定性评审和健康检查不断地提升系统的稳定性，维护项目知识库和预案库并组织故障演练，同时协调相关技术人员开展日常和重保运维工作。

此外，大运维还需要运维技术专家组负责不断跟踪专精技术领域的发展趋势，并在运维业务场景应用中进行适配和改进，形成本领域的技术规范和技术方案，从技术侧推动运维中台演进，持续输出需求，提升集成技术能力，持续完善技术规范，通过中台的技术含量提升助力团队的技术升级。运维技术专家组需要包括 6 类各有能力侧重的专家。其中，功能运维专家负责研究业务运维技术、方法和工具，制定业务功能的监控方法，设置阈值，制定故障判断标准，制定功能性故障应对预案并组织预案演练；性能运维专家负责研究系统性能调优技术、方法和工具，制定与性能问题相关的监控方法，设置阈值，制定故障判断标准，制定性能故障应对预案并组织预案演练；网络运维专家负责研究网络调优技术、方法和工具，制定网络监控方法，设置阈值，制定故障判断标准，制定网络故障应对预案并组织预案演练；云平台运维专家负责研究平台组件特性、发展路径和调优方法，制定云平台和云组件故障判断标准，制定云平台和云组件故障应对预案并组织预案演练；系统架构运维专家负责研究架构优化技术、分析工具和调优方法，制定架构评审标准、转维规范和风险审查标准，组织风险评估和架构评审；服务调控运维专家负责研究自动化运维技术，开发运维监控平台，研究监控工具，开发预警和告警技术，制定业务监控标准及调优、判断方法标准，对监控团队进行技术培训和考核。

小运维要按照大运维定义的组织规范要求，负责单个应用的安全、稳定运维，及时处置预警、处理故障、解决安全问题并参与考核评价，保障整个大运维体系中最细粒度的运维。

组织在线主要通过 DMS 中的组织管理中心（见图 8-3）对组织内的人员进行集中管理来实现。组织管理中心基于单位管理、厂商管理和用户管理所生成的数据，管理用户账户信息、权限、角色等；为不同的角色分配不同的权限、职责和相应的操作，使其更加高效地完成各项工作，快速响应运维环境的变化。

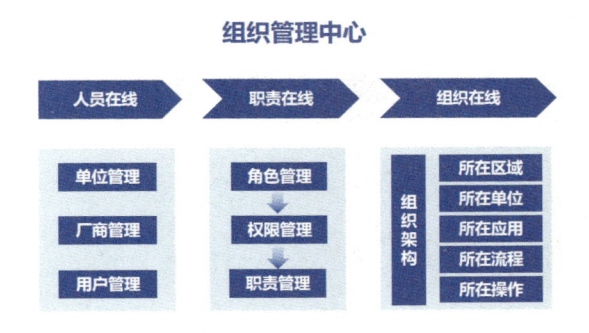

图 8-3　组织管理中心

二、资产在线

资产在线是指各类运维主体通过全面梳理，将运维管理对象全面接入，长期有序推进、不断完善，形成数字资产一本账和资产关系"一张网"，确保监控对象不遗漏、不缺失，并对容易发生故障的要素优先进行接入，实现对重点问题提早预防、提早发现。

实现资产在线的路径是建立完善的系统转维流程，在系统转维阶段，为保证系统所提供的在线服务能持续稳定、安全地运行，同时保障后续开展对待转维系统运维服务质量的考核和验收工作，实现对象接入、日志接入和监控接入。基于转维阶段中的要求，资产在线主要通过DMS中的对象管理中心（见图8-4）进行运维对象接入、运行日志接入，实现运维对象全在线、运行日志全在线。

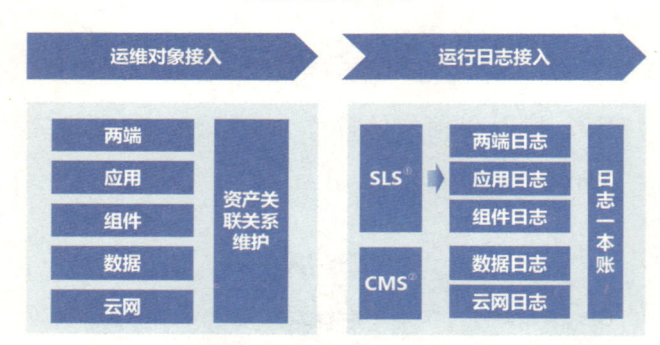

图 8-4 对象管理中心

运维对象全在线：按统一规范将包括两端、应用、组件、数据、云网在内的 5 类对象接入 DMS 的对象管理中心，实现对运维对象的统一

---

① SLS（Simple Logging Service）即日志服务，是阿里云提供的一种云计算服务，用于采集、存储、查询和分析大量的日志数据。
② CMS（Cloud Monitor Service）即云监控服务，是一个开放性的监控平台，可实时监控站点和服务器，并提供多种告警方式，以便保证及时预警。

接入和统一管理,通过建立并动态维护对象间的关系,建设动态本体数据仓库和绘制动态拓扑关系图;由此,进一步构建对象间的跨层级调用关系,最终形成包括对象、属性、关系的动态本体数据仓库和应用资源关系图谱;运用动态本体数据仓库,使围绕特定运维对象的知识体系、风险预案、任务体系、评价体系可以在本体建模下有序运转,实现应用系统全周期全要素的运行管理数据动态流转。

运行日志全在线:通过 DMS 中的对象管理中心实现日志全接入和数据汇集,将 5 类资产的运行日志标准化为各日志要素,建立日志一本账,实现资产运行状态全管控。日志一本账包括:系统运行的日志,即操作系统等系统的运行日志;服务请求日志,即服务运行状态等日志;业务请求日志,即业务请求状态等日志;调用三方日志,即系统调用三方服务的运行日志;安全设备日志,即系统的安全防护等运行日志;链路中断日志,即系统运行的网络链路等运行日志;云产品组件日志,即系统依赖的云组件的相关运行日志等。

此外,实现资产在线的一大重要前提是测试鉴定。系统首次转维和后续变更均需要由测试人员对应用各类资产和应用整体架构的稳定性、可用性进行充分鉴定,并向大运维团队提供待转维系统的全链路限流一致性措施、压测报告、漏洞扫描报告、渗透测试报告及对应的整改报告。大运维团队基于测试鉴定结果,为相应数量的资产提供可用性和安全性的保障。

完善的行为分析体系则是实现资产在线的重要保障。建立大运维各主体、各角色的行为规范和指标体系,可以使资产在线的相关工作更加安全、有序。这些具体规范主要关注的内容包括但不限于项目运维操作是否按照流程规范执行、重保是否符合规范、是否安全生产、是否按期执行下发的各项架构配置等风险问题解决工作、是否定期自查安全漏洞和整改等。具体指标包括但不限于资产在线完整率、监控报警覆盖率和故障处置及时性等。

三、监测在线

监测在线是指在对 5 类资产实行清单化管理的基础上进行科学化监测，详尽掌握各类资产的运行状态，从而实现资产运行状态全感知。

监测在线的能力包括主动监测和被动监测。其中，主动监测是指在应用系统服务器自身和监控平台上，按照设定的时间间隔主动发起监控探测请求，通过其返回的数据结果、状态码、请求时长等指标，判定系统运行的健康度，从而进行预警和告警；被动监测是指对业务系统中的用户行为日志进行监控和分析，如对访问日志中的异常状态码、异常 UA（User-Agent，是指用户的真实访问情况）、每分钟的 PV（Page View，访问量，是指页面浏览量或点击量）和访问趋势进行监控，同时对业务处理日志中的异常、报错关键字信息进行监控和预警，以便第一时间消除系统潜在的风险，提高系统的稳定性。监控包括基础资源使用率监控、网络连通性监控、带宽使用率监控、应用系统访问日志监控、应用系统业务日志监控、服务进程运行状况监控、服务保活脚本有效性监控、核心页面或接口的可用性监控、上下游依赖项的可用监控及其请求响应时长监控等。

实现监测在线的基础是完成转维阶段中的最后一步——监控接入，即对服务器、数据库等基础设施配置预警和告警功能，其核心是通过对各种资源类型的各监控项的阈值进行设置，加上实时信息或类实时信息的传递，从而更好地保证应用稳定、健康、高效地运行。资源监控模块汇总各渠道的数据，结合工具业务处理层的各模块进行数据处理，最终形成完整的监控数据。监控数据在形成后，被发送至统一通知中心进行统一分发。在完成转维阶段的对象接入、日志接入和监控接入后，运维团队才可以通过预案规则、监控配置进行转维系统的监测。

安全监测主要通过安全审查来完成。安全审查包括安全风险检测、安全检查等流程，通过安全评估和审计等手段，全面识别政务信息系统的安全风险。审查对象包括安全态势和安全防护能力两个方面。其中，审查安全态势是指对系统发生的安全事件和防护成功次数进行检查，以及对系统运行的基础服务器环境、网络环境、系统服务、组件进行漏洞扫描和渗透性测试，以便全方位地排查是否存在安全隐患，从而提高系统的安全性；审查安全防护能力是指对系统运行环境中的安全设备总体防护能力进行检查，检查的内容包括应用防火墙和网络防火墙及相关的安全防护规则、安全监测覆盖率等。运维团队应建立安全审查机制，及时发现、跟踪、修复安全漏洞，防止发生安全风险；同时应部署安全监测系统和设备，实时监测政务信息系统的安全态势，发现并预警潜在威胁。

在开展安全风险检测时，运维团队应打造安全检测工具，实现外部扫描和内部检测相结合的安全风险检测方式，依据"5A+1"安全检查规范开展全面的风险检测，实现维度全覆盖、内外相结合。运维团队应通过开展黑盒漏洞扫描和白盒安全检测发现风险。运维团队应依据国家标准 GB/T 30279—2020《信息安全技术 网络安全漏洞分类分级指南》，结合历史安全事件分析和漏洞风险，打造黑盒漏洞扫描工具；定期对关键系统进行漏洞扫描，通过黑盒漏洞扫描方式摸排系统常见的 18 类漏洞风险情况，减少 SQL 注入、CSRF[①]、XSS[②]等常见漏洞风险，降低漏洞被利用而产生系统被攻击的风险。运维团队还应依据"5A+1"安全检查规范，细化安全检查项，明确检查步骤，梳理依赖数据项，确定风险策略规则，通过如下步骤进行白盒安全检测：一是接入安全日志，支持各应用按照标准将运行日志、访问日志、账号日志等信息统一接入风险数据仓库；二是建立安全检测引擎，支持对风险检查项开展自动化安全检测，评估系统是否存在风险及风险修复效率；三是开展人工风险复核，建立人工风险复核机制，优化检测策略，进行风险通报；四是建立安全一本账，为安全态势分析提供数字化支撑；五是研判安全态势，为安全主管部门的管理决策提供数字化依据。

实现监测在线的主要手段是在 DMS 中的规则预案中心（见图 8-5）设置预案并对预警、告警规则进行管理，将专家知识和故障复盘知识沉淀为预警、告警规则和应急预案，供后续一线运维人员监控配置使用，指导运维检测和处置工作高效、有序地进行；同时，在按统一规范接入对象后，对每个监控项都配置应急预案，确保在故障发生时能够准确无误地执行预案。通过监控告警中心（见图 8-6）对不同类别的运维对象进行监控配置和监控项管理，将系统日志信息加入监控告警中心，结合规则预案中心建立的针对各类运维对象的监控规则清单，可以方便一线运维人员在配置监控项时引用针对每类运维对象、每个实例的监控规则，如添加业务的访问量、成功率、失败率等黄金指标，并在此基础上继续完善变量、阈值、监控频率等信息。在安全工作方面，运维团队可

---

① CSFR 是 Cross-Site Request Forgery（跨站请求伪造）的缩写。它是一种网络攻击方式，攻击者通过利用用户已登录的身份，在用户不知情的情况下发送伪造的请求来达到攻击目的。
② XSS 是 Cross-Site Scripting（跨站脚本攻击）的缩写。它是一种常见的 Web 安全漏洞，攻击者通过植入恶意脚本代码来攻击网站用户。

通过监控告警中心的安全漏洞扫描、人工渗透测试和异常日志检测进行漏洞检测。

图 8-5　规则预案中心

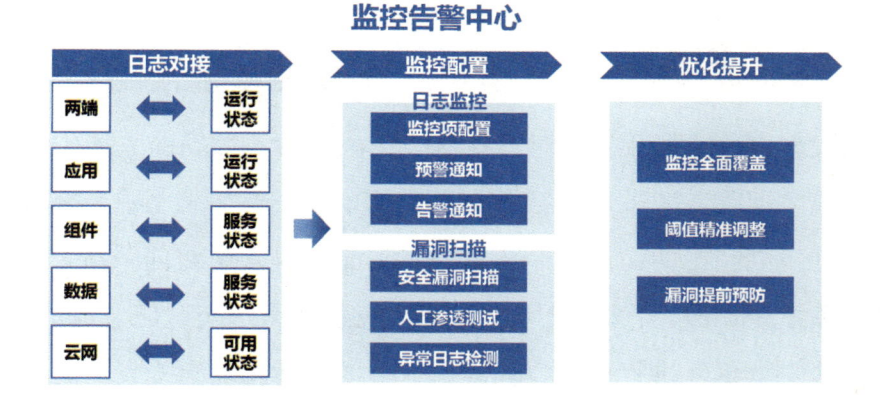

图 8-6　监控告警中心

四、演练在线

应急演练是检验、评估、提高运维组织可用性管理水平的一个重要手段，一旦出现故障，就需要精准定位问题，在问题造成大面积影响之前解决问题。演练在线是指通过针对风险信息制定相关预案和处置流程并对预案进行演练，保障在实际中能规范、有效地执行预案。通过模拟故障的发生，可以发现软/硬件运行环境、系统架构、系统性能、应急预案、协作沟通、人员技能等存在的不足，并持续改进应急体系。

要提高演练的成效，就要将应急演练作为专项工作，派专人不断调整演练的目标，分步不断完善，从而实现演练在线。针对每个风险场景制定预案并建立应急处理机制，从而明确何时应该限流及如何限流，何时应该熔断、扩容、重启系统或回滚代码等。特殊时期，如重保期间，即在平台开展重大活动期间（也是大流量冲击的频发期），会出现需紧急处理的突发问题，运维团队需要提前拉通技术人员进行保障支撑，确保在故障出现时能"找到人、找对人"，并对问题快速进行有针对性的处理；根据梳理的相关系统及链路流程，找到各模块对应的技术人员及其联系方式，编制值班表，以备后用。

安全演练主要通过数据安全保障、访问控制保障、应急响应保障、安全意识教育保障等手段，对安全进行工具支撑。为确保系统中的数据安全，数字运营者应采取包括数据的加密、备份、恢复等在内的措施，同时通过建立完善的访问控制机制，限制非授权人员访问系统，防止数据泄露和系统篡改。此外，数字运营者还应建立系统安全应急响应机制，对发生的安全事件进行快速、有效的处置；提高系统相关人员的安全意识，通过培训、演练等手段，提升其安全防护能力。

五、处置在线

处置在线是指通过精密的分析调度和规范的风险处置工作流程，快速定位问题和高效解决问题，从而实现"快治病，治未病"，保障系统的不可用时长最小化，安全事件得到迅速处置，系统得以恢复正常运行。

处置在线是大运维技术保障组织和一线运维人员双向互动、多方协作的在线风险处置模式。大运维技术保障组织应依托运维工具及时感知配图、各应用、各对象单元正在发生的风险和故障，快速定位造成风险的"第一片雪花"，并准确调度相关运维单位和开发厂商快速处置故障、恢复系统运行。一线运维人员在主动发现风险或被动接收到风险通知后，应依托风险处置工具快速发现风险、快速通知影响范围、快速排查风险原因、快速处置风险并恢复服务、快速复盘和举一反三、快速整改并沉淀知识和能力。实现处置在线的基本前提是明确故障发生时的处置工作分工，并基于大运维技术保障组织和管理组织的相关规范要求，对各应用的处置情况进行考核评价。

运维处置在线的核心在于做好风险应急管理，为应急协同开展、故障有效处置提供数字化保障，提高应急处置效率，从而为业务系统的可用性恢复提供有力的支撑。在故障发生阶段，运维团队依据以"快响应、快排查、快'止血'、快恢复、快复盘"为核心的"五快"闭环处置模型，快速通知和调度各方干系人，明确各环节的负责人及责任边界，高效处置故障并形成报告，同时对风险进行全视角跟踪，实现从响应、处置到复盘全程留痕。

快响应。在发现故障后，一线运维人员应第一时间响应、确认故障，"第一响应时间"要求小于 5 分钟。

快排查。在故障发生过程中，对于涉及应用部分的，运维团队应第一时间抓取应用部分的内存数据或者故障时间点的日志文件或内存数据；对于涉及网络部分的，运维团队应第一时间抓取故障现场数据包，供后续分析使用。根据故障现场定位排查问题，运维团队每隔 15 分钟就反馈一次故障排查进展。

快"止血"和快恢复。运维专家等各方人员需协助当前系统运维负责人进行异常原因的定位并进行应急处置,达到快"止血"和快恢复的目的。

快复盘。在处置故障后,运维团队应及时复盘并总结经验,实现对故障、风险的举一反三,从制度、技术、能力方面进行全面整改,确保安全工作全链路进行。

在安全方面,运维团队组织安全处置评估,主要通过开展安全应急处置、建立安全评价指标和开展安全数字化评价进行。运维团队应开展安全应急处置,建立安全事件应急处置流程;研判人工渗透发现、工具检测发现、安全主管部门通报的安全隐患,形成安全通报单,借助大运维风险处置中心明确责任单位、整改期限,编制整改建议,并通知对应安全责任人;跟踪安全事件修复情况并督促核验,完善佐证材料。

处置在线主要通过 DMS 中的风险处置中心(见图 8-7)、指挥调度中心(见图 8-8)、分析评价中心等来落实风险应急工作。一是风险处置。运维团队对故障形成处置任务清单,按照通知与处置双线流程执行风险处置任务并跟踪整改进展。在故障发生时,运维团队依据以"快响应、快排查、快'止血'、快恢复、快复盘"为核心的"五快"闭环处置模型,快速拉通建设单位、大运维、小运维、开发厂商等各群体的责任人,并明确各环节的责任边界和工作要求,高效处置故障并形成故障报告,同时对应用的健康风险、安全风险、审计风险等形成整改清单并跟踪进展。二是指挥调度。运维团队借助 DMS 的支撑工具,实现对整体服务实时运行状态的总览,并进行应急指挥决策,实现一屏总览故障处理过程。三是分析评价。运维团队结合区域、单位、应用等多个视角,进行运维管理情况的应急分析,实现故障响应效率分析、预案执行效率分析、故障再发分析。

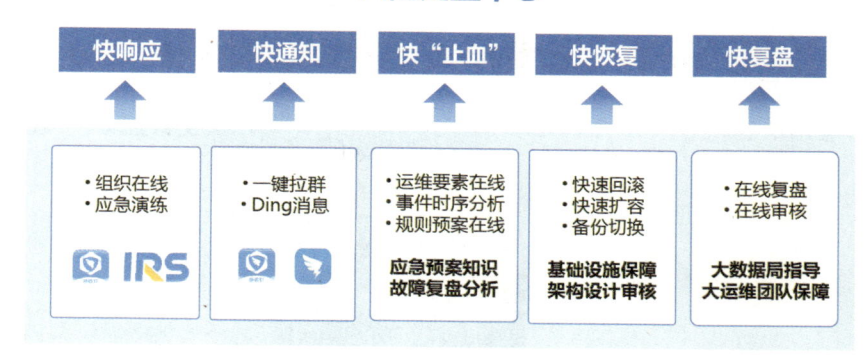

图 8-7　风险处置中心

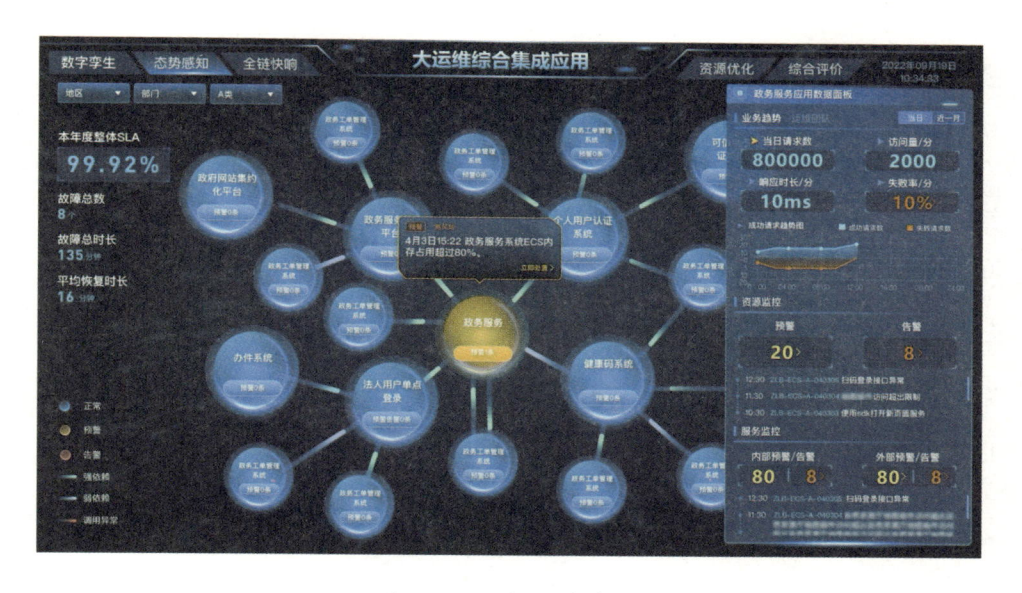

图 8-8　指挥调度中心

处置在线的落地也需建立相应的应急机制。例如，在日常的运行维护过程中，运维团队若发现故障，则应按照规范流程的要求进行处置操作，并且进行通知线和处置线"双线"处置。故障处置流程如图 8-9 所示。

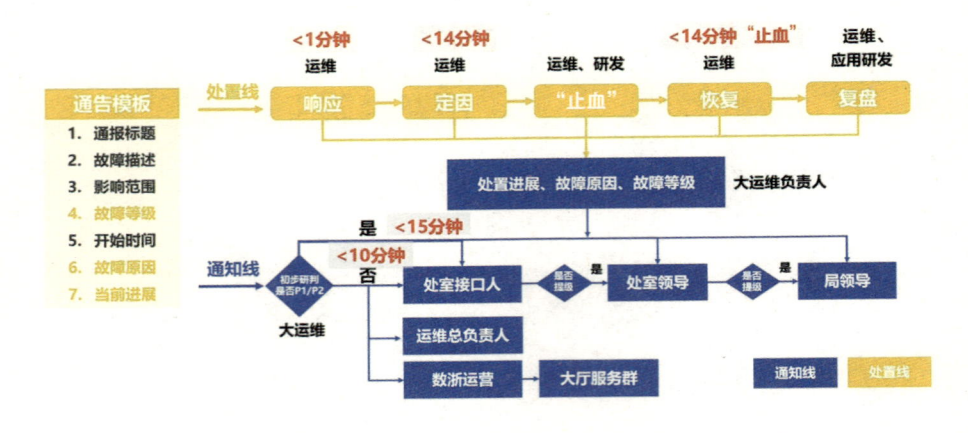

图 8-9　故障处置流程

六、知识在线

知识库是大运维体系的核心组成之一，历史故障和复盘经验能够推动运维团队从依靠经验开展工作向智能化驱动运维转型。知识在线是指将可复用的监控规则知识和提炼的故障处置方法，沉淀为结构化的规则和预案，从而实现监控配置"应配置尽配置"和风险处置提质提效；同时，通过沉淀历史安全事件的经验和教训，为运维团队提供学习和参考资源，提高运维团队的业务素质和技能水平。

从实践来看，运维知识主要分为两类：一是运维专家的知识和运维故障经验，这些知识和经验要能够得到充分总结，且被结构化地转化为线上可复用、可共享的监控预警规则和风险处置预案，从而用于提升风险发现能力；二是预警规则知识和预案知识，即针对具体运维资产对象配置的具象化的可在线上实时监测、实时告警的监控项集合。通过对运维知识不断沉淀、复用、总结、再沉淀，形成赋能大运维风险感知和全链快响的数字化运维知识体系，并将其在线化，可以推动运维团队从依靠经验开展工作向智能化驱动运维转型。

随着要素全接入与知识全共享，各类预警信息不断得到完善，对系统风险预警的配置要求将越来越高，最终实现全配置和精准配置。通过全面配置预警信息并结合知识库，可实现预案的精准配置，即精准预案保障。

七、管理在线

管理在线是指通过建立科学的机制和制度，对大运维体系的各方主体进行数字化精细管理，从而实现运维工作过程的高效、规范管理和运维结果的精准评价。

（一）可用性制度

（1）在建立运维机制方面，主要做法包括建立责任认定机制和考核评价体系。

建立责任认定机制。责任认定即规划和界定服务责任链，明确运维团队对项目及其应用、组件、接口、云资产的服务可用度的责任范围。具体来说，责任认定要定义和审批项目流程，管理项目部署并进行发布；要定义和配置监控项，维护监控大屏，处置预警、告警并排除故障；通过稳定性评估和健康检查不断提升系统的稳定性，维护项目知识库和预案库并组织故障演练，同时协调相关技术人员开展日常和重保运维工作，科学认定责任。

建立考核评价体系。建立考核评价体系即建立完整的运维考核体系，重点从事前、事中、事后3个方面制定考核指标。事前指标包括转维健康分析，预警、告警监测分析，风险响应效率分析；事中指标包括生产环境分析、应急演练、精准预案分析、活动重保分析；事后指标包括故障响应效率分析、预案执行效率分析、故障再发分析。以上考核指标可用于对运维工作的相关人员进行科学的考核，从而持续提升运维工作的质量。在具体实践中，运维团队可通过 DMS 中的分析评价中心（见图 8-10）并结合区域、单位、应用等多个视角，进行运维管理情况的平时分析，实现预警、告警监测分析，风险响应效率分析，资产使用分析，预警、告警统计分析，为考核运维工作的质量奠定数据基础。

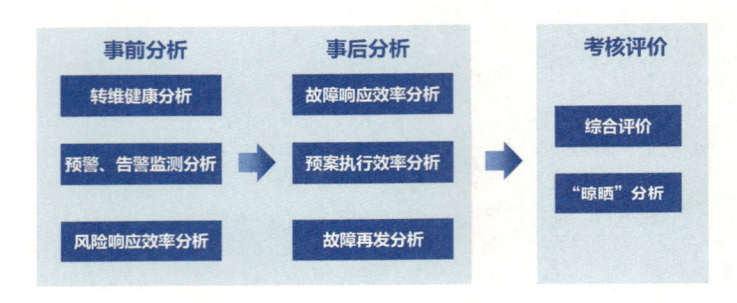

图 8-10 分析评价中心

（2）在建立运维制度方面，主要做法包括建立资源管理制度、系统转维制度、监控管理制度、组织管理制度、故障应急制度、考核管理制度等。

建立资源管理制度。建立资源管理制度需要围绕软/硬件资源维护进行，涉及资源申请、入库、修改、下线等多个方面。例如，所有线上接入的项目（正式和测试环境）资源申请都要通过指定的线上审批流程，在线提交资源需求说明和详细资源列表清单。需注意的是，对于所申请项目的资源，笔者推荐直接使用云平台上已有的产品。若无特殊情况，则不允许再单独搭建和使用。资源管理应实行"谁申请、谁负责"的原则。

建立系统转维制度。一方面，制定运维制度需要经过内容起草、业务和技术评审、运维管理单位初审、发布征求意见稿、修订和终审等多个环节,在制度内容确定后予以发布;另一方面,围绕制度内容,运维团队要根据制度要求来落地流程体系,保障相应的运维活动必须通过流程进行审批并通过堡垒机[①]审计和业务监控,要杜绝在流程外开展运维活动。

建立监控管理制度。所有对外提供服务的线上系统涉及的应用、组件、服务、数据、云等资源,均需要接入监控报警系统,在出现故障时第一时间预警到相应的人员或群组。报警的信息需要做到实时、有效,在报警信息较多的场景中,不断做告警的收敛,确保报警信息准确、有效。所有线上接入的项目都必须添加报警监控系统,报警信息通过电话、短信、邮件等一种或多种方式呈现。所有的监控报警都实施预警、告警分梯度监控。运维团队定期(如每周、每季度等)对生产系统进行巡检,输出巡检报告。

建立组织管理制度。各技术开发单位在进行项目部署实施及后续维护保障时,需要按照规范的要求提供相应的运维人员保障(包括但不限于运维驻场支持、远程支持等),同时应针对不同运维人员采取不同的管理措施。在特定项目上,各技术开发单位要提供人员数量保障,在项目重大保障期间,提供不少于两人的互备保障。

建立故障应急制度。针对异常监控告警和巡检异常结果,专项运维服务值班小组应第一时间进行响应,初步判断事态影响面并上报给当前运维值班团队。运维值班团队评估并开展线上系统的应急协同工作,在

---

① 堡垒机的主要功能是在一个特定的网络环境中,为了保障网络和数据不受来自外部和内部用户的入侵和破坏,而运用各种技术手段实时收集和监控网络环境中每个组成部分的系统状态、安全事件、网络活动等信息,以便集中报警、及时处理及审计定责。

必要时启动系统应急预案。在应急协同过程中，运维团队需要拉通大运维体系中的各组织和人员，达到快"止血"和快恢复的目的。在事后阶段，运维团队应在 24 小时内对故障进行深度分析、总结，并输出故障处置报告。

建立考核管理制度。运维团队收集故障发生时的监控告警信息、系统日志信息等，评定故障持续的时间线和影响面；同时梳理故障所有排查动作及时间点，总结经验，从而降低后续故障排查成本，缩短故障影响时长。运维团队要依照大运维体系中的故障管理规范，结合当前故障的影响面和影响时长，对其定级定责，对故障责任单位依照考核管理规范进行绩效考核。在故障复盘报告中，运维团队要依据事实，形成完整的证据链，证实故障发生的根本原因。运维团队要从制度、能力、技术等方面找出不足和风险点，并制定和落实改进方案，同时针对此次故障举一反三至其他系统，以便进行更大范围的风险排查和整改。

（二）安全性制度

建立安全检查规范：建立"5A+1"安全检查规范。"5A"分别是身份认证、授权、访问控制、行为审计、资产保护。一是身份认证，包括口令密码类的检查（如弱口令风险、口令存储风险、Ticket 验证缺失风险、AppKey 认证缺失风险、口令未加密传输风险、账号找回风险、认证接口存在敏感数据、账号信息未加密风险和垃圾注册风险的检查等）和多因素认证类的检查（如多因素认证缺失和绕过多因素认证的检查等）。二是授权，包括权限变更类的检查（如人员变更风险等）和权限分配类的检查（如分级授权缺失风险、水平越权风险、垂直越权风险、特权账号管理风险、诱导授权风险和职责未分离风险的检查等）。三是访问控制，包括策略配置风险、ACL[①]策略配置风险、安全防护策略配置风险、环境隔离风险和分类分级访问策略风险的检查。四是行为审计，包括日志中心类的检查（如日志规范风险和日志采集风险的检查等）、审计规划类的检查（如审计制度缺失风险的检查等）、风险识别类的检查（如审计风险未处理、不可信风险和等保合规风险的检查等）。五是资产保护，包括应用层类的检查（如技术栈选型风险、开发测试风险、运行维护风险的检查等）、数据层类的检查（如数据采集风险、数据传输风险、数据存储风险、数据未脱敏风险、数据共享风险、数据销毁风险的检查等）、基础资源层类的检查（如物联网设备风险、主机风险、网络风险和灾备容灾风险的检查等）。"1"是技术开发单位，包括厂商资质类的检查，如安全意识淡薄、项目保密风险、源码保密风险、可信设备风险和网络日志安全的检查等。

建立安全运行制度：要实现各类资产的保密性、完整性、可用性，就需要根据国家安全管理的相关法律法规，全面梳理技术安全和管理安全的要求，将基础设施安全、数据安全、应用安全、业务安全纳入技术安全的范畴，将规章制度、组织保障、风险管理、应急处置等纳入安全管理的范畴，确保每个管理职责都清晰、可落地和可追踪；融合基础设施安全、数据安全、应用安全、业务安全等技术要求，以及规章制度、组织保障、风险管理、应急处置等管理要求，建立安全运行制度，明确安全牵头单位、业务系统安全管理单位、监督管理单位等的相应职责，对云资源、数据资源、应用支撑、业务运行等进行全方位的规范，实现安全建设、安全运行、数据安全、业务安全、保障有力和应急有效。

建立安全评价指标体系：从安全制度、安全技术、安全管理、安全

---

① ACL（Access Control List）即访问控制列表，是一种用于限制对计算机系统资源或数据的访问权限的列表。

效果 4 个方面建立安全评价指标体系，重点在资产管理、预警监测、应急处置等方面强化安全评估，充分运用大运维对象中心的各类数据制定数字化评价指标，提升各安全责任单位早预防、早发现的主动意识；基于安全评价指标体系开展安全评价，通过"晾晒"评价结果、制定评价排行榜等方式督促安全责任单位提升在制度规范、安全管理、工具建设方面的规范度，真正发挥安全评价的威慑和引导作用。

第四节　迭代完善

通过近年来的建设与实践推进，浙江省的大运维体系已初步具备海量运维数据融合建模与智能分析的能力，实现了要素多维接入、知识动态管理、预警全面覆盖、预案实战有效、问题精准归因、故障举一反三，有效地保障了大平台和大应用的安全、健康运行。综合而言，大运维体系的建设成效体现在以下 6 个方面。

一是主动发现风险和故障的能力得到提升。通过打造 DMS 等支撑工具，将运维要素数据进行自动关联、智能分析，实现预警、告警信息一屏总览，形成风险和故障识别能力，从而可以快速判断和精准定位故障，推动运维工作从以人工判断为主向工具智能辅助判断、人机协同转变，从事中/事后被动"救火式"运维向事前主动精细化运维转变，从问题驱动型运维向价值驱动型运维转变，从传统运维"出现告警就处置告警，无告警就无处置"的状态向以提升用户体验、服务满意度为目标转变，实现复杂系统故障和风险定位难题的积极快速应对，更好地促进业务的发展。

二是实现故障的快速处置，达到"快治病"的效果。在大运维体系建设过程中持续沉淀的知识和预案，可以有效地解决故障处置效率低、复杂系统关联度高、处置人员难以协调、处置过程不透明等传统运维的"痛点",实现在故障发生时依照预案快速定位、快速"止血",减少故障的影响,提升处置效率。同时,通过发挥 DMS 等支撑工具的指挥平台作用,做到问题定位清晰、预案步骤清晰、处置团队和处置进度清晰、资源调度信息流转顺畅,推动运维指挥数字化,提升运维工作效能。

三是促进运维知识的积累和沉淀,推动运维智能化。 通过建立大运维知识库,持续开展对历史故障和复盘经验的沉淀与结构化存储,有效地解决复杂系统信息量大、事务难以跟踪等问题,推动运维团队从依靠经验开展工作向智能驱动、知识驱动的运维转型。结合运维要素分析、知识库、专家经验和机器学习技术等方式,促进运维工作朝着智能化方向发展。

四是提前预防各类故障和风险,达到"治未病"的效果。 通过汇集大运维体系建设过程中的全量数据,结合 DMS 知识库沉淀,利用 DMS 等支撑工具进行智能分析,解决复杂系统的"亚健康"问题,主动发现系统的各类"亚健康"隐患并形成优化建议,达到为平台或应用"治未病"的效果。

五是推动安全检查工作体系化。 形成"5A+1"安全检查实施技术指引,明确安全检查要求,细化和完善安全检查项,明确检查环节、检查条件、检查步骤、验证条件,通过标准化风险检查过程,实现风险检查规范化,为各安全责任单位的安全风险检查提供标准化参照和指引。

六是在安全管理方面实现实战实效。 形成常态化安全扫描机制:在"5A+1"安全检查规范的指导下,针对常见漏洞打造常态化安全扫描工具,进行常态化扫描,通过扫描检测发现常见的 SQL 注入、CSRF、XSS 等漏洞风险。沉淀自动化安全检测能力:按照"5A+1"安全检查规范,根据细化的检查指南,制定安全检测策略,沉淀自动化安全检测能力,在政务应用实战中有效地解决常见的越权、弱密码等风险的自动化检测问题，提升安全自动化检测水平。形成人工渗透测试知识库：通过分析历史安全事件，沉淀检测条件、检测步骤、核验标准，形成人工渗透测试知识库；同时，通过标准化检测步骤快速发现工具无法监测到的风险，实现共享相同检查标准和多种检查方法，以及安全管理知识共享、共建和共用。

未来，围绕整体、规范、智能的目标，大运维体系必将成为大平台和大应用安全、稳定运行的关键保障，在数字化进程中发挥越来越重要的作用。

后 记

　　理论联系实际，从实践中来，到实践中去。每经过一段时间的实践，我们都会感到之前的认识还不够全面和深刻，必须不断地进行抽象和总结。运营是从旧秩序到新秩序的变革过程，认识也是从混沌到清晰的转变过程。本书中提出的一些数字运营理念和方法，仅仅是攀登"数字高峰"征途中山脚下的几条石阶。心向山尖，脚踏实地，我们相信，通过日复一日、年复一年的努力，终可以掌握正确的理念、方法和工具。

　　我们实践的背景是浙江省委、省政府围绕"数字浙江"战略开展的数字化改革。在日常工作中，我们得到了许多领导、专家、同志的指导和帮助，也得到了很多数字化企业的大力支持，在此一并表示感谢。

　　本书的写作工作由王巍主持，由陈鹏宇、宋冰、王森协助。我们要特别感谢陈纪蔚、郭林松、田欢为本书的写作和出版所做出的重要贡献。同时，我们的很多同事也做了大量的工作，葛育民、缪子柠负责全书的统稿工作并和汪祺、沈雨琛、陈冉执笔了前言及第一至第五章，蒋利强、闫士启、王海波、乔雨强、刘鹏程、肖孚晨、杨艺、郑翔、徐建军执笔了第六章，张佳佳、程曼曼、邹任芯、周和英执笔了第七章，成增存、徐可人、赵锦、叶海执笔了第八章。王冰、刘乾勇、黎珊珊、王黎婧、罗睿蕊、朱毅、邵阳、张伟伟、李云帆、张一帆、祝高涛、胡泽玉、谢国杰、厉夔参与内容研讨或部分章节的修订工作，在此一并表示感谢。

此外，我们还要感谢童景文、刘艳莉、李政、田国伟、曾瑞、丁笑飞，他们对本书亦有贡献。

最后，我们衷心希望本书提出的数字运营理念和方法能为各领域从事数字化平台技术运营的读者提供参考。

本书作者

2023 年 9 月于杭州